# 中國學術思想 研究輯刊

## 二二編

林慶彰 主編

## 第4冊

### 清初浙東《易》學研究
#### ——以黃宗羲、黃宗炎爲中心作一考察（上）

李鴻儒 著

花木蘭文化出版社

國家圖書館出版品預行編目資料

清初浙東《易》學研究——以黃宗羲、黃宗炎為中心作一考
察（上）／李鴻儒 著 -- 初版 -- 新北市：花木蘭文化出版社，
2015〔民 104〕

目 4+234 面：19×26 公分

（中國學術思想研究輯刊 二二編：第 4 冊）

ISBN 978-986-404-361-3（精裝）

1.（清）黃宗羲 2.（清）黃宗炎 3. 學術思想 4. 易學

030.8                                    104014675

ISBN- 978-986-404-361-3

9 789864 043613

中國學術思想研究輯刊
二二編　第四冊　　　　　ISBN：978-986-404-361-3

# 清初浙東《易》學研究
## ——以黃宗羲、黃宗炎爲中心作一考察（上）

作　　者　李鴻儒

主　　編　林慶彰

總 編 輯　杜潔祥

副總編輯　楊嘉樂

編　　輯　許郁翎

出　　版　花木蘭文化出版社

社　　長　高小娟

聯絡地址　235 新北市中和區中安街七二號十三樓

　　　　　電話：02-2923-1455 ／傳眞：02-2923-1452

網　　址　http://www.huamulan.tw 信箱 hml 810518@gmail.com

印　　刷　普羅文化出版廣告事業

封面設計　劉開工作室

初　　版　2015 年 9 月

全書字數　395831 字

定　　價　二二編 22 冊（精裝）新台幣 40,000 元

# 清初浙東《易》學研究
## ——以黃宗羲、黃宗炎爲中心作一考察（上）

李鴻儒　著

## 作者簡介

李鴻儒，東吳大學文學博士，現為中華文化教育學會理事、東吳大學中文系助理教授，主要研究與教學領域為《周易》理論與應用、易學史、道家思想、文獻考證、宋代圖學、國學導讀、中國古典要籍選讀及國文教材；著有《周易爻變思想研究》暨〈論《易》學的全型發展〉、〈論《周易》的「感應」與「共性」思維〉、〈黃宗炎《周易象辭》初探〉、〈論文化道統對社會功能的實踐——以《周易》為例〉、〈論《周易》爻辭的結構向度與道德涵義〉、〈論《老》、《莊》的陰陽觀——兼述「道」與「太極」的關係〉、〈老子思想與《易》相通論〉等單篇論文。

## 提　要

　　夫「天崩地裂」之明末清初，固以辨證批判、回歸經典為其《易》學之內涵；然就清初浙東學人而言，其力圖恢復《易》之原貌，且於《易》學有專著、對後世影響較廣者，唯黃宗羲（1610-1695）、黃宗炎（1616-1686）昆仲耳！故自清世以至近代，學者於清初浙東《易》學家之探究與評議，多著眼於黃氏二人；儘管如此，彼等於宗羲、宗炎《易》學之析論與評述，洵有未盡與商榷者。

　　本書於論述上，採用夾敘夾議方式；至若探究內容，則可析分為八大項：

　　其一，考述宗羲、宗炎之生平學行——所謂「論世」而「知人」，藉由考述二人之生平、著述、交游及治學，方能讓本書更臻於完善。

　　其二，迹論宗羲、宗炎《易》學之淵源——黃氏昆仲之《易》學，除本乎「自得」外，其淵源於「家學」、「經傳」、「師友」及「先儒」者，洵不可掩也。

　　其三，探究宗羲、宗炎《易》學之底蘊——宗羲之《易》學底蘊，非惟呈顯於《易學象數論》對「象」、「數」之窮究與辨正，其於相關著作中闡發義理、崇聖尊儒、宣揚仁義及援《易》論政之著墨，亦為不可或缺之要素；至若宗炎，其《易》學底蘊自涵藏於《周易象辭》、《圖學辨惑》及《周易尋門餘論》等三書中，且行文脈絡與論述指涉，可梳理為「象數篇」、「義理篇」及「圖學篇」。

　　其四，紬繹宗羲、宗炎《易》學之主張——宗羲之《易》學主張，涵蓋「太極為萬物之總名」、「萬殊皆為一氣所統」、「理、氣、心合一」……等九項；宗炎之《易》學主張，則可歸納為「心性情合一」、「《易》為文字之祖」、「道德事功合一」……等七項。

　　其五，檢覈宗羲、宗炎《易》學之得失——審乎二人之《易》論，固多有可取者，然可議之處亦不乏見。

　　其六，釐清宗羲、宗炎《易》學之同異——綜觀二人之《易》學，其持論相異者固有之，而同者尤多；前者（異）蓋緣於自得與個人遭遇，後者（同）則繫乎家學、師承、經傳及所處學術氛圍。

　　其七，審視宗羲、宗炎《易》學之影響——宗羲、宗炎既為清初批判圖書之舵手，則二人對後世《易》家有所影響，乃自然之理；其中，宗炎所倡「陳摶刻《无極圖》於華山石壁」，暨周子《太極圖》「雜以仙真」、《太極圖說》「冒以《易》道」，儼然已為當世學術之主流。

其八，權衡宗羲、宗炎《易》學之評價——諸家於宗羲、宗炎之《易》學，固有咎其失者，而贊譽為多；且所評或侷於《易學象數論》一書，或以《周易象辭》、《尋門餘論》、《圖學辨惑》分論，洵未有就其整體《易》學而發者。

此外，透過釐清宗羲、宗炎《易》論之同者，乃得以窺見清初浙東《易》學所蘊藏之主體意識：其一，尊師而不囿於師；其二，批圖數而歸經傳；其三，窮辨證而貴創新；其四，講德功而重致用；其五，崇氣論而究情性；其六，護儒學而斥佛道。儘管如此，其間多藏有可議之處！蓋「門戶之見」向來為學者所詬，然學者多有涉入其中而不自覺者！雖掌舵清初浙東《易》學之黃氏昆仲，仍不免落入此氛圍。竊以為，篤守經傳、聖訓，自是可取；而闡發《易》理、擴充《易》用，亦可贊矣！

# 目

# 次

# 第一章 緒 論

## 第一節 浙東學術與浙東學派釐正

　　「浙江」之行政區域，春秋戰國時期屬楚越之地，漢屬揚州，唐初則分置浙江東、西二道，宋初分浙東、浙西二路，至清始稱「浙江省」。然則，「浙東」、「浙西」之稱蓋始於唐宋。所謂「浙東」，一般指錢塘江以東地區，包括寧波、紹興（會稽）、台州、溫州、處州（麗水）、婺州（金華）、嚴州（建德）及衢州，即民間所謂「上八府」；而「浙西」則指杭州、湖州（吳興）、嘉興等三地，謂之「下三府」。有鑑於此，在論述「浙東學術」與「浙東學派」之前，宜對「浙學」（浙江學術）作一簡述。

　　綜觀現有文獻中，首先提出「浙學」此一概念者，爲南宋大儒朱熹（1130～1200）；唯其動機乃用以概括及批判當時活躍於浙江永嘉、永康與金華等地之功利派〔註1〕，實帶有貶抑、詰難之意。逮及後世，清儒全祖望（1705～1755）於《宋元學案》（卷首）〔註2〕中多次運用「浙學」一詞，以概括浙

---

〔註1〕 參見〔宋〕黎靖德編：《朱子語類》（北京：中華書局，1999年），卷123，「陳君舉」，頁2967。原文：「江西之學只是禪，浙學卻專是功利。禪學後來學者摸索一上，無可摸索，自會轉去。若功利，則學者習之，便可見效，此意甚可憂！」

〔註2〕 案：例如，其謂「世知永嘉諸子之傳洛學，不知其兼傳關學。考所謂「九先生」者，其六人及程門，其三則私淑也。而周浮沚、沈彬老又嘗從藍田呂氏遊，非橫渠之再傳乎？鮑敬亭輩七人，其五人及程門。晦翁作《伊洛淵源錄》，累書與止齋求事蹟，當無遺矣，而許橫塘之忠茂，竟不列其人，何也？予故謂爲晦翁未成之書。今合爲一卷，以志吾浙學之盛，實始于此」（參《黃宗羲全集》，第三冊，「宋元儒學案序錄」，頁33）。

江學者之學術源流、風格與特色，其範圍亦涵蓋當時浙東地區之永嘉、金華、明州諸學派；雖然，所論浙學諸子之思想或宗朱學、或主陸學，而折衷朱、陸之情，隱約可見矣。近人吳光（1944～）先生即謂「浙學」乃非單一之學術思潮，亦未形成統一之學術流派，而是內含多種學術思想、多個學術派別之學術群體〔註3〕。

夫「浙東學術」一詞，首見於清儒章學誠（1738～1801）所撰《文史通義》卷五之篇目——「浙東學術」。章氏於此篇目中闡述「浙東」與「浙西」之學術淵源及其特色，其言曰：

> 浙東之學，雖出婺源，然自三袁之流，多宗江西陸氏，而通經服古，絕不空言德性，故不悖於朱子之教。至陽明王子，揭孟子之良知，復與朱子牴牾。蕺山劉氏，本良知而發明慎獨，與朱子不合，亦不相詆也。梨洲黃氏，出蕺山劉氏之門，而開萬氏弟兄經史之學：以至全氏祖望輩尚存其意，宗陸而不悖於朱者也。惟西河毛氏，發明良知之學，頗有所得；而門戶之見，不免攻之太過，雖浙東人亦不甚以爲然也。

> 世推顧亭林氏爲開國儒宗，然自是浙西之學。不知同時有黃梨洲氏，出於浙東，雖與顧氏並峙，而上宗王、劉，下開二萬，較之顧氏，源遠而流長矣。顧氏宗朱，而黃氏宗陸。蓋非講學專家，各持門戶之見者，故互相推服，而不相非詆。學者不可無宗主，而必不可有門戶；故浙東、浙西，道並行而不悖也。浙東貴專家，浙西尚博雅，各因其習而習也。〔註4〕

據文中所述，則章氏以「浙東學術」乃自南宋朱熹後始形成；其發展脈絡上緣朱子後學葉味道（1167～1237）、陳埴及三袁之流（甬上四先生），中經明代姚江心學（王陽明，1472～1529），下至明清蕺山（劉宗周，1578～1645）「慎獨」、梨洲（黃宗羲，1610～1695）「經史」之學；至其學術氛圍，蓋以「宗陸而不悖於朱」定調；然則，「浙東學術」固不能以一家之學稱之，故章氏又曰：「浙東之學，雖源流不異，而所遇不同。故其見於世者，陽明得之爲事功，蕺山得之爲節義，梨洲得之爲隱逸，萬氏兄弟得之爲經術史裁。

---

〔註3〕 參見吳光撰：〈試論「浙學」的基本精神——兼談「浙學」與「浙東學派」的研究現狀〉，《浙江學刊》，1994年第1期，頁51。

〔註4〕 參見〔清〕章學誠撰，葉瑛注：《文史通義校注》（臺北：漢京文化事業有限公司，1986年），頁523。

授受雖出於一，而面目迥殊，以其各有事事故也。」〔註5〕而所謂「浙東、浙西，道並行而不悖也。浙東貴專家，浙西尚博雅」，當是對「浙學」在發展演變過程之異化現象，作一概括性詮釋，其意旨在調和「浙東」、「浙西」之學術氛圍，淡化「門戶之見」；蓋「門戶之見」乃為清初學者所力排之鄙陋學風，故清儒皮錫瑞（1850～1908）嘗謂「國初，漢學方萌芽，皆以宋學為根柢，不分門戶，各取所長，是為漢、宋兼採之學」〔註6〕。

至於「浙東學派」一詞，則發端於宗羲〈移史館論不宜立理學傳書〉一文中；時有修史（《明史》）館臣，聚訟理學優劣，或言「浙東學派，最多流弊」〔註7〕，宗羲嘗辨之曰：

> 有明學術，白沙開其端，至姚江而始大明。〔……〕。逮及先師蕺山，學術流弊，救正殆盡。向無姚江，則學派中絕；向無蕺山，則流弊充塞。凡海內之知學者，要皆東浙之所衣被也。今忘其衣被之功，徒訾其流弊之失，無迺刻乎？〔註8〕

近代學者謂文中「浙東學派」一語乃指浙東地區之學術發展脈絡，而非現代意義之學派；儘管如此，竊以「學派」與「學術」之內涵自是不同。蓋前者必有宗主（代表人物），其思想多具有共同主體性，雖彼此立說或有小異，亦無礙於整體學風；後者則不然，其思想非必有共同主體性，學風亦可較為多元，故無「宗主」之統名。例如，「永康」、「永嘉」、「金華」、「明州」、「姚江」、「蕺山」諸學派，雖皆浙東學者，然彼等學派儼然各有宗主（代表人物）〔註9〕，彼此之思想、學風亦多有差異，或著重通經，或強調濟用，或窮究道德，或倡言良知，或發明慎獨，是以將彼等學派統稱為「浙東學術」或「浙東諸學派」則可，若逕以「浙東學派」冠之，實不宜也；此外，就學術歷史

〔註5〕同前註，頁524。

〔註6〕參見〔清〕皮錫瑞撰：《經學歷史》（臺北：藝文印書館，2000年），「經學復盛時代」，頁376。

〔註7〕參見沈善洪主編：《黃宗羲全集》（杭州：浙江古籍出版社，2005年），第十冊，「移史館論不宜立理學傳書」，頁221。案：或以為「浙東學派」一詞於修史館臣間已用之，然史籍未有明載，洵不能遽以冠之。

〔註8〕同前註。

〔註9〕案：諸學派各有其宗主，「永嘉學派」為葉適（1150～1223；或以薛季宣〔1134～1173〕為真正之開創者），「永康學派」為陳亮（1143～1194），「金華學派」為呂祖謙（1137～1181），「明州學派」為「甬上四先生」——楊簡（1141～1226）、袁燮（1144～1224）、舒璘（1136～1198）、沈煥（1139～1191），「姚江學派」為王陽明，「蕺山學派」為劉宗周。

演變而言，宗羲雖出於王學劉蕺山之門，然因深悲王學末流之弊，故對其師之說多加以修正，即非墨守於一家之學，況其「窮經必兼讀史」之經世應務思想，自有別於「蕺山學派」。

　　筆者以爲，宗羲，清儒也，「浙東學派」概念既以宗羲爲發端，萬斯大（1633～1683）、萬斯同（1638～1702）、全祖望等繼爲一脈，則現代意義之「浙東學派」或「清代浙東學派」開宗，亦不妨冠以宗羲之名。至若何炳松先生（1890～1946）所撰《浙東學派溯源》一書，觀其「溯源」之論，稱之「浙東學術」則可，若冠以「浙東學派」之名，則有混淆學術統脈之嫌。梁啓超（1873～1629）嘗云：「梨洲爲清代浙東學派之開創者。」〔註10〕此贊根植於「浙東學派」宗「史」學風，固不足以概括「清代浙東學派」經史並湊之學術底蘊，然其能洞察宗羲爲開派宗師，亦可謂眞知灼見也〔註11〕。

## 第二節　清初浙東《易》學之緣起

　　浙東《易》學源遠流長！蓋從漢末起，歷經魏晉南北朝時期，由於社會動亂、兵燹頻繁，造成北方世族、儒生紛紛遷徙浙東，是以浙東自古即爲江南富饒之地（諸如經濟、文化、政治等），而儒學亦在此重獲生機與活力；其中，《易》學益爲浙東經學家所倚重。所以然者，以《易》固爲儒家經典之首，而其「崇德而廣業」（《上繫》第 7 章）、「明於天之道而察於民之故」（《上繫》第 11 章）之精神內涵，暨「窮則變，變則通，通則久」（《下繫》第 2 章）之務實作風，復深深吸引儒家後學，諸如三國吳虞翻（164～233），唐虞世南（558～638）〔註12〕，宋呂祖謙（1137～1181）〔註13〕、黃震（1213

---

〔註10〕　參見梁啓超著：《中國近三百年學術史》（臺北：里仁書局，2000 年），「陽明學派之餘波及其修正」，頁 61。

〔註11〕　案：近人吳光先生嘗撰〈關於「清代浙東學派」名稱與性質的辨析——爲「清代浙東經史學派」正名〉（收入《中共寧波市委黨校學報》，2008 年第 4 期，頁 69～72）一文：觀其所論，固能合於「清代浙東學派」之學術底蘊，然所欲正名之「清代浙東經史學派」乃相應於「清代浙東史學派」（爲梁氏之後，學者所冠稱）。就此而論，梁氏詮釋「清代浙東學派」雖有所「偏頗」，而其以宗羲爲該派之開宗，實無可議之處也。

〔註12〕　案：虞氏嘗謂「不讀《易》，不可爲宰相」（參《四庫》本《困學紀聞》，卷一，頁 24）；斯亦「格言」之屬。

〔註13〕　案：呂祖謙（字伯恭，世稱「東萊」先生）於梨洲一脈史學，具有啓發、引導之功；而其《易》學著作，則有《古周易》一卷、《古易音訓》二卷、《周

～1281）〔註 14〕、薛季宣（士龍）、楊簡（慈湖）、沈煥（定川），明王守仁
（陽明）、張邦奇（1484～1544）、豐坊（1492～1563？）、顏鯨（1514～1591）、
沈一貫（1531～1615）、劉宗周等，皆當世《易》學名儒；尤其至晚明，所
謂「邱板《易經》人一本，兒童盡讀漢唐文」〔註15〕，已道出浙東《易》學
之盛況矣！

　　夫儒學道統乃實踐哲學之理性進路，其發展與論述皆可因應世局變化、
倫常日用及現實需求，而趨向於複雜性與可選擇性，堪稱為平易無邪、精熟
圓融之生命智慧；此亦浙東《易》學家普遍所持念、貫徹者。故浙東《易》
學亦猶其學術之分流，或貴通經，或重事功，或以窮德，或辨良知，或明慎
獨，雖各有所專、各有致用，總歸本於《易》文。然「自漢至明，解《易》
者不止數百家，持論紛紜，各以己見為是」〔註16〕，致《易》固有之象數、
義理，反而不明；此譬諸清儒曹元弼（1867～1953）所云：「近世經學家好為
苟難，舍通同之定論，而惟別異之是攻，或力申，或力駁，或盡棄古義別生
異論，是皆志不在經，志不在天下國家，而惟求勝求名之為務。」〔註17〕《四
庫》館臣則謂「《易》之為書，推天道以明人事者也。〔……〕。漢儒言象數，
去古未遠也；一變而為京、焦，入于機祥」〔註18〕。審其意，漢初諸儒所言
象數，猶恪守《易》文，未嘗偏離古義，斯與後世習稱之「漢代象數《易》」
（入于機祥），誠然有別；近人屈萬里先生（1907～1979）即謂「十翼及先秦
諸子，下逮漢初諸儒，未有以象數釋《易》辭者〔……〕。彼以象數說《易》
者何始乎？則孟喜是也」〔註19〕。孟喜（？）生於西漢中葉以後，其時陰陽
五行、災異之說盛行，「喜好自稱譽，得《易》家候陰陽災變書」〔註20〕，遂

---

　　　易傳義音訓》八卷、《繫辭精義》（又名《易說》）二卷、《讀易紀聞》二卷等。
〔註14〕案：黃震，字東發，南宋浙東學人（浙江餘姚人），為東發學派之開創者。
〔註15〕參見〔清〕錢大昕等纂修：《〔乾隆〕鄞縣志》（《續修四庫全書‧史部‧地理
　　　類》），卷二十九，「鄞東竹枝詞」，葉27。
〔註16〕參見清聖祖：《聖祖仁皇帝御製文集》（《四庫》本），第四集，卷二十一，葉2。
〔註17〕參見〔清〕曹元弼：《復禮堂文集》（臺北：文史哲出版社，1973年），冊一，
　　　頁91。
〔註18〕參見〔清〕紀昀等編：《欽定四庫全書總目》（北京：中華書局，1997年），「易
　　　類序」，頁3。
〔註19〕參見屈萬里撰：《先秦漢魏易例述評》（臺北：臺灣學生書局，1981年），頁
　　　77。
〔註20〕參見〔漢〕班固撰，〔清〕王先謙補注：《漢書補注》（臺北：藝文印書館，1996
　　　年），卷五十八，「儒林傳」，葉8。

援之比附人事，繼以象數釋《易》文〔註21〕。

自孟喜後，象數《易》學興焉！諸如焦贛（？）、京房（前77～前37）、揚雄（前53～18）、鄭玄（127～200）、荀爽（128～190）、魏伯陽（約100～170）、虞翻等，皆精於此術；其內容則卦氣、世應、飛伏、納甲、爻辰、互體、半象、月體、升降、消息、卦變等，琳瑯滿目。逮及王弼（226～249）以《老》、《莊》解《易》，盡黜「象數」，漢象數《易》近乎銷聲匿跡！至唐李鼎祚（？）撰《周易集解》，復彙集漢以來象數《易》〔註22〕，「一時諸儒之說蕪穢康莊，使觀象玩占之理，盡入於淫瞽方技之流」〔註23〕。「再變而爲陳、邵，務窮造化，《易》遂不切于民用」〔註24〕。蓋《易》學發展至宋，陳搏（約871～989）、邵雍（1011～1077）、劉牧（1011～1064）、朱震（1072～1138）、張行成（？）、蔡元定（1135～1198）、蔡沈（1167～1230）等，皆宗象數《易》，且藉《先天》、《河》、《洛》諸圖，以推天道、窮性命、論陰陽、講行數，致《易》「不切于民用」矣！朱子固視《易》爲卜筮之書，而論《易》則多本乎義理；惟倡邵氏先、後天諸圖，復有「卦變」之說，遂爲後世義理派《易》學家所疵！儘管如此，象數《易》學至元明，因朱子《本

---

〔註21〕案：例如，其釋〈豐・上六・象辭〉「『豐其屋』，天際翔也」（《周易集解》作「『豐其屋』，天際祥也」），謂「天降下惡祥也」（參《周易集解》，卷11，頁273）；釋〈坤・文言〉「陰疑於陽，必戰」，謂「陰乃上薄，疑似于陽，必與陽戰也」（同上，頁36）。

〔註22〕案：《四庫》館臣謂是書所集之《易》注凡三十五家，涵蓋漢魏六朝及隋唐：諸如孟喜、焦贛、京房、馬融、荀爽、鄭玄、宋衷、劉表（以上漢代）、王肅、何晏、虞翻、陸績、王弼、姚信、干寶、向秀、韓康伯、蜀才、翟元（玄）、劉瓛（以上魏晉南北朝）、侯果、何妥、崔憬、沈驎士、盧氏、崔覲、伏曼容、孔穎達、姚規、朱仰之、蔡景君（以上隋唐）。然筆者統計，尚有《九家易》、《乾鑿度》及孔安國、延叔堅、李氏案語等五家，爲《四庫》館臣所遺漏，故《集解》實際所輯之注《易》者，理應計作四十家。此外，「侯果」，新、舊《唐書》無其人；然《新唐書》載有「侯行果」者，其云：「行果者，上谷人，歷國子司業，侍皇太子讀。卒，贈慶王傅。〔……〕帝（玄宗）曰：『我欲更求善《易》者，然無賢行果。』」（參《新唐書》，卷二百，「儒學下」，葉5701）從文中可知侯行果爲治《易》之名家，且爲玄宗所器重；則李鼎祚所稱「侯果」者，當即「侯行果」也。

〔註23〕參見沈善洪主編：《黃宗羲全集》，第九冊，《易學象數論・自序》，頁1。案：竊以李鼎祚所撰《周易集解》一書，非惟有兼重義理、象數之用心，且有並存諸家之氣度；而其於諸說之輯錄，乃以「人倫之義、國家之教」爲權衡標準，蓋以防「象數」偏離「義理」而「入於機祥」也。

〔註24〕參見〔清〕紀昀等編：《四庫全書總目》，「易類序」，頁3。

義》「頒之於學官」〔註25〕而有新貌；其間或有元儒陳應潤（？）發聲「破陳摶之學」〔註26〕，或有明儒楊慎（1488～1559）、歸有光（1506～1571）等起論邵、朱之失，然以建構未臻於善，終未能就其功！迄乎明末清初，政治上改朝換代，所謂「天崩地裂」也；《易》學上辨證批駁，所謂「回歸經典」也。浙東《易》學既有傳統，復熾盛於明末，則《易》家值此《易》學氛圍，自不能置身於外；斯亦清初浙東《易》學所以生焉者也。

審乎清初考據之學，乃因宋學援佛入儒、空談義理之流弊而起；其旨則欲恢復經傳原貌、重沾聖人之訓，以成振衰起敝之功。故於經傳訓詁、文獻考證之外，「經世致用」乃為所重也。宋儒黃震（東發）嘗言：「孔子之道，中行而已；漢、唐溺於訓詁，於斯為下！故伊、洛始以性理之說拯其溺；時不幸異端談空，謂見性成佛、即心是道，與性理之說大相反而適相亂。」〔註27〕清初浙西學人顧炎武（1613～1682）亦云：

> 今日之清談有甚於前代者。昔之清談談老、莊，今之清談談孔、孟，
> 未得其精而已遺其粗，未究其本而先辭其末。不習六藝之文，不考
> 百工之典，不綜當代之務，舉夫子論學、論證之大端，一切不問，
> 而曰『一貫』，曰『無言』，以明心見性之空言，代修己治人之實學。
>
> 股肱惰而萬事荒，爪牙亡而四國亂，神州蕩覆，宗社丘墟。〔註28〕

凡此，蓋有回歸經典之倡意；而就《易》學而言，清儒所發難者，則為象數、圖書之學。顧氏即嘗指「聖人之所以學《易》者，不過庸言庸行之間，而不在乎圖書、象數也。今之穿鑿圖象以自為能者，畔也」〔註29〕；又謂「希夷之圖、康節之書，道家之《易》也。自二子之學興，而空疏之人、迂怪之士，舉竄迹於其中以為《易》；而其《易》為方術之書，於聖人寡過反身之學，去之遠矣」〔註30〕！惟顧氏於《易》之著墨，多為補文綴篇〔註31〕，猶不及宗

〔註25〕 參見沈善洪主編：《黃宗羲全集》，第九冊，《易學象數論・自序》，頁2。
〔註26〕 參見〔清〕紀昀等編：《四庫全書總目》，卷六，「《周易爻變義縕》提要」，頁43。
〔註27〕 參見〔宋〕黃震撰：《黃氏日抄》（文淵閣《四庫全書・子部・儒家類》），卷九十一，葉24～25。
〔註28〕 參見〔清〕顧炎武撰：《日知錄》（蘭州：甘肅民族出版社，1997年），卷七，「夫子之言性與天道」，頁339。
〔註29〕 同前註，卷一，「孔子論《易》」，頁47。
〔註30〕 同前註，頁48。
〔註31〕 案：顧氏之《易》論，散見於《日知錄》（卷一）、《五經同異》（上卷）、《易

義與宗炎（1616～1686）之有專著；況其乃浙西學人。是以清初浙東之《易》學，自當以黃氏昆仲首開其端。今人林忠軍先生嘗將「象數」《易》學史分期，以黃宗羲、胡渭（1633～1714）、毛奇齡（1623～1716）爲「明清」批判宋人「圖書」之代表〔註32〕；觀其所列，雖似有序，而獨漏黃宗炎，斯有所不宜也。

## 第三節　前人研究之文獻探討

　　前人多將宗羲《易學象數論》、宗炎《圖學辨惑》與胡渭《易圖明辨》、毛奇齡《圖書原舛編》，並爲清儒批判宋代圖學之名作；然就清初浙東學人而言，其於《易》學有專著，且對後世影響較廣者，唯宗羲、宗炎昆仲耳〔註33〕！故自清世以至近代，學者於清初浙東《易》學家之探究與評議，多著眼於餘姚竹橋黃氏二人。茲將前人著墨之大要，分述於下：

　　首先，就清世言——

　　宗羲新安門人汪瑞齡嘗評述《易學象數論》，謂「姚江梨洲夫子通天地人以爲學，凡天官、地理，以及九流術數，無不精究。慨象數之失其正，而爲異說所淹汩也，作《論》辨之。論其倚附於《易》，似是而非者，析其離合」，「論其顯背於《易》，而自擬爲《易》者，決其底蘊」〔註34〕。陸嘉淑（孝可，1620～1689）稱宗炎《尋門餘論》「直欲與洛、閩大儒質辨於千載之上」〔註35〕。胡渭於《易圖明辨》屢引宗羲《易學象數論》之文，或直言批評，或稍持異議，或稍作補充，而附和者實多（《象數論·自序》完列於書末）；至於宗炎，則援其《周易尋門餘論》中對《先天圖》之批判以爲說

---

　　　　音》及《亭林文集》所載相關之文。

〔註32〕參見林忠軍：《象數易學發展史》（濟南：齊魯書社，1994年），頁2～4。

〔註33〕案：此臠考《浙江通志》（收入《景印文淵閣四庫全書》，第523冊，卷175，「儒林」，頁576～631）與《浙江府縣志輯》（收入《中國地方志集成》，上海：上海書店，2011年）所載，以及近人吳光所撰《黃宗羲與清代浙東學派》（見「爲清代浙東經史學派正名」一節，頁13），即可窺知；至若宋儒沈煥之後裔沈光文（1612～1688），固亦明末清初浙東《易》學家（清順治八年因復明抗清失敗，舉家由廣東渡海北上，途中突遭颶風，致船舵失維而輾轉飄流至臺灣，遂留居臺灣三十年），然生平無《易》學專著，故不列入。

〔註34〕參見〔清〕朱彝尊原著，業師林慶彰等編審，許維萍等點校：《經義考》（臺北：中央研究院文哲所籌備處，1997年），第二冊，頁755。

〔註35〕同前註，頁757。

耳〔註 36〕！全祖望稱《易學象數論》「力辨《河洛方位圖》說之非，而遍及
諸家」〔註 37〕；「莫不搜其原本，抉其譌謬」，「一洗前輩之支離」，「可爲經
學中希有之書」〔註 38〕。《四庫》館臣稱《易學象數論》「宏綱巨目，辨論精
詳」，「皆有依據」，「非但據理空談不中窾要者」〔註 39〕能比；謂《周易象辭》，
「力辟陳摶之學」，故「解釋爻象，一以義理爲主」〔註 40〕；指《尋門餘論》
「兼排釋氏之說，未免曼衍於《易》外，其詆斥宋儒，詞氣亦傷太激」，然
該書於四聖相傳暨陳摶得圖諸論，則爲「篤論」〔註 41〕；雖贊《圖學辨惑》
以「陳摶之圖、書，乃道家養生之術」、「周子《太極圖說》，《圖》雜以仙眞，
《說》冒以《易》道」，然亦「不免有意深文，存姚江朱、陸之門戶」〔註 42〕。
皮錫瑞以爲，「近世學者於陳、邵之圖，闢之不遺餘力，而又重理焦、京之
說，是去一障又生一障」，未若《易學象數論易》「盡去其障之尤善」〔註 43〕！
江藩（1761～1831）指宗羲《易學象數論》「雖闢陳摶、康節之學，而以納
甲動爻爲僞象，又稱王輔嗣注簡當無浮義。〔……〕。然不宗漢學，皆非篤信
之士」〔註 44〕。沈懋惪（虞揚）論《周易尋門餘論》，雖有偶有批駁之語，
而贊頌、附應者爲多〔註 45〕；稱《圖學辨惑》所辨諸圖，「理明詞辣，直令
邵、周無躲身處」〔註 46〕。《浙江采集遺書總錄》但言《易學象數論》「《內
篇》辨其倚附於《易》似是而非者，《外編》辨其顯背於《易》而自擬爲《易》
者，各分三卷」〔註 47〕；論《周易象辭》，幾以「專主六書之義以言《易》」
通貫全篇〔註 48〕，且多贊頌之辭；所評《周易尋門餘論》，亦從陸氏「直欲

〔註 36〕 參見〔清〕黃宗炎撰：《周易尋門餘論》（世楷堂本《昭代叢書・癸集》），卷
　　　　一，葉 6～7。
〔註 37〕 參見沈善洪主編：《黃宗羲全集》，第十二冊，「梨洲先生神道碑文」，頁 10。
〔註 38〕 同前註，「黃梨洲《易學象數論》書後」，頁 181。
〔註 39〕 參見〔清〕紀昀等編：《四庫全書總目》，卷六，「經部六・易類六」，頁 56。
〔註 40〕 同前註。
〔註 41〕 同前註。
〔註 42〕 同前註。
〔註 43〕 參見〔清〕皮錫瑞撰：《經學通論》，頁 32～33。
〔註 44〕 參見〔清〕江藩撰：《國朝漢學師承記》（北京：中華書局，1998 年），附《國
　　　　朝經師經義目錄・易》，頁 137。
〔註 45〕 參見〔清〕沈懋惪撰：《周易尋門餘論》跋，收入《周易尋門餘論》，葉 83。
〔註 46〕 同前註。
〔註 47〕 參見〔清〕沈初等撰：《浙江采集遺書總錄》，收入《海王邨古籍書目題跋叢
　　　　刊》（北京：中國書店，2008 年），第二冊，葉 33。
〔註 48〕 同前註，葉 33～34。

與洛、閩大儒質辨於千載之上」之語〔註49〕；至於《圖學辨惑》，稱該書「以圖學出自陳圖南，本養生馭氣之術，托諸大《易》」諸語〔註50〕，則複陳宗炎之意爾！梁啓超則謂《易學象數論》力辯《河》、《洛》及方位圖說之非，爲後來胡渭（朏明）《易圖明辨》之先導〔註51〕。

以此觀之，清世學者於宗羲《易》學之評議，但據《易學象數論》發抒，未有旁及他書所涉之《易》說；於宗炎，咸以《周易象辭》、《尋門餘論》、《圖學辨惑》分論，亦未有就其整體而綜述者。

其次，就近代言——

茲將攸關宗羲者，概述於下：

其一：附屬於個人之著作。例如，汪學群先生（1956～）《清初易學》論「黃宗羲的易學」一節，其內容有「辨河圖洛書說之非」、「辨先天太極諸說」及「觀象而明理」等（凡 22 頁）；而謂《易學象數論》「系統地清理了從漢至明歷代象數學的主要著作，並作了考證、訂訛、辨僞，乃至驗算等，是對象數學的一次全面性的批判」〔註52〕；朱伯崑先生（1923～）《易學哲學史》論黃宗羲《易學象數論》，「雖屬于義理學派，但其對圖書和先天之學的批判，立足于尊重《周易》經傳文句的本義，注重考證史實，從而開清代經史之學的先河。但從其批評中，也可以看出，他只看到圖書先天之學，有背于經傳本義，不肯承認其《易》學在理論思維方面的成果」〔註53〕，此與「王夫之相比，黃氏建立理論體系的興趣比較淡薄」〔註54〕；郭彧（1941～）《周易圖象集解》，將黃宗羲〈原象〉所解貫串於全篇，然所列多僅爲原文或附和黃氏〔註55〕（稍作評述者，唯〈井〉、〈困〉、〈家人〉、〈既濟〉與〈未濟〉），而於《易圖講座》中則稱黃宗羲「辨宋代《易》圖並不牽扯黃老曰者之說」，亦「不批評周子《太極圖》來自道家」〔註56〕；李申（1946～）《易圖考》於宗羲《易學象數論》，則著重其於「河圖洛書」之辨，且謂宗羲對

〔註49〕同前註，葉 34。

〔註50〕同前註。

〔註51〕參見梁啓超著：《中國近三百年學術史》，「陽明學派之餘波及其修正」，頁 74。

〔註52〕參見汪學群撰：《清初易學》（北京：商務印書館，2004 年），頁 320。

〔註53〕參見朱伯崑撰：《易學哲學史》（臺北：藍燈文化，1991 年），頁 274。

〔註54〕同前註。

〔註55〕參見郭彧撰：《周易圖象集解》（北京：中國文聯出版社，2000 年），頁 1～107。

〔註56〕參見郭彧撰：《易圖講座》（北京：華夏出版社，2007 年），頁 302。

《河》、《洛》之說（有圖、有文字之書），「較爲符合常理」〔註57〕；業師林慶彰（1948～）《清初的群經辨僞學》則以《易學象數論》中之考辨《易》圖爲主，立有「辨《河圖》、《洛書》」、「辨〈伏羲八卦次序圖〉（先天橫圖）」（較有深入分析）、「辨〈伏羲八卦方位圖〉（先天方位圖）」等三節，而謂宗義之「論辨並未追溯《易》圖的源頭；且論理也有不夠周延的地方。但是，宗義在當時一片『回歸原典』運動聲中，他的首要工作是如何掃除與聖人之旨不合的種種附會。思想史上的意義要比辨僞學上的意義重要得多」〔註58〕。

其二：單篇（或相關）論文。諸如王永嘉、陳敦偉合撰之〈《易學象數論》淺析〉〔註59〕、郭彧〈《易學象數論》芻議〉〔註60〕、陳旻志〈試由黃宗義的易學思維揭示「文道合一」的文學思想〉〔註61〕、張新智〈試論黃宗義《易學象數論》的得失〉〔註62〕、羅永樺〈從清初經學「回歸原典」運動看黃宗義與道教之關係〉〔註63〕、司徒琳〈黃宗義《象數論》與清初官方易學的變化〉〔註64〕等。竊觀彼等所論，雖有可取之處，然可議者，亦不乏見（詳後）；且就其論述內容而言，多屬片面簡述，讀者固難從其中盡窺宗義《易學象數論》之底蘊。

至於宗炎，其《易》學著作除《圖學辨惑》外，尚有《周易尋門餘論》及《周易象辭》；然學者除汪學群《清初易學》論「黃宗炎的易學」，其內容有「批宋圖學三派」、「辨儒佛之心性」、「四德盡爲君子之躬行」及「藏天下于天下」等（凡37頁），而謂宗炎「《易》學思想絕非批判圖書象數學所限，同時也批判了佛道虛無思想，並深入《易》理，結合時代分析一些理論問題，

---

〔註57〕 參見李申撰：《易圖考》（北京：北京大學出版社，2001年），頁190。
〔註58〕 參見業師林慶彰撰：《清初的群經辨僞學》（臺北：文津出版社，1990年），頁91。
〔註59〕 參見王永嘉、陳敦偉合撰：〈《易學象數論》淺析〉，《寧波師院學報》（社會科學版），1985年第2期，頁45～51。
〔註60〕 參見郭彧撰：〈《易學象數論》芻議〉，收入《浙東學術與中國實學——浙東學派與中國實學研討會論文集》（中國實學研究會主編，2005年），頁189～198。
〔註61〕 參見陳旻志撰：〈試由黃宗義的易學思維揭示「文道合一」的文學思想〉，《華梵人文學報》，2003年7月創刊號，頁107～166。
〔註62〕 參見張新智撰：〈試論黃宗義《易學象數論》的得失——以其對納甲及先天圖之評述所作的試探〉，《孔孟月刊》第36卷，第2期，頁33～38。
〔註63〕 參見羅永樺撰：〈從清初經學「回歸原典」運動看黃宗義與道教之關係〉，《孔孟月刊》，第38卷第2期，頁19～29。
〔註64〕 參見司徒琳撰：〈黃宗義《象數論》與清初官方易學的變化〉，收入《黃梨洲三百年祭》（北京：當代中國出版社1997年），頁55～73。

其思想傾向屬宗羲理《易》一路，從這個角度說超越黃宗羲、毛奇齡和胡渭」〔註65〕外，餘多聚焦於《圖學辨惑》一書。例如，朱伯崑《易學哲學史》論《圖學辨惑》，但以「河圖洛書辨」、「先天八卦方位、六十四卦方圓橫圖辨」及「太極圖說辨」爲論述主軸，且稱宗炎「不肯承認後人所闡發的理論思維的價值及其意義，而以是否合乎《周易》經傳的本義爲衡量歷代《易》學及其哲學的唯一尺度，此正是考據之學的特色之一」〔註66〕；郭彧《周易圖象集解》論黃宗炎《圖學辨惑》，亦從「河圖洛書辨」、「先天八卦方位、六十四卦方圓橫圖辨」及「太極圖說辨」三者分論，而以該書「意在力辟陳摶《易》之圖學」〔註67〕；李申《易圖考》則舉證以駁宗炎「陳摶刻《无極圖》於華山石壁」之說，其論證頗具特色。業師林慶彰《清初的群經辨僞學》則從「就傳授源流辨《易》圖非古」、「辨《河圖》、《洛書》」、「辨〈伏羲八卦方位圖〉」及「辨太極圖」等切入，對宗炎之論辨多持肯定態度；唯於宗炎指《无極圖》出自魏伯陽、河上公，以爲不可信〔註68〕。

　　然則，近代學者於宗羲《易》學之探究，亦僅據《易學象數論》抒論，且皆止於特定議題，或略述其中，或擷取所需，洵無就該書作深入剖析者；而對宗羲於他著中所涉《易》論，乃鮮有蒐羅、探究之文。至若宗炎之《易》學，除汪學群於《清初易學》中所論稍有及於《周易象辭》、《周易尋門餘論》外，餘則皆聚焦於《圖學辨惑》一書耳！

## 第四節　研究動機、範圍、目的與方法

　　綜觀前人於宗羲、宗炎《易》學之析論與評述，誠有未盡與商榷者；此外，筆者嘗於第四屆海峽兩岸青年《易》學發表會上（2003年），發表〈黃宗炎《周易象辭》初探〉一文，然限於篇幅，故未能呈其全貌，頗有所憾！爾後，該單篇論文每爲研究黃宗炎《易》學者所援舉、參考（包括國內外碩士論文）〔註69〕；至若《圖學辨惑》及《周易尋門餘論》二書，觀其內容，實

〔註65〕參見汪學群撰：《清初易學》，頁379。
〔註66〕參見朱伯崑撰：《易學哲學史》，頁290。
〔註67〕參見郭彧撰：《易圖講座》，頁302。
〔註68〕參見業師林慶彰撰：《清初的群經辨僞學》，頁98。
〔註69〕案：諸如陳正賢《清儒黃宗炎「憂患學易」之研究》（臺北：國立臺灣師範大學國文研究所碩士論文，2010年7月）、胡士穎《黃宗炎易學研究》（濟南：山東大學中國哲研究所碩士論文，2011年5月）、費艷萍《黃宗羲黃宗炎易學

有與《周易象辭》重疊者，是以綜覽三書，並從中析其異、合其同，亦順勢之舉；況其（三書）底蘊與《易學象數論》多所呼應或互補歟！總此，皆促使筆者以黃氏昆仲之《易》學爲研究主題；而二人既爲開展清初浙東《易》學之主要人物，故本書乃以「清初浙東《易》學研究——以黃宗羲、黃宗炎爲中心作一考察」爲名。

夫《易學象數論》固爲探討宗羲《易》學思想之主要文獻，然其有關《易》學之論述，既散見於諸種著作中，是以欲究宗羲之《易》學，除專書（《易學象數論》）外，仍須旁及相關著作，始能窮其底蘊！而宗炎之《易》學，自涵藏於《周易象辭》、《圖學辨惑》及《周易尋門餘論》等三書中。然則，統觀二人《易》著及相關《易》論，始能窺得清初浙東《易》學之大旨；斯亦本書研究之範疇也。

至若本書之研究目的與方法，前者主要有下列八項：

其一：考述宗羲、宗炎之生平學行

其二：迹論宗羲、宗炎《易》學之淵源

其三：探究宗羲、宗炎《易》學之底蘊

其四：紬繹宗羲、宗炎《易》學之主張

其五：檢覈宗羲、宗炎《易》學之得失

其六：釐清宗羲、宗炎《易》學之同異

其七：審視宗羲、宗炎《易》學之影響

其八：權衡宗羲、宗炎《易》學之評價

後者則可據上述八項，歸納如下：

其一：文本外相關文獻與資料之蒐集。此應用於（一）緒論中對浙東學術與浙東學派之釐正、溯源清初浙東《易》學（二）考述宗羲、宗炎之生平學行（三）迹論宗羲、宗炎《易》學之淵源（四）檢覈宗羲、宗炎《易》學之得失（五）審視宗羲、宗炎《易》學之影響（六）權衡宗羲、宗炎《易》

---

研究》（高雄：國立高師範大學經學研究所碩士論文，2012 年 6 月）、洪家惠《黃宗炎易學研究》（國立政治大學中國文學系國文教學碩士論文，2013 年 7 月）等；其中後學費艷萍者，雖名其碩論爲《黃宗羲黃宗炎易學研究》，然就其章節設計及內容觀之，多聚焦於黃氏昆仲之「圖學」批判（內容多引近人說法而作結）及宗炎《周易象辭》之部分內容，而以「易學」二字概括，已失其蘊；更有甚者，其文中有關宗炎《易》說之論點，大量參考筆者之文又未註明出處，實屬遺憾！

學之評價。

其二：主體文本之梳理、分析與歸納。此歸本於（一）探究宗羲、宗炎《易》學之底蘊（二）紬繹宗羲、宗炎《易》學之主張（三）檢覈宗羲、宗炎《易》學之得失（四）釐清宗羲、宗炎《易》學之同異。

其三：行文與抒論採用夾敘夾議方式。此側重於（一）紬繹宗羲、宗炎《易》學之主張（二）檢覈宗羲、宗炎《易》學之得失（三）釐清宗羲、宗炎《易》學之同異（四）權衡宗羲、宗炎《易》學之評價。

其四：追溯文本中所徵引文獻之原貌。此著眼於文本中所援引諸家《易》說，多有未明其書目、篇章，或與作者之言混而爲一，或引述之文有所闕漏、衍增，致讀者難辨其原貌。

竊以藉由上述之綜合運用，當有助於筆者對議題之研究能更爲深入而全面；其中，以夾敘夾議抒論，乃基於對文本論述之可議者，能適地旋即釐清，一氣呵成也。

# 第二章　黃宗羲之生平學行考述

　　宗羲七世孫黃炳垕引清儒宗滌樓（1792～1867）之語曰：「年譜自有體例，曷以誇多鬥靡爲？遺獻事實甚繁，取其言行之大節、師友之結契、際遇之轗軻、行蹤之經歷、有足見性情學問者，編而入之，使後人得以論世知人已耳！」[註1] 文中所言「遺獻」，即指宗羲。宗羲與仲弟宗炎、叔弟宗會（1618～1663）三人，均從學於劉蕺山之門，其學術大略相等，頗有時譽，海內稱「東浙三黃」[註2]（或「浙東三黃」）；而宗羲之著述、講學、交游、行誼、學問等，即如宗氏所言，「事實甚繁」。雖然，欲知其人，則須先論其世，即「論世」而「知人」[註3] 也。茲就宗羲之生平、著述、交游、治學等，概述於下。

## 第一節　黃宗羲之生平與著述

### 一、生　平

　　宗羲字太沖（又字德冰），號南雷，海內稱「梨洲先生」，浙江省紹興府

---

〔註1〕　參見〔清〕黃炳垕撰：《黃宗羲年譜》（北京：中華書局，2006 年），頁 55。
　　　　案：蕭穆於〈跋黃梨洲先生年譜〉中云：「宗羲先生嘗自著《年譜》，詒鄭高州，豫以志銘爲託。鄭氏後失於火，黃氏亦有水火之厄，并底本亦失之。」（參《黃宗羲年譜》，頁 57）則宗羲固有自著之《年譜》，惜毀於水、火耳！
〔註2〕　案：全祖望〈梨州先生神道碑文〉載，宗羲「有弟宗炎，字晦木，宗會，字澤望，並負異才，公自教之，不數年，皆大有聲，於是儒林有『東浙三黃』之目」。
〔註3〕　案：《孟子》載：「頌其詩，讀其書，不知其人，可乎？是以論其世也，是尚友也。」（〈萬章下〉）

餘姚縣黃竹浦人（今浙江省餘姚市梁輝鎮），生於明神宗萬曆三十八年（西元 1610）八月八日戌時，卒於清聖祖康熙三十四年（西元 1695）七月三日卯時，享年八十有六。宗羲始祖，諱萬河，字時通，號鶴山，始居竹墩三十載，後徙之餘姚竹橋（連延黃竹浦）。祖父，字日中，號鯤溟，以《易》爲大師。父終端公，諱尊素（1584～1626），字眞長，號白安，萬曆四十四年（西元 1616）進士，爲人正直，乃東林黨領袖之一；天啓年間，官至御史，後以彈劾魏忠賢等而冤死。母姚氏，「年十六，于歸忠端」〔註4〕，知書達禮，能辨時政，於尊素繫獄之時，每夜朝天祈拜，並上書朝廷，請求代死；崇禎即位，敕封爲夫人。自始祖鶴山至宗羲，凡十七世。

宗羲之生，其父忠端公預推祿命干支，言「須聞金鼓之聲，乃驗」〔註5〕，適有里優鳴鉦擊鼓；而其母夢有麟瑞，且宗羲干支與先聖孔子僅差一字，故乳名曰「麟」。宗羲生而聰明特異，壯能舉鼎，口微吃，額角左右各有紅、黑痣一，其狀如錢，或謂之「日月痣」也。

天啓二年（西元 1622），宗羲（年十三）於赴郡城應童子試之際，過一空樓，聞笑、奕聲，遂登樓，見五六人倉皇急避，追之，但見五通神之像，雖是孤身童子，然亦佇足凝視之，弗懼也。次年，宗羲補仁和博士弟子員，並隨侍忠端公至京；宗羲在京，好窺羣籍，不瑣守章句，忠端公時課以制義，「課程既畢，竊買演義，如《三國》、《殘唐》之類數十冊，藏之帳中，俟父母熟睡，則發火而觀之。一日出學堂，忠端公見其書，以語太夫人，太夫人曰：『曷不禁之？』忠端公曰：『禁之則傷其邁往之氣，姑以是誘其聰明可也。』自此太夫人必竊視宗羲所乙之處，每夜幾十葉，終不告義爲忠端公所知也」〔註6〕。然則，宗羲所涵成之批判精神、思辨能力與經世思維，開其端者乃知人善教之忠端公也。

天啓四年（西元 1624），時逆奄據朝，黨論方興，忠端公與楊忠烈（楊漣，1572～1625）、左忠毅（左光斗，1575～1625）、魏忠節（魏大中，1575～1625）諸公，嘗夜論時事，盡退左右，唯宗羲（年十五）在側，故能詳知當朝之勢也；而此亦埋下宗羲日後承繼父志、起兵反清之政治作爲。天啓五

---

〔註4〕 參見〔清〕黃慶曾等編纂：《竹橋黃氏宗譜》（北京：中國社會科學院歷史研究所圖書館，據1926年惇倫堂活字本攝製，1986年），卷十三，「姚太夫人」，頁92。

〔註5〕 參見〔清〕黃炳垕撰：《黃宗羲年譜》，卷上，頁9。

〔註6〕 參見沈善洪主編：《黃宗羲全集》，第十一冊，「家母求文節略」，頁24。

年十二月，宗羲娶同邑廣西按察史葉六桐（1566～1641）之女安人（年十七）
為妻。

天啓六年（西元 1626）三月，忠端公與高攀龍（1562～1626）、周順昌
（1584～1626）、繆昌期（1562～1626）、周宗建（1582～1627）、李應昇（1593
～1626）、周起元（1571～1626）等，為魏忠賢（1568～1627）等誣陷，先
後被逮，宗羲（年十七）送終端公至郡城，劉氏宗周亦前來餞別，忠端公遂
命宗羲從學宗周；同年六月辛丑，忠端公卒於詔獄。時宗羲祖父（鯤溟公）
嘗於宗羲出入之處，書「爾忘句踐殺爾父乎」〔註7〕八字於壁，誡其勿忘父
仇。

崇禎元年（西元 1628），宗羲（年十九）於忠端公之死，憤懣填膺，乃
藏錐於袖，草疏入京訟冤；至京，而仇奄（魏忠賢）受誅矣。同年五月，宗
羲與逆旨拷問忠端公之許顯純（？～1628）、崔應元（？）對簿於刑部，出
袖錐擊顯純，流血被體；毆應元胸，拔其鬚，歸而祭之忠端公神位前；又與
同仇共捶手害諸公者獄卒二人，斃之。《禮記》載「父慈、子孝」（〈禮運〉）
者人之義，《老子》謂「慈，故能勇」（67 章）；「慈」者，仁、親也，蓋宗
羲親刃仇人者前後近十名，其盡孝之行不亦勇乎！詔獄事竟，宗羲乃偕同難
諸子弟設奠於詔獄中門，祭文未畢，哭聲如雷，遍聞禁中，觀者無不裂眥變
容，為之痛哉！崇禎知而歎曰：「忠臣孤子，其惻朕懷！」〔註8〕不加罪也。
蓋宗羲仁孝性成，至情樂善，重然諾、敦信義，故於「成童之歲，即能尋父
仇於朝，而以孝子之名動天聽」〔註9〕，然其於晚年憶此，則甚為自慚，嘗
曰：「義幼而伶丁，先忠端身殉社稷，義既不能如緹縈之上書代死，又不能
如龐娥之手刃仇人，有愧女子，竊不復自比於人數。」〔註10〕宗羲既歸，
治忠端公葬，時蕺山先生亦嘗來弔，以袖拭棺上之塵，痛哭而去！宗羲乃戮
力於學，日夕讀書，旁求九流十家，諸如經、史、天文、曆算、道藏、佛藏……
等，無所不窺。崇禎二年，時山陰劉宗周倡道蕺山，宗羲（年二十），遂遵
忠端公之遺命，乃邀吳、越知名之士六十餘人，入蕺山門下，以慎獨為宗旨，
重氣節操守，並力排當時援釋入儒之異說，名重一時。

〔註7〕 同前註，第十冊，「移史館先妣姚太夫人事略」，頁 544。
〔註8〕 同前註，第十二冊，「梨洲先生神道碑文」，頁 2～3。
〔註9〕 同前註，第十一冊，「南雷文定序」（靳治荊），頁 423。
〔註10〕 同前註，第十冊，「與李郡侯辭鄉飲酒大賓書」，頁 215。案：時宗羲年已八十
　　　 矣。

　　崇禎三年（西元 1630），宗羲（年二十一）奉太母盧太淑人於南京應天府經歷署（宗羲季父白崖公時為「經歷」），時宣城沈眉生（沈耕巖，？～1675）力勸宗羲理經生之業，宗羲感悟，始入場屋；然榜發後，二人皆下第。宗羲欲南回，於京口遇文肅公（文震孟，1574～1636），乃同舟至吳門；文肅公見宗羲落卷後場，嗟歎許久，曰：「異日當以大著作名世，一時得失，不足計也。」〔註11〕以今觀之，則文肅此語，殆非寬慰，實有見於宗羲底蘊之學也。崇禎四年（西元 1631），宗羲（年二十二）至是發憤，「自明十三朝《實錄》，上溯《二十一史》，每日丹鉛一本，遲明而起，雞鳴方已，兩年而畢」〔註12〕。崇禎九年（西元 1636）二月，宗羲（年二十七）偕宗炎、宗會二弟至杭州應解試。同年十二月，宗羲遷葬忠端公於化安山（剡中）。崇禎十五年（西元 1642），建忠端公祠；時宗羲（年三十三）入京應試，陽羨周相國欲薦為中書舍人，堅辭不赴，一日，遊市中，忽聞鐸聲，曰：「此非吉聲也。」〔註13〕遂匆匆南下，宿昔之間，清兵果入關。

　　清順治元年（西元 1644）四月，宗羲（年三十五）聞京師失守，乃從蕺山先生前往杭郡，寓於吳山海會寺；後宗羲以奄黨追捕故，而顛躓返歸浙東。隔年（西元 1645）六月，蕺山離越城而避居楊塒，宗羲（年三十六）徒步二百多里，繞山尋徑以見，蕺山手揮羽扇，臥之於牀，蓋已二十日不進勺水，宗羲見狀，忍淚含悲，自敘其來，復徒步而返；後三日而蕺山死矣！閏六月，與弟宗炎、宗會糾集黃竹浦子弟數百人，迎監國魯王於蒿壩，駐軍江上，時人呼之曰「世忠營」，自此浙東抗清舉事長達八年。宗羲嘗歎其先師（劉蕺山）「以其進退卜天下之安危」，而以「餓死」終〔註14〕。嗚呼！以「廉頑立懦維風之臣」〔註15〕，而竟至於斯，可不痛哉！

　　順治五年（西元 1648），宗羲（年三十九）季弟宗轅〔註16〕卒，得年二

---

〔註11〕參見〔清〕黃炳垕撰：《黃宗羲年譜》，卷上，頁 14。
〔註12〕同前註，頁 15。
〔註13〕同前註，頁 20。
〔註14〕參見沈善洪主編：《黃宗羲全集》，第十冊，「光祿大夫太子太保吏部尚書諡忠襄徐公神道碑銘」，頁 245。
〔註15〕同前註，頁 241。
〔註16〕案：宗轅，字司輿，生於明天啟二年（西元 1622）；宗羲叔弟宗會（字澤望）嘗謂宗轅「幼孤，而學於仲晦木氏，溢思而寡言。長而慕吳與弼之行，堅忍約束，敦比於事而不息傲」（參印曉峰點校之《縮齋詩文集》，「亡弟司輿黃君權厝誌」，頁 132）。

十七。順治七年（西元 1650），宗羲（年四十一）弟宗炎以參馮侍郎軍事被捕入獄，瀕死；宗羲乃潛至甬上，與萬履安（1598～1657）、高旦中（1623～1670）、馮濟道（？）諸公施計援救，活之。同年冬，葉六桐先生遷葬邑東西黃浦，宗羲送之。順治十三年（西元 1656）三月，宗羲（年四十七）與諸弟宗炎、宗會、宗彝（1625～1669）等，咸為山賊所繫，賴友人援救，乃得釋歸。順治十八年，宗羲（年五十二）居龍虎山堂；歲盡，因避盜而權寓故居。

康熙元年（西元 1662）二月八日，龍虎山堂招火；五月三日，故居又災。此宗羲所謂「半生瀕十死，兩火際一年」〔註17〕者耶！是年，宗羲（年五十三）撰《明夷待訪錄》（此為初稿，次年冬校梓）。隔年八月八日，宗羲弟宗會病卒〔註18〕。蓋宗會少無師，以其兄宗羲為師，後輾轉學佛；年二十七，而「場屋坊社已歷十餘年之久，行輩視為老師名宿」，然以二子同日無故而亡，又遭惡火、妻死之厄，遂積鬱累病而不起，得年四十有六〔註19〕。

康熙四年（西元 1665），甬上萬斯大、萬斯同、陳錫嘏（1634～1687）、董允瑫（1627～1679）……等二十餘人，咸來受業於宗羲。康熙六年（西元 1667）九月，宗羲（年五十六）與同門友姜定庵（希轍）、張奠夫（應鰲）會講於「證人書院」；翌年，甬上設「講經會」。康熙八年（西元 1669），宗羲季弟宗彝（孝先）卒。康熙十二年（西元 1673），宗羲（年六十四）母姚太夫人八十壽辰；時孫奇逢（1584～1675）年雖九十矣，仍不忘賀寄《理學宗傳》一部及壽詩一章。康熙十五年（西元 1676），顧炎武以所著《日知錄》一書，寓請宗羲為之評彈；是年，宗羲（年六十七）集忠端公祠墓碑銘為《正氣錄》。其後，《明儒學案》撰成，全書共六十二卷〔註20〕；又輯《宋元學案》，

---

〔註17〕　參見沈善洪主編：《黃宗羲全集》，第十一冊，「五月復遇火」，頁 246。案：宗羲晚年所著〈怪說〉一文有載：「自北兵南下，懸書購余者二，名捕者一，守圍城者一，以謀反告訐者二三，絕氣沙墠者一晝夜，其他連染邏哨之所及，無歲無之，可謂瀕於十死者矣。」（《黃宗羲全集》第十一冊，頁 70）此所謂「半生瀕十死」者也。

〔註18〕　案：宗羲之生日（八月八日），為宗會之化日。

〔註19〕　參見沈善洪主編：《黃宗羲全集》，第十冊，「前鄉進士澤望黃君壙誌」，頁 301～302。案：宗會，字澤望，號縮齋，學者稱「石田生生」；宗會頗負異才，讀書過目不忘，詩文古澹，有狷介之操，其學除經史四部外，兼通佛、道二藏，著有《縮齋文集》、《縮齋日記》、《學御錄》、《四明游錄》、《瑜伽師地論注》、《成唯識論注》等。

〔註20〕　案：《明儒學案》具體成書之期，眾說紛紜。〔清〕黃炳垕指《明儒學案》成

然未成編，遺命全氏祖望成之。

康熙十九年（西元 1680），宗羲（年七十一）母姚太夫人卒（享壽八十七歲）〔註 21〕；時朝臣奉旨欲敦聘宗羲纂修《明史》，爲宗羲所婉辭，後有特旨：「凡黃宗羲有所論著及所見聞，有資《明史》者，着該地方官鈔錄來京，宣付史館。」〔註 22〕其爲朝廷所仰重者如此！康熙二十五年（西元 1686）三月，忠端公入祠鄉賢；六月二十五日，宗羲（年七十七）仲弟宗炎卒，乃遷居周家埠。

蓋自明亡後，宗羲屢遭屋毀糧絕之禍，非惟居無定所、顛沛流離，其親人驟逝者亦多矣！嘗謂「八口旅人將去半，十年亂世尚無央」〔註 23〕，亂世下之生命，其脆弱與無助，於焉可知；尤其自康熙元年至二十五年間，宗會、宗彝、宗炎諸弟，相繼亡故，甚而「奉老母而竄於海隅」〔註 24〕，宗羲內心自是懊悔，傷痛不已，所謂「窮途失父寫伶仃」〔註 25〕，盡道宗羲內心之悲憤及孺慕情懷！而宗羲個性耿直、事母至孝，雖姚太夫人以八十七歲高齡壽終，然憶及親人生離死別之事，仍多所感嘆，嘗言：

> 吾母五子〔註 26〕，唯不孝親乳。先忠端公殉節之後，室如懸磬。不
> 孝支撐外侮，鞅掌家塾。吾母課韰畝、省廩窖，婚嫁有無，棺槨重

於康熙十五年（參《黃宗羲年譜》，卷下，頁 40）；然宗羲於〈自序〉中明言：「書成於丙辰之後，中州許西山暨萬貞一各刻數卷，而未竣其事。然鈔本流傳，頗爲好學者所識。」（參《黃宗羲全集》第七冊，「《明儒學案·自序》」，頁 4）則《明儒學案》當撰成於康熙十五年（丙辰）之後（雖未完刻，已有鈔本流傳）。近人吳光以爲，《明儒學案》書成當「在康熙十七年至十八年間」（參《黃宗羲全集》第八冊，附錄〈黃宗羲遺著考〉，頁 1005）；陳祖武則稱「完稿於康熙二十三、四年間」（參《中國學案史》，頁 129）。竊以爲，若細究「書成於丙辰之後」之語意，則《明儒學案》之撰成，當以吳氏說爲善。至於〔日〕今關壽麿謂《明儒學案》書成於康熙三十二年者（參《宋元明清儒學年表》，頁 155），或以《黃宗羲年譜》所載，《明儒學案》已梓行於康熙三十一年（西元 1692）秋七月（卷下，頁 48），又據宗羲於〈自序〉文末所誌之年（即〈序〉成之年），而有此說也。

〔註 21〕參見〔清〕黃炳垕撰：《黃宗羲年譜》，卷下，頁 42。案：《竹橋黃氏宗譜》亦載姚太夫人「八十七而終」（卷十三，頁 92）；而萬斯大〈吾悔集序〉則記「太夫人年九十」（《黃宗羲全集》，第十一冊，頁 422）。

〔註 22〕同前註。

〔註 23〕同前註，卷中，頁 29。

〔註 24〕參見沈善洪主編：《黃宗羲全集》，第十冊，「避地賦」，頁 630。

〔註 25〕同前註，第十一冊，「次韻答高旦中」，頁 369。

〔註 26〕案：五子者，宗羲、宗炎、宗會、宗轅及宗彝也。

> 複，無一日之暇。壬午冬，吾弟皆以受室，食指繁多，遂別晨昏，
> 然夏稅秋糧，猶不孝一人辦之。際此喪亂，藐是流離，身挽鹿車，
> 投足無所，由是家道喪失。吾弟復去其三，霜露晨昏，兼并一人。
> 魚菽取備，鮮適莫摧，吾母猶然憐余之辛勤也。凡居憂者，以喪服
> 爲之文，以不飲酒食肉處內爲之實。不孝行之半年，而一病支牀，
> 氣血中槁。親友遂引《禮經》有疾七十二條來相勸勉，不孝姑息從
> 之，惶恐無地，自念養生送死，多少不盡分處，未嘗不痛自勉強，
> 而悔其有所不能也。〔註27〕

「壬午」即崇禎十五年，時宗羲年三十三，其眾弟雖皆已成家，然時值喪
亂流離之憂，遂致家道殞落；而宗轅（生於1622）先卒於順治五年（西元
1648），宗會、宗彝後亡於康熙年間，此即宗羲所謂「吾弟復去其三」之義。
至此，黃氏五子唯宗羲、宗炎尚存，然宗炎秉性極僻，雖宗羲亦時有不滿
意者〔註28〕，故宗羲雖年屆耳順，其奉母益勤，「霜露晨昏」，兼并於身，
雖自念「養生送死」有不盡分之處，實則已見其孝養至篤之情，所謂「悔
其有所不能」之說，亦無須深究矣。

　　康熙二十八年（西元1689），是時烏山胡氏產麟，宗羲謂「是大水之兆，
作〈獲麟解〉」〔註29〕。隔年，宗羲之言符驗，餘姚果大水，山崩者百餘處，
屋廬飄沒，禾稿咸空，人民死者無計，而姜、黃二姓之人，靡有孑遺，唯宗
羲（年八十一）存焉；時宗羲自嘲云：「余之受溺，不足爲異；余之不溺，
又何可必，亦曰幸而免耳。」〔註30〕康熙三十一年（西元1692）秋七月，宗
羲（年八十三）大病，幾奪其命，故屏除一切文字因緣；唯時《明儒學案》
已梓行，故宗羲「暫徹呻吟，作序文一首」〔註31〕。夫宗羲以節顯名、以文
耀壇，爲當世儒士所重，故來求碑誌、銘文、傳狀、書壽之序者，殊不勝計
矣。

　　康熙三十四年（西元1695），七月三日卯時，宗羲溘然離世，享年八十有
六，門人私諡曰「文孝」，學者則稱「南雷先生」（「南雷」者，取號於晉謝靈

---

〔註27〕參見沈善洪主編：《黃宗羲全集》，第十冊，「吾悔集題辭」，頁32～33。
〔註28〕參見〔清〕全祖望：《鮚埼亭集》，收入《陳垣全集》（合肥：安徽大學出版社，
　　　　2009年），第十九冊，「鷓鴣先生神道表」，頁155～156。
〔註29〕參見〔清〕黃炳垕撰：《黃宗羲年譜》，卷下，頁47。
〔註30〕參見沈善洪主編：《黃宗羲全集》，第十冊，「姚沉記」，頁140～142。
〔註31〕參見〔清〕黃炳垕撰：《黃宗羲年譜》，卷下，頁48。

運所居之地也）；時宗羲寢疾數日，歿前猶諭家人「斂以時服，一被一褥，安放石牀，不用棺槨，不作佛事，不做七七，凡鼓吹、巫覡、銘旌、紙旛、紙錢，一概不用」〔註32〕。蓋「不用棺槨」者，宗羲以身遭國難，乃求於速朽，不欲顯言也；時人或謂其毀滅喪制，亦已過矣。嗚呼！情不忘節，名不掩性，其宗羲之謂乎！

## 二、著　述

　　宗羲之父忠端公固「東林黨」領袖之一，明崇禎五年（西元 1632），時宗羲年雖僅二十三，然其於成童之歲，即以尋父仇於朝、手刃仇人一事，名聞當世，尤與「東林黨」、「復社」諸士多有往來，故明亡後，宗羲隨即被冠上奄黨之名，屢遭清兵追捕。自清順治二年（西元 1645）後，宗羲與宗炎、宗會諸弟即以糾集鄉里子弟所組成之「世忠營」，從事反清復明之大業，前後長達八年。期間，或以兵潰而避入山中，結寨自固，微服潛出；或以山民畏禍，突焚其寨，亡其二將；或以跡捕之檄累下，避舍化安山（剡中）；或以山中逢亂，奉母徙居邑城；或以仲弟宗炎被捕，待死牢中，偕友卯力活之；雖間有歸返故居（黃竹浦），然亦不能久持，輾轉流離之間，可謂「朝不保夕」。雖然，宗羲於此舉事抗清、從亡之際，仍能捫隙發罅，正襟講學，筆不稍歇！於窮島空山、古松流水之間，曆算之作、測數之書，諸如《春秋日食曆》、《授時曆故》、《大統曆推法》、《授時曆假如》、《回回曆假如》、《西曆假如》、《氣運算法》、《勾股圖說》、《開方命算》、《測圓要義》等，源源而出；此外，又有《窮島集》、《老柳集》等緬懷詩作，以及《日本乞師紀》、《海外慟哭紀》、《行朝錄》、《汰存錄》、《律呂新義》、《留書》等文錄。

　　順治十一年（西元 1654），宗羲（年四十五）復遭當局追捕；此後「無年不避，避不一地」〔註33〕。雖然，宗羲猶能援筆歛悲，疏義爲文、集詩爲

〔註32〕同前註。
〔註33〕參見沈善洪主編：《黃宗羲全集》，第十冊，《南雷文案》卷十，「避地賦」，頁630。案：〈避地賦〉敍宗羲東渡日本之事，約作於康熙十三、四年間。全祖望謂宗羲「有《日本乞師紀》，但載馮侍郎奉使始末，而于己無豫，諸家亦未有言公曾東行者。乃《避地賦》則有曰：『歷長埼與薩斯瑪兮，方粉飾夫隆平。招商人以書舶兮，七昆緣於東京。予既惡其汰侈兮，日者亦言帝殺夫青龍。返旆而西行兮，胡爲乎泥中！』則是公嘗偕馮以行，而公諱之」。蓋全祖望謂宗羲之東渡日本約在順治六年（西元 1649）冬；〔日〕今關壽麿於所撰《宋元明清儒學年表》（成書於西元 1907 年）中亦載：「黃宗羲赴海上；是年（順治

冊，陸續完成《杏殤集》、《金罍集》、《緯書三史》等書；而自康熙後，宗羲非惟勤於講學，其聞世之作，亦於此大興！蓋康熙帝以仁德治世，不復追捕勝國從亡諸人，宗羲遂能奉母重返家園，昔日臨危奔波之狀，稍以得緩，《露車集》、《明夷待訪錄》、《南雷詩歷》、《庚戌集》、《子劉子學言》、《子劉子行狀》、《證人會語》、《聖學宗要》、《孟子師說》、《明文案》、《正氣錄》（集忠端公祠墓碑銘）、《易學象數論》、《明儒學案》、《宋元學案》（未成編，遺命全祖望成之）等，皆成於此際；期間，雖又逢三藩亂起、「群盜滿山」〔註34〕，致得復徙居以避亂，然宗羲猶不以此而廢其講學、著述之志也〔註35〕。

　　宗羲之講學活動，主要集中於康熙二年至十八年（西元 1663～1679），地點則遍布語溪（今桐鄉）、紹興、寧波、甬上（鄞縣）、海昌（今海寧）等；其中，講學最久、影響最深者，乃甬上「證人書院」，宗羲即言：「光明俊偉之士，莫多於吾鄉。」〔註36〕

　　康熙三年（西元 1664）十二月，宗羲（年五十五）返回故里；隔年春，甬上（浙江鄞縣）萬充宗（斯大）、萬季野（斯同）、陳介眉（錫嘏）、夔獻（陳赤衷，1627～1687）、董在中（允瑤）、巽子（道權）、吳仲（允璘）、仇滄柱（兆鰲）……等二十餘人，咸來受業。康熙六年（西元 1667）九月，宗羲（年五十八）與同門友姜定庵、張奠夫「復舉蕺山證人書院之會，從之講學者數百人」〔註37〕。「蕺山證人書院」原是劉宗周講學之所，虛其席已逾二十年，宗羲繼踵其師，於此講學，蓋志在伸其先師「靜存之外無動察」、「意為心之所存非所發」、「已發未發，以表裏對待言，不以前後際言」及「太極為萬物之總名」〔註38〕等前人所未發之論。

---

六年），與馮京第請師日本，至長崎。」（頁 141）；梁啟超則於〈黃梨洲朱舜水乞師日本辨〉中主張乃順治元年（西元 1644）；而據今人陳祖武於〈黃宗羲東渡日本史事考〉一文所述，當是在順治五年（西元 1648）春。然則，宗羲之東渡日本，確有其事；至其行期，蓋不出順治五～六年也。

〔註34〕參見〔清〕黃炳垕撰：《黃宗羲年譜》，卷下，頁 38。案：時值康熙十三年（西元 1674），宗羲年已六十五。

〔註35〕案：康熙二十八年（西元 1689），宗羲以八十之高齡，仍會講於「姚江書院」；而年逾八十二，亦先後完成《今水經》、《明文授讀》六十二卷，甚而病篤臨終前，乃有《葬制或問》及《梨洲末命》之作。

〔註36〕參見〔清〕全祖望撰：《鮚埼亭集外編》，收入《清代詩文集彙編》（上海：上海古籍出版社，2011 年），第 303 冊，卷十六，「甬上證人書院記」，葉 24。

〔註37〕參見〔清〕江藩著：《國朝漢學師承記》，頁 126。

〔註38〕參見〔清〕黃炳垕撰：《黃宗羲年譜》，卷中，頁 34。

康熙七年（西元 1668）三月，宗羲前往鄞城，與諸子大會於廣濟橋及延慶寺，亦名之爲「證人書院」，並於甬上設「講經會」。宗羲於此講學，前後歷時八年；時有淺學之徒妄詆宗羲以象數、緯圖駁雜陽明、蕺山之學，殊不知宗羲於「格物」雖務極其至，而要其歸宿，一本聖賢之旨，嘗云：

> 貞元之運，融結於姚江之學校，於是陽明先生者出，以心學教天下，示之作聖之路。〔……〕。孟子曰：「人皆可以爲堯舜。」後之儒者，唯其難視聖人，或求之靜坐澄心，或求之格物窮理〔……〕，是人皆不可以爲堯舜矣。非陽明亦孰雪此冤哉！故孟子之言，得陽明而益信。〔註39〕

又曰：

> 有明學術，宗旨紛如。或泥成言，或創新渠。導水入海，而反填淤。
> 惟我蕺山，集夫大成，諸儒之弊，削其畦町。〔註40〕

故其講學宗旨明確，謂「學問必以六經爲根柢，游腹空談，終無撈摸」〔註41〕，又曰：「學必原本於經術，而後不爲蹈虛；必證明於史籍，而後足以應務。」〔註42〕故全祖望謂甬上「自隆萬以後，人物稍衰。自先生之陶冶，遂大振。至今，吾鄉後輩其知從事於有本之學，蓋自先生導之」〔註43〕。然則，彼以淺陋之聞而欲誣宗羲者，豈足道哉！

康熙十五年（西元 1676）二月，宗羲（年六十七）前往海昌，安陽縣令許侍郎（西三）以宗羲嘗講學於紹興、甬上，乃諭邑內士大夫咸會於北寺，並有崑山徐果亭（徐秉義，1633～1711）及健菴大司寇門人彭羨門（彭孫遹，1631～1700）來；時宗羲曰：「諸公愛民盡職，即時習之學也。」〔註44〕乃留兩月。隔年，宗羲（年六十八）仍講學於海昌，每擇取《四書》、《五經》製爲講義，令司講宣讀，既畢，輒辨難蜂擁而起，宗羲遂曰：

> 各人自用得著的，方是學問。尋行數墨，以附會一先生之言，則聖經賢傳皆是糊心之具。朱子所謂譬之燭籠，添得一條骨子，則障了

---

〔註39〕 參見沈善洪主編：《黃宗羲全集》，第十冊，「餘姚縣重修儒學記」，頁133。
〔註40〕 同前註，「陳乾初先生墓誌銘」，頁373。
〔註41〕 參見〔清〕黃炳垕撰：《黃宗羲年譜》，卷中，頁35。
〔註42〕 參見〔清〕全祖望撰：《鮚埼亭集外編》，收入《清代詩文集彙編》，第303冊，卷十六，「甬上證人書院記」，葉23。
〔註43〕 同前註，葉24。
〔註44〕 參見〔清〕黃炳垕撰：《黃宗羲年譜》，卷下，頁39。

一路光明是也。〔註45〕

「譬之燭籠，添得一條骨子，則障了一路光明」一語，本爲朱子對趙子欽來書稱《本義》「太略」所作之回應〔註46〕；而宗羲以此喻戒弟子爲學，當突破陳說、原義經傳，切勿爲科舉掣肘，趨附於一家之言，反使經傳淪爲支屬，而失其致用之本。蓋宗羲嘗應試場屋，於科舉箝制人思之弊，自是體悟深刻，乃言：

> 今日科舉之法，所以破壞天下之人才，唯恐不力。經、史，才之藪澤也，片語不得攙入，限以一先生之言，非是則爲離經畔道，而古今之書，無所用之。言之合於道者，一言不爲不足，千言不爲有餘，限之以七義，徒欲以荒速困之，不使其才得見也。〔註47〕

宗羲於海昌講學，前後約五載，然得其傳者幾無聞焉！雖然，遲暮之年仍留心教育，嘗謂：「今之學脈不絕，衣被天下者，皆吾姚江學校之功也。〔……〕。故姚江學校之盛衰，關係天下之盛衰也。」〔註48〕

康熙十九年（西元 1680）後，由於宗羲已逾隨欲之年，又深感歷經亂世而倖存，乃致力於著書立說，嘗自述曰：「梨洲老人坐雪交亭中，不知日之蚤晚。倦則出門行塍畝間，已復就坐。如是而日、而月、而歲，其所憑之几，雙肘隱然，慶吊吉凶之禮盡廢。」〔註49〕此生動描繪孜孜於著述之情狀，令讀者如臨其境、爲之感動！雖晚年之文不免因「漸近崦嵫，精力不如壯時」，以及「多應親朋門舊之請，以諛墓掩眞色」，而致「玉石竝出，眞贗雜糅」〔註50〕，然整體而言，「梨洲之集；陶汰不可不精；梨洲經史諸書，網羅不可不備」〔註51〕也。

蓋明末結社之風熾盛，諸如「復社」〔註52〕、「澄社」〔註53〕、「讀書社」

〔註45〕參見沈善洪主編：《黃宗羲全集》，第十冊，「陳叔大四書述序」，頁44。
〔註46〕參見〔宋〕黎靖德編：《朱子語類》，卷76，「易三」，頁1655。
〔註47〕參見沈善洪主編：《黃宗羲全集》，第十冊，「蔣萬爲墓誌銘」，頁493。
〔註48〕同前註，「餘姚縣重修儒學記」，頁133。
〔註49〕同前註，第十一冊，「怪說」，頁70。
〔註50〕參見〔清〕全祖望撰：《鮚埼亭集外編》，收入《清代詩文集彙編》，第303冊，卷四十四，「奉九沙先生論刻南雷全集書」，葉22。
〔註51〕同前註。
〔註52〕案：明天啓年間，張溥、張采、陳貞慧等人承繼東林黨「諷議朝政，裁量人物」之遺風（東林黨乃明末以江南官僚爲主體、聚集朝野諸勢力所組成之政治集團），組織「復社」（取「興復絕學」之意）。其後因涉入黨爭，「復社」嘗一改激進對抗爲溫和上諫；然入清後，遂成爲抗清組織，而於順治九年（西

〔註 54〕、「詩社」〔註 55〕等，宗羲皆曾參與其中，雖累積不少人脈，然宗羲對「澄社」、「讀書社」、「詩社」等但隨盧文而不求實事之風，殊不以爲然；再者，對科舉徒爲汲功立名之階，非但與眞才實學無涉，尤箝制個人之思想，亦甚爲不滿，嘗謂「科舉盛而學術衰」〔註 56〕，其於康熙二年（西元 1663）所校梓之《明夷待訪錄》，即對改革科舉之弊病著墨甚多；此外，宗羲對明人講學之風，但襲《語錄》糟粕而不以六經爲根柢，以及束書不觀、游談無根之流弊，自是深惡痛絕！凡此，洵爲促使宗羲於入清後，朝向以從事講學、著述爲務，伸其經世濟民思想之觸媒。

綜觀宗羲之論著，蓋涵括經學、史學、地理、詩文、數學、律曆、雜著等，可謂「著作等身」；其中，儒士來求爲碑誌、銘文、傳狀、書壽作序者，殆不勝數！而較爲世人所知者，有《明夷待訪錄》、《明儒學案》、《宋元學案》數篇、《易學象數論》、《明文案》、《明文海》、《孟子師說》、《子劉子行狀》、《行朝錄》、《今水經》、《大統曆推法》、《南雷文案》（輯有明一代之文）、《文定》〔註 57〕、《文約》、《詩曆》……等，今多收入於浙江古籍出版社所編之《黃宗羲全集》中。而據吳光先生之考據，宗羲畢生著作，約計 110 種、1300 餘卷、2000 萬字，大抵分爲三類：一是文選彙編類，如《明文案》、《明文海》、《明儒學案》等，凡 19 種，約 1000 卷；二是自撰專著類，如《易學象數論》、《行朝論》、《明儒學案》等，計 64 種，約 300 卷；三是自著詩文集類，如《南雷文案》《文定》、《詩曆》等，共 28 種、40 餘卷。今存者，凡 54 種、1170 卷；其中爲宗羲自撰者，僅 44 種、200 餘卷耳〔註 58〕。

夫宗羲歷經家仇、黨禍、國破、起兵、抗清、從亡諸事，然舟車茅店之內，手不遺編，又勤於著書、會講，故其經世思想除濡染於忠端公外，身自

元 1652）被迫解散。

〔註 53〕 案：「澄社」爲嘉興吳夢寅（弁玉）於石門（今屬桐鄉）組成。

〔註 54〕 案：宗羲同窗張秀初於杭州曾組織「讀書社」；崇禎七年～八年（西元 1634～1635）宗羲與孤山讀書社諸子讀書武陵。

〔註 55〕 案：崇禎三年（西元 1630），宗羲（年二十一）前往南京，時南方各詩社舉行大會，金壇周仲馭即招宗羲入社，隨後南司空何喬遠亦延攬宗羲入詩社；九日，大會於鳳凰臺。

〔註 56〕 參見沈善洪主編：《黃宗羲全集》，第十冊，「李鄴嗣文鈔序」，頁 28。

〔註 57〕 案：康熙二十七年（西元 1688），宗羲（年七十九）自訂《南雷文案》、《吾悔集》、《撰杖集》、《蜀山集》等，鉤除其不必存者三分之一，名曰《南雷文定》。

〔註 58〕 參見吳光撰：〈梨洲遺著總數考〉，收入《黃宗羲全集》，第十二冊，頁 265～266。

歷境、社會實踐與博覽羣書等，乃是主因；惟宗羲雖於律呂、象數、周髀、曆算、地理諸注，能得前人所未發者，然亦不免有「顧視兒曹，無可授之者」〔註59〕之嘆！終梨洲一生，除嘗受咨於「史局」〔註60〕外，既未入清爲官，亦無修史之舉，乃固守「亡國大夫」、「故國遺民」之氣節〔註61〕，而以講學、濟世爲己任，並開創影響清際及近代學術思想之重大學派——清代浙東學派。

## 第二節　黃宗羲之交游與治學

### 一、交　游

　　宗羲嘗言：「束髮交遊，於當世之名公鉅卿，鮮有不摳衣進謁者。故無責沈之文，過泗之譽，諸老先生亦以其能提筆伸紙，不惜與之往復。」〔註62〕夫以成童之齡，即多方結識，毫無懼色，宗羲之魄力、早慧，殆非常人所能至者；而天啓三年（西元 1623）秋，宗羲（年十四）以博士弟子員之姿隨侍其父忠端公赴京，實已開其端矣！然欲論宗羲之交游，於情於義，當自亦師亦父亦友之蕺山先生始。宗羲於《明儒學案·序》中有云：

　　某幼遭家難，先師蕺山先生視某猶子，扶危定傾，日聞緒言，小

---

〔註59〕參見沈善洪主編：《黃宗羲全集》，第十冊，「亡兒阿壽壙誌」，頁 523。

〔註60〕案：餘姚梨洲文獻館藏朱銘纂修同治《餘姚朱氏宗譜》所輯〈明庠生懲庵朱君傳〉及〈清誥授中憲大夫雲南大理府知府湛侯朱公傳〉二篇文末，皆署名「徵召史局黃宗羲撰」（參見沈善洪主編：《黃宗羲全集》，第十一冊，頁 539）；「徵召史局」四字，於歷代職官文獻未見載錄，而全祖望於〈梨洲先生神道碑文〉謂「公雖不赴徵書，而史局大案必咨於公」，則宗羲蓋未嘗任職於史局，但從受咨之事耳。然則，「徵召」二字，猶今所謂「顧問」，乃爲「虛職」之位；而「徵召史局」四字，或爲朱銘（補堂）以其所聞宗羲之事，而遽自冠入之文也。

〔註61〕案：宗羲雖不赴徵書，然嘗遣子及其門生參與史局。或有以此舉，並宗羲晚年文章亦間有譽揚康熙帝與當時大臣如葉方藹、徐氏兄弟者，而謂宗羲乃「大節不虧，小節可議」。竊以爲，宗羲一生高風亮節，以經世濟民爲務，彼等究疵之論，恐亦有失公允也。

〔註62〕參見沈善洪主編：《黃宗羲全集》，第十一冊，「交遊尺牘」，頁 373。案：宋陳忠肅公瓘嘗作〈責沈文〉，「沈」即葉公沈諸梁；葉公名諸梁，春秋楚人，食菜於葉，僭稱公，嘗問孔子于子路，而子路不答。「泗」者，指漢高祖劉邦；據《史記·高祖本紀》載：「（高祖）及壯，試爲吏，爲泗水亭長，廷中吏無所不狎侮，好酒及色。」

子蹻蹻，夢奠之後，始從遺書得其宗旨，而同門之友，多歸忠節。
〔註63〕
蓋蕺山先生於忠端公蒙難時，即被委以教導宗羲之任；而從學過程，宗羲隨侍蕺山往來講學，間有釋家子孫欲以其說竄入，致蕺山每臨講而歎，宗羲則廣邀名士辯之，彼釋學之狡黠者，氣餒乃爲之歇！然則，蕺山之於宗羲，堪稱義重情殊！故宗羲於《思舊錄》中首敘蕺山先生，謂其學「體認辛苦，無所不歷。故先儒之敝，洞若觀火」、立朝則「危言危行」，於宗羲有「罔極之恩」，然「先生誨余雖勤，余頑鈍終無所得。今稍有所知，則自遺書摸索中也」；而乙酉（順治二年）之憾，「至今思之痛絕也」〔註64〕。

《思舊錄》爲宗羲晚年感懷之作，書中所臚列者，除蕺山外，凡公卿、將相、重臣、司事、耆宿、故友、寒士等，逾百餘人，諸如文震孟（湛持）、何棟如（天玉）、陳繼儒（1558～1639）、范景文（1587～1644）、倪元璐（1593～1644）、施邦曜（1585～1644）、魏學濂（？～1644）、周延祚（1573～1620）、李遜之（膚公）、周茂蘭（1605～1686）、徐忠襄（石麒）、朱天麟（？～1652）、沈壽民（眉生）、眉生弟壽國（治先）、沈士柱（？～1659）、周鑣（仲馭）、韓上桂（1572～1644）、林雲鳳（若撫）、何喬遠（1558～1632）、吳應箕（吳次尾，1594～1645）、張自烈（張爾公，1597～1673）、梅朗中（？～1646）、張溥（1602～1641）、陳貞慧（1604～1656）、方以智（1611～1671）、顧杲（子方）、李清（1602～1683）、劉同升（1587～1645）、巢明盛（端明）、錢謙益（1582～1664）、馮元颺（爾賡）、陸符（？～1646）、萬泰（履安）、余增遠（1605～1669）、張岐然（1600～1664）、顧炎武（寧人）、陳確（1604～1677）、施博（約庵）⋯⋯等，可謂諸誼咸締、交游廣闊；其中，錢謙益（牧齋）、顧炎武、沈眉生、巢鳴盛（端明）、李清（映碧）、施約庵、陳確（乾初）、李遜之及余增遠（若水）諸人，亦見於〈交友尺牘〉中。

〈交友尺牘〉爲宗羲（年屆八十）感於尺牘積歲月之久，復隨東西遷移，亡失者不少，「因簡近時數通」而成〔註65〕，故文中所列結交之士，惟有錢

---

〔註63〕同前註，第十冊，「明儒學案序」，頁78。

〔註64〕同前註，第一冊，《思舊錄》，頁341～342。案：順治二年（西元1645）六月，
時蕺山避居楊墟，已逾二旬不進勺水，力屝氣虛，病臥在床，宗羲忍淚含悲，
自序其來，蕺山不應，但頷之而已；而清兵將至，宗羲亦不能久侍，乃復徒
步而返。後三日，而蕺山死矣。

〔註65〕同前註，第十一冊，「交遊尺牘」，頁373。案：〈交遊尺牘〉內容，皆爲所列

謙益、顧炎武、沈壽民、巢鳴盛、李清、施博、惲日初（1601～1678）、陳乾初、吳任臣（1628～1689）、陳之問（約1610～？）、李遜之、張玉書（1642～1711）、葉方藹（？～1682）、李本晟（浙撫，？～1682）、李士禎（浙藩）、施維翰（浙督，1622～1684）、曹溶（1613～1685）、湯斌（1627～1687）、吳涵（？～179）、陳維崧（1625～1682）、錢澄之（1612～1693）、余增遠、徐乾學（1631～1694）、朱彝尊（1629～1709）及許酉山等，共二十五人。至於尺牘內容，或評議、或敘舊、或仰慕、或譽讚、或述志、或緬懷、或邀文，不一而足；茲節錄其中，以觀其概。

　　錢謙益自抒於排禪斥佛，不遺餘力，而當時士大夫掛名參禪者，無不入其牢籠，然幸得宗羲，乃謂「德必有鄰，法無孤起，寥寥宇宙，從此不至形單影隻，自傷孤零，良可喜也」〔註66〕；顧炎武嘗自幸其《日知錄》一書所論，同於宗羲《明夷待訪錄》者十有六七〔註67〕；巢鳴盛「特恨一江之隔，行路之難，不獲登堂問道，領受教益，為耿耿耳」〔註68〕；李清於感歎舊時知識零落山丘之際，忽見一羽自空而下，啓而視之，則宗羲之大札，既驚且喜〔註69〕；施約庵之學夾雜釋氏，每與出世者往還，自知不可為聖人之徒，乃道能發明蕺山之學者，惟宗羲而已〔註70〕；惲日初（仲昇）亦稱蕺山之學，同門中惟宗羲能言之〔註71〕；陳乾初指宗羲「以碩德宏才，擴無類之教，喚醒羣迷，吾道甚幸」〔註72〕！李遜之謂與宗羲乃「同難兄弟，眞如同生」，且二人先君又同時殉義，故「生死相依」，然感於不能時敘舊誼，有負先人矣！〔註73〕張玉書（素存）稱宗羲著書滿家，若能發其所藏，錄送史館，「不獨同人之幸，實大典之光也」〔註74〕；湯斌（潛庵）則云宗羲「著述宏富，一代理學之傳，如大禹導水導山，脈絡分明，事功文章，

　　　諸人晚年致宗羲之書信。
〔註66〕同前註，頁374。
〔註67〕同前註，頁375。
〔註68〕同前註，頁377。
〔註69〕同前註，頁377。
〔註70〕同前註，頁378。
〔註71〕同前註，頁378。
〔註72〕同前註，頁379。
〔註73〕同前註，頁381。案：李遜之為江陰李忠毅公（應昇）之子；而宗羲父忠端公與忠毅公於天啓六年（西元1626）先後被捕，同卒於詔獄。
〔註74〕同前註，頁382。

經緯燦然，眞儒林之巨海，吾黨之斗杓也」〔註75〕！吳涵（容大）自述其束
髮受書，即聞宗羲之名，直至過海昌講院，始得讀宗羲之書，而於大集中每
見宗羲語及忠端公遺事，乃悲鳴哽咽，斯感於宗羲之仁孝至情也〔註76〕；陳
維崧（其年）以求惠賜誌銘而牘於宗羲，稱苟能得其大文，則先人可藉之「以
不朽矣」〔註77〕！錢澄之（飲光）亦以所著梓成一集，而必得宗羲序之以行
世，又因亡妻歸葬已久，而傳誌缺然，欲得宗羲之言「以爲不朽」〔註78〕；
徐乾學（健庵）讚宗羲「博極羣書，深明理學，著述等身，皆有裨於世教，
蔚然爲東南大儒」〔註79〕；朱彝尊（錫鬯）則言其童稚時，即聞宗羲詣廷
訟冤、爲父報仇之聲名，而宗羲不逆俗以爲高、不妄交以速禍之睿舉，又有
不可及者〔註80〕。

　　觀〈交友尺牘〉所錄諸人，多爲當世名儒，或在朝，或在野，或爲長，
或爲幼，或爲尊，或爲卑，而皆以宗羲爲標竿，視其爲學術之泰斗。雖然，
若欲此而揭宗羲交游之蘊，則猶不足矣！

　　錢謙益嘗約宗羲爲老年讀書伴侶；一夜，宗羲將寢，錢謙益提燈至榻前，
以七金遺宗羲，曰：「此內人（即柳夫人）意也。」〔註81〕蓋恐宗羲不赴，
而以此爲納定之資也。康熙三年（西元 1664）四月，宗羲與呂留良（1629
～1683）、吳之振（1640～1717）聯袂至常熟拜訪錢謙益（即虞山先生）；時
謙益已病危，自知行將就木，一見宗羲，即以喪事相託，又請代書《莊子注》
序、《顧雲華封翁墓誌》及《雲華詩序》三文，宗羲則欲稍緩，未應允，謙
益不許，遂引宗羲入書室，反鎖於外；時宗羲急欲出外，則二鼓而畢，謙益
乃叩首稱謝，並使人將此三文謄作大字，枕上而視。宗羲將別，謙益乃招至
枕邊，云：「惟兄知吾意，歿後文字，不託他人。」〔註82〕並告孫貽（謙益
之子），依其所囑。其後，孫貽別求於龔孝升，宗羲乃言「得免於是非，幸
也」〔註83〕。蓋宗羲嘗謂錢謙益文章「堂堂之陣，正正之旗」〔註84〕，然

---

〔註75〕同前註，頁 385～386。
〔註76〕同前註，頁 388。
〔註77〕同前註，頁 390。
〔註78〕同前註，頁 390。
〔註79〕同前註，頁 392。
〔註80〕同前註，頁 392～393。
〔註81〕同前註，第一冊，《思舊錄》，頁 378。
〔註82〕同前註。
〔註83〕同前註。

有六病：一曰「闊大過于震川，而不能入情」，二曰「用《六經》之語，而不能窮經」，三曰「喜談鬼神方外，而非事實」，四曰「所用詞華，每每重出，不能謝華啓秀」，五曰「往往以朝廷之安危、名士之隕亡，判不相涉，以爲由己之出處」，六曰「至使人以爲口實，掇拾爲《正錢錄》，亦有以取之也」〔註85〕；其中，五、六之病，當爲宗羲「得免於是非，幸也」一語之所由也〔註86〕。

自別於謙益之例，宗羲嘗云：

> 余少遭患難，輟業者久之，庚午邂逅耕巖於南中，偲偲之力，何日忘之？〔……〕。芒芒禹跡，余之不可以告人者，欲向耕巖盡之，豈料竟無相見之期耶！〔註87〕

庚午即崇禎三年（西元1630），宗羲（年二十一）於南京邂逅沈眉生，時眉生勸宗羲理經生之業，彼此相互責勉、諄諄講習；崇禎十一年（西元1638）阮大鋮黨禍起，眉生易名至金華，遂不相聞問。然宗羲每逢急難，必夢見投宿於眉生家，痛哭而醒〔註88〕。康熙十四年（西元1675）八月，宗羲（年六十六）獲眉生寄自四月二十日之詠絕書，而眉生逝於五月三日（得年六十九）；其書有云：「知己之難久矣。梨洲先生之於弟，與弟之於梨洲先生，今世纔一見耳。」〔註89〕蓋眉生秉性孤峭，不苟言笑，但重然諾，一切皆有至性，聞友人死於海外，即渡海葬其骨；知友人既歿，家道零落，遺孤爲債所迫，乃鬻田、借貸以償之。然則，宗羲之交友，慧眼獨具，誠可知也。

宗羲又言：

> 余束髮出游，吳來之謂子鄉陸文虎志行士也，歸而納交於先生。從此左提右挈，發明大體，擊去疵纇。念終身偲偲之力，使余稍有所知者，眉生與先生二人而已。〔註90〕

〔註84〕同前註，頁377。
〔註85〕同前註，頁377～378。
〔註86〕案：錢謙益於明亡前，即依附得勢之馬士英、阮大鋮，爲禮部尚書；明亡後，又降清，仍居禮部侍郎之職。此於視奄黨爲敵寇、入清不仕之宗羲而言，自是難以認同。
〔註87〕參見沈善洪主編：《黃宗羲全集》，第十冊，「徵君沈耕巖先生墓誌銘」，頁384。
〔註88〕同前註，第一冊，《思舊錄》，頁352。
〔註89〕同前註。
〔註90〕同前註，第十冊，「陸文虎先生墓誌銘」，頁350。案：順治二年（西元1645）十月十日，文虎訪宗羲草堂，嘆息天下事；隔年，文虎訃音稍來，亦十月十日。

宗羲嘗稱其學乃「始於眉生，成於文虎」〔註91〕，其感懷之情、懇切之意，
溢於言表。蓋文虎（符）年長宗羲十三歲，「風貌甚偉，胸貯千卷，謦欬爲
洪鐘響，一時士大夫聽其談論，皆以爲陳同甫、辛幼安復出」〔註92〕；而爲
人豪爽，敢於直諫、斥人之非，無所避諱。故宗羲憶及與文虎之交，乃謂「家
居無月不往來」、「生平凡事不相隱」，是以「余之病痛，知無不言；即未必
中，余亦不敢不受也」〔註93〕。順治三年（西元1646），十月初十，文虎卒，
享年五十；然距康熙十六年（西元1677），宗羲（年六十八）爲其撰寫墓誌，
已隔三十二年矣！故宗羲於衷有愧，誌曰：

> 陸文虎先生卒三十有二年，其喪尚在淺土，未亡友黃某泫然而歎曰：
> 「是余之罪也夫！」乃告於世之爲郭元振者，而使契家子萬斯大董
> 其事，某月某日葬於城西之外，憶其平生崖略而誌之。〔註94〕

夫文虎亡於亂世之際，時宗羲亦有檄文跡捕之危，留心侍母，匆忙避禍，輾
轉流離，實難以顧全，此亦時勢所逼，非宗羲之過也；而墓誌所書「郭元振」
（656～713）者，其乃唐朝名將，平亂有功，文武兼備，宗羲擬之以喻文虎，
亦可見其追撫、頌揚之情矣。

　　宗羲與文虎往來，始於崇禎五年（西元1632），而與萬泰（履安）結識，
亦在此際；時宗羲年二十三，雖所居位於偏遠之城，然東林黨、復社與四方
之客仍爭相依附。宗羲謂其與履安之交，比於文虎，嘗言：

> 己丑，余至甬上，時履安喪失家道，抱瘧未瘥，相對秉燭，瘧不
> 復發。庚寅，晦木爲馮躋仲連染，而固山之記室，與履安有舊，
> 由是得免。癸巳，老母六旬，文虎已故。履安踽踽獨行，出其《正
> 氣堂壽序》，讀之不覺失聲而哭。甲午冬，余嫁第三女於朱氏，入
> 寓寒松齋，履安使其子任勞，余受成而已。履安遊粵，余兩年頻
> 遭患難，望其返棹，一洩吾心之所甚痛，而履安已死於九江舟中
> 矣。〔註95〕

〔註91〕同前註，第一冊，《思舊錄》，頁385。
〔註92〕同前註，第十冊，「陸文虎先生墓誌銘」，頁348。
〔註93〕同前註，第一冊，《思舊錄》，頁385。
〔註94〕同前註，第十冊，「陸文虎先生墓誌銘」，頁347。
〔註95〕同前註，第一冊，《思舊錄》，頁385～386。案：「己丑」爲順治六年（西元1649），
　　　　「庚寅」爲順治七年（西元1650），「癸巳」爲順治十年（西元1653），甲午爲
　　　　順治十一年（西元1654）。順治十四年（西元1657）十月六日，萬泰從粵東返
　　　　家途中，於南安染病，至江西湖口而辭世，享年六十；時宗羲年四十八。

自順治六年～十四年（西元 1649～1657），歷經九載，宗羲思友，諸事所感，娓娓道來，皆發自內腑；而於履安「喪失家道，抱癙未瘳」之狀，宗羲體會尤深〔註96〕，故秉燭相對，不露倦容！至若宗羲仲弟宗炎，以任抗清義軍馮侍郎（躋仲）之監軍，兵敗被捕，待死牢中，而履安為之獻策、奔走，得幸免於難，此恩又為宗羲所銘記。宗羲猶望履安之返棹，以洩平生之痛，而履安驟逝於歸途，是以宗羲之憾，儼然可知矣！夫逢厄值難，撫肩不棄，憂喜往來，源乎摯情，此宗羲、履安之交所以動人心者也〔註97〕。

崇禎六年（西元 1633），宗羲（年二十四）與江道闇、張秀初（岐然）同習於武林南屏山下；是年秋，同於崇禎三年入京科考落榜之好友沈眉生前來武林，遂與宗羲同寓「孤山讀書社」，時江道闇、張秀初聞蜀人劉道貞習得新法，遂邀宗羲、沈壽民（眉生）、沈士柱（崑銅）、劉進卿及諸文士前往定交，「入室講《論語》、《周易》，僉謂鑿空新義，真石破天驚也」〔註98〕。

崇禎十一年（西元 1638），宗羲（年二十九）訪眉生於宛陵，不遇（眉生以保舉入京），宿於市肆，眉生弟治先（壽國）知之，乃拉宗羲入城，梅朗三（朗中）、麻三衡（孟璇）〔註99〕與徐律時（乾若）、顏庭生等十餘人，皆以角巾葛袍，出迎於路；時宗羲嘗宿於治先府中，治先於宗羲寢後，發其拜匣，竟無一物，乃置五十金於內，鎖如故，後宗羲知其為治先舉會（人窘則舉會）之銀，堅辭不受〔註100〕。蓋宗羲之受愛戴者如斯焉！而治先暗中援濟之舉、宗羲體情顧義之風，皆可彰結友之真、任俠之義，殊為美談也。

是年七月，金壇周仲馭（鑣）、宜興陳定生（貞慧）、貴池吳次尾（應箕）等，以阿附魏忠賢之奄黨阮大鋮（1587～1646），嘗欲藉復社諸人滌其逆案之

---

〔註96〕 案：宗羲於入清後，即時逢喪亂流離之患，遂致家道喪失！而崇禎十二年（西元 1639），宗羲（年三十）赴南京應解試，中途病癙，吳子遠（道凝）從茅山道士得一藥丸，宗羲知其為絕癙丹，念友之真切，不忍虛應，乃稍服之，而疲困異常；過旬容，以於南中大會時（崇禎三年）即結識周仲馭（鑣），乃至仲馭家，談至夜半，而癙不復發。

〔註97〕 案：履安生前對「東浙三黃」之氣節、學問，推崇備至，常親率子弟至黃竹浦，班如問學。履安逝後，宗羲乃致書履安長子斯年，喻其偕諸弟前來受業，故萬氏八兄弟皆為黃門弟子：其中，以斯同（季野）、斯大（充宗）、斯選（公擇）及斯年之子貞一（言）成就最著。

〔註98〕 參見〔清〕黃炳垕撰：《黃宗羲年譜》，卷上，頁16。

〔註99〕 案：宗羲於《思舊錄》中自言與孟璇結識於南中，書簡往來，無有間歲。

〔註100〕 參見沈善洪主編：《黃宗羲全集》，第一冊，《思舊錄》，頁353。

名，又「招搖豐芑，以新聲高會，網羅天下之士」〔註101〕，將復爲朝廷所用，乃草擬《南都防亂揭》〔註102〕，以顧子方（杲）及宗羲爲首，糾集左碩人（國柱）、子直（國棟）、沈眉生（壽民）、沈崑銅（士柱）、魏子一（學濂）等諸名士，共揭其罪行；宗羲又另與死於奄難之諸遺孤，大會於桃葉渡，聲討阮大鋮。其後，南明弘光帝即位，阮大鋮以定策有功驟起，亟思報復，乃據《南都防亂揭》署名諸人，造《蝗蝻錄》〔註103〕，布網搜羅，欲興大獄；時多人被捕，仲馭論死，眉生、次尾及崑銅亡命，碩人、子直昆仲加入甯南軍，宗羲及諸友等亦朝不保夕，揭罪之舉，遂以悲劇收場！雖然，宗羲與諸友同仇敵愾、患難與共之情誼，直可動天地、撼人心也。

宗羲先君忠端公蒙難時，最先渡江而來者，崑山朱天麟（震青）；其後，忠端公門生嘉興徐忠襄（石麟）亦渡江來弔，知宗羲（年十八）家赤貧，「凡可以周急者，無所不至」〔註104〕。崇禎十五年（西元1642），宗羲（年三十三）於都中巧遇朱天麟，公與宗羲談學，牽連不斷，宗羲不意於座中睡去，公亦不怪也〔註105〕；是年，徐忠襄爲司寇，聞宗羲入京應試，乃以客禮待之〔註106〕。觀朱、徐之行，前不移情，後不失義，是以宗羲感念，並入《思舊錄》。

崇禎三年（西元1630），宗羲（年二十一）奉祖母盧太淑人於南京應天府經歷官舍，與番禺韓上桂（孟郁）爲鄰，中有梧桐一株，宗羲讀書梧桐之東，孟郁則讀書於梧桐之西，但隔一牆耳；時宗羲始受詩法於孟郁，遂入詩社〔註107〕。蓋南中多詞人，而與宗羲關係最親、贈詩亦最多者，首推長洲林雲鳳（若撫）；雲鳳嘗以宗羲與吳子遠（道凝）、周亮工（1612～1672）皆同年，乃即興賦詩，謂「誰家得種三株樹，老我如登羣玉峯」〔註108〕，遂流傳於詩社。其後，雲鳳寓於報恩寺，宗羲訪之，二人同登九重塔，並遊遍城南七十二寺，皆有詩唱和。

崇禎十二年（西元1639），江右張爾公（自烈）「舉國門廣業之社，四方

〔註101〕同前註，頁355。
〔註102〕案：據宗羲《思舊錄》所載，《南都防亂揭》署名者百餘人，多爲宗羲友人。
〔註103〕案：以東林黨爲「蝗」、復社爲「蝻」。
〔註104〕參見沈善洪主編：《黃宗羲全集》，第一冊，《思舊錄》，頁351。
〔註105〕同前註，頁352。
〔註106〕參見〔清〕黃炳垕撰：《黃宗羲年譜》，卷上，頁20。
〔註107〕參見沈善洪主編：《黃宗羲全集》，第一冊，《思舊錄》，頁356。
〔註108〕同前註，頁357。

名士畢集」〔註109〕；其中，宣城梅朗三、無錫顧子方、宜興陳定生、廣陵冒辟疆（1611～1693）、商邱侯朝宗（1618～1654）、無錫顧子方、桐城方密之（以智）及爾公諸人，皆與宗羲（年三十）往來甚密，無日不相徵逐。雖然，宗羲對朝宗（方域）勸酒「必以紅裙」一事，頗爲不然，嘗謂爾公曰：「朝宗之大人方在獄，豈宜有此！」〔註110〕爾公以朝宗素性不耐寂寞而欲予緩解，宗羲則曰：「夫人不耐寂寞，則亦何所不至，吾輩不言，終爲損友。」〔註111〕此「人而不耐寂寞，則亦何所不至」之語，遂爲當時名言！雖然，於編選明文時，或有謂朝宗不當參與其事，宗羲遂以姚孝錫仕金而遺山終置之南冠之例，駁彼之議。然則，宗羲衡物以理，猶顧及人情；論人雖嚴，而未嘗不恕也。

宗羲（年三十二）嘗與宣城梅朗三於南中朝夕相處數月；時夜半鳥聲聒耳，朗三遂推宗羲起聽，曰：「此非『喧鳥覆春洲乎』？如此詩境，豈忍睡去！」〔註112〕薄暮，二人步遊燕子磯，同賞漁舟集岸、斜陽掛網之景，時有言某家多古畫者，乃往觀之，二更而返。以此觀之，宗羲與友人往來，非止於理性之談政論學，閒暇之餘，亦能流露感性，沉浸於自然與人文之間。

順治十七年（西元1660），宗羲（年五十一）居龍虎堂（剡中）期間，訪故舊、登奇峰、遊古刹，行程雖緊湊，而不露疲態；或宿於寺，或寓於友，宗羲之樸實與廣交，殊可見矣。所訪者，高旦中、顏羽儀、雁川、閻古古（1603～1679）、叔弟宗會等；所遊者，天章寺、開先寺、萬杉寺、白鹿洞、淨妙寺、凌霄巖、五老峰、萬松坪、大林寺、歸宗寺、玉川門、雲龍寺、雨花洞等；嘗與顏羽儀夜坐、雁川夜話、閻古古限韻賦詩，而總爲「匡盧之遊」。隔年，宗羲仍居龍虎堂，甬上門士萬允誠（斯禎）、季野（斯同）、貞一（言）兄弟來訪；暮春，宗羲遂往甬上，寓於高氏小樓，與高旦中（斗魁）、辰四（斗權）昆仲賦詩敘舊〔註113〕。竊以爲，宗羲能窮變於時、融通於勢，登遊不輟、訪友不絕，故案上文章、胸中山水，無不渠成，其練達與廣識，洵非旦夕之功也。

康熙三年（西元1664），宗羲（年五十五）偕仲弟宗炎與高旦中上靈巖，

---

〔註109〕參見〔清〕黃炳垕撰：《黃宗羲年譜》，卷上，頁19。
〔註110〕同前註。
〔註111〕參見沈善洪主編：《黃宗羲全集》，第一冊，《思舊錄》，頁362。
〔註112〕同前註，頁363。
〔註113〕參見〔清〕黃炳垕撰：《黃宗羲年譜》，卷中，頁31。

與宏繼起、文蔗符（文肅公之子）、徐昭法、周子潔、鄒文江、王雙白等諸友，聚會於天山堂，縱談七晝夜；時宗羲篋中有文數篇，昭法見之，讚嘆不已，謂「此眞震川也」，繼起遂央求宗羲作〈三峯第二碑〉〔註114〕。夫以年逾知命之身，猶能「縱談七晝夜」，宗羲之體彊，實有異於常人者，此或歸功於登遊訪友之習！

康熙十六年（西元 1677），宗羲（年六十八）講學海昌，李杲堂（1622～1680）先生來訪，爲會稽余若水（增遠）求銘，宗羲遂仿葉適（水心）併誌陳亮、王道夫之例，作余若水、周唯一（？～1671）兩先生墓誌銘；時杲堂（鄴嗣）又謂宗羲曰：「文山屬銘於鄧元荐，以元荐同仕於行帳也。今行帳之臣無在者，蒼水之銘，非子而誰？」〔註115〕宗羲乃銘之。蓋宗羲與杲堂之交始於宗羲在甬上之講學活動，二人亦師亦友；宗羲嘗言：「余與杲堂然約爲讀書窮經，浙河東士稍稍起而應之。」〔註116〕又謂杲堂「初亦不避輕華，其後每得余作，往往嗟悒，因相與校覆《雅》、《鄭》，洗其偷薄之說，推原道、藝之一，先生不以余空隙一介之知而忽之也」〔註117〕。

康熙二十二年（西元 1683）四月，周子佩（茂蘭）千里迢迢來化安山祭拜忠端公墓；時子佩已年屆八十，而登山如履平地。隔二年，宗羲（年七十六）至姑蘇欲訪子佩，而「子佩在僧舍，法東坡坐道堂四十九日，厚自養鍊，因破關出見」〔註118〕，執手甚喜。蓋子佩嘗危病，遇奇人授以養練之法，而疾漸癒，故信之甚篤，過中不食，飲茶數杯耳；然每於宗羲至南都應試，必親自款接，是以其殷切之情，宗羲自然感念於衷。

宗羲與諸友之往來，或議政、或舉事、或論學、或談笑、或登遊，或酬對，皆以誠爲本，隨意所發，毫無作態；而於論才議能，亦如斯焉！嘗云：

> 余束髮交遊，所見天下士，才分與余不甚懸絕而爲余之所畏者，桐
>
> 城方密之、秋浦沈崑銅、余弟澤望及子一四人。〔註119〕

方密之（以智）爲吳子遠之外甥，宗羲稱其「明敏多藝」、「言《河》、《洛》

---

〔註114〕同前註，頁 32～33。

〔註115〕同前註，卷下，頁 41。

〔註116〕參見沈善洪主編：《黃宗羲全集》，第十冊，「李鄴嗣文鈔序」，頁 28。

〔註117〕同前註，「李杲堂先生墓誌銘」，頁 410。

〔註118〕同前註，第一冊，《思舊錄》，頁 350。案：子佩於隔年（康熙二十五年）正月二十九日壽終，享年八十有二。

〔註119〕同前註，第十冊，《撰杖集》，「翰林院庶吉士子一魏先生墓誌銘」，頁 416。

之數，另出新意」〔註120〕。蓋宗羲嘗因病瘧，而服用些許子遠從茅山道士求來之藥丸，然疲困異常；是時，密之爲宗羲切脈，取其尺脈距關下一尺，宗羲乃言「亦好奇之過也」〔註121〕。其後，密之削髮爲僧，法名「無可」。

宗羲嘗謂子一（學濂）致力於左王之學，凡兵書、戰策、農政、天官、治河、城守、律呂、鹽鐵之屬，無不專研，故能「奮袖橫經，以古義實今事，利害之興作，吏治之循墨，昌言無所隱避，聞之者莫不震動」〔註122〕，且「銳意問學，遠駕經生，先友宿艾，望風推服，莫窺其底裏，加之旁通藝事，章草之書，倪黃之畫，陽冰之篆，孤姿絕狀，觸毫而出，無非詩書之融結，學侶挹其精微，詞宗稱其妙絕，一時盛名，無出其右」〔註123〕；然「一時名驟起，而忌之者亦眾。以其後死也，謗者紛然」〔註124〕。蓋宗羲以爲子一「未免矜貴自喜，不知盛名之難居」〔註125〕，雖學於蕺山，而汲營於功利，終爲功利所誤。然則，宗羲雖視子一如「同難兄弟，過相規，善相勸，蓋不異同胞」〔註126〕，而於關鍵之處，亦無所用力，此亦憾事矣！

崇禎十六年，宗羲（年三十四）至杭州，與沈崑銅同寓西湖之上；是時，劉孝則（同升）來訪，宴飲將盡，孝則與崑銅論辯荊溪，各持己說，相爭不已，宗羲乃調解之，始散〔註127〕。崑銅於南都亡後，流離江楚，寓於蕪湖之南，仗義疏財，禮厚知交，契談大義，無所忌諱。順治十四年（西元1657），崑銅以從事抗清被捕；順治十六年（西元1659），於南京處斬，宗羲聞訊，乃哭沈崑銅，中有「傳死傳生經二載，果然烈火燎黃琮。胸中畢竟難安帖，此世終於不可容。千里寒江負一紙，百年隴上想孤松。舊時日月湖邊路，詩酒于焉不再逢」〔註128〕之語。然則，宗羲與崑銅交誼之深，於焉可知矣。

〔註120〕同前註，第一冊，《思舊錄》，頁367。
〔註121〕同前註。
〔註122〕同前註，第十冊，《撰杖集》，「翰林院庶吉士子一魏先生墓誌銘」，頁414。
〔註123〕同前註，頁415。
〔註124〕同前註，第一冊，《思舊錄》，頁349。案：子一生於明萬曆三十六年（西元1608），早宗羲二年；清順治元年（西元1644），以牽挽於密約，自縊而死，得年三十七。
〔註125〕同前註，第十冊，《撰杖集》，「翰林院庶吉士子一魏先生墓誌銘」，頁415。
〔註126〕同前註，第一冊，《思舊錄》，頁349。
〔註127〕同前註，頁373～374。
〔註128〕參見沈善洪主編：《黃宗羲全集》，第十一冊，「哭沈崑銅」，頁235～236。案：「烈火燎黃琮」一語，出自元好問〈冀京父〉（四哀詩之一），本元好問爲感念好友冀禹錫而作，宗羲借此以悼崑銅；冀禹錫，字京父，龍山人，金崇慶

宗羲述其季弟宗會（澤望）之爲人，乃「勁直而不能屈己，清剛而不能善世」，是「古之所謂隘人也。隘則胸不容物，並不能自容」〔註129〕。宗羲雖毫無隱諱，直抒其言，然二人自是骨肉之親，季弟所以如此，宗羲既爲長兄，而不能導之，心中亦必然有愧！蓋宗會自幼豪邁不羈，終端公即謂「此兒成就未定，但知其不逐牛馬行隊者」〔註130〕；忠端公逝後，宗會遂以宗羲爲師。宗羲憶及初讀《十三經》，可謂不遺餘力，而終不及宗會之精；其後，宗會忽折而入於佛，宗羲雖爲其反覆，然歷十年而不契，乃止。宗羲嘗謂季弟宗會之言「驚世駭俗」，故「無敢有明其書者」，其「非今之地上所宜有」，當「可以棄之，使其不顯於天下」；然「終不可滅之，使其不留於天地」〔註131〕。片語之間，流露出禦道與維親之矛盾情節。嗟夫！宗羲之於季弟，可謂亦師亦友亦如父，而今乃「不幸以憤懣損其天年」〔註132〕，宗羲內心豈不痛哉！

蓋友誼如衣食，受之以爲常，失之則難安。宗羲歷經亂世，往來奔波，仍不廢其廣遊天地、結誼天下之意；而所以能致此者，或繫乎「禮」、「誠」二字。夫禮者，理也，有「禮」則能致遠；誠者，信也，有「誠」則能通情。故宗羲登遊山水，諸友必臨其身；度審生離，行舉必合其義。昔者翟公有言：「一死一生，乃知交情。一貧一富，乃知交態。一貴一賤，交情乃見。」〔註133〕然則，宗羲之交游，可謂善矣！

## 二、治　學

宗羲之治學，早期隨父赴京時，其「好窺羣籍，不瑣守章句」及「完課之餘，潛購諸小說」之舉，即可見其端倪；而經忠端公課以制義、諄諄誘導及從學劉蕺山期間之體會，復以對歷經家仇、黨禍、抗清、避亂等過程之感悟，宗羲於治學之進路與宗旨，乃愈趨明朗與確立。竊以爲，從尊師、勤學、

---

二年（西元1213）進士，嘗任行院督事，喜好交游，遇事風生，老吏莫及，後以官奴之亂，遂赴水死，年四十二。又案：《周禮・春官・宗伯》載「黃琮禮地」，注曰：「琮，八方，象地。」《說文》：「琮，瑞玉，大八寸。」則「黃琮」爲八方之大玉，用以祀地。

〔註129〕同前註，第十冊，「縮齋文集序」，頁12。

〔註130〕同前註，「前鄉進士澤望黃君壙誌」，頁301。

〔註131〕同前註，「縮齋文集序」，頁12。

〔註132〕同前註，「前鄉進士澤望黃君壙誌」，頁303。

〔註133〕參見〔漢〕司馬遷撰：《史記》（臺北：藝文印書館，2005年），卷120，「汲鄭列傳」，頁1271。

博覽、嚴謹、會通、致用及反佛思想等諸方面，或可窺其治學之梗概。茲略述於下：

## （一）尊　師

宗羲憶及先師劉蕺山，嘗云：「先生不妄交，其平生希聲慕義於先生者滿天下。所稱性命之友，則周寧宇、高忠憲、丁長孺、劉靜之、魏忠節、先忠瑞公六人而已。」〔註134〕又言「先生清新忌惡，終陷黨議」〔註135〕，而「通籍四十五年，立朝僅四年」〔註136〕。夫蕺山既爲宗羲之師，又與忠端公爲「性命之友」，且「通籍四十五年」，則蕺山於宗羲之治學，當有莫大之影響；宗羲晚年（年八十三）即自述其爲《明儒學案》，雖間有發明，然「一本之先師，非敢有所增損其間」〔註137〕。宗羲論及蕺山先生之治學，曰：

> 夫先師宗旨，在於愼獨，其愼獨之功，全在「意爲心之主宰」一語，此先師一生辛苦體驗而得之者。即濂溪之所謂人極，即伊川所言主宰謂之帝，其與先儒印合者在此。〔註138〕

蓋宗羲承蕺山「愼獨」之學，以爲先師「意爲心之主宰」一語，道破先儒「意者心之所發」、「未發爲性，已發爲情」（即「因情見性」）之弊；且謂先師「即心言性，非離心言善」及「盈天地間，止有氣質之性，更無義理之性」之說，於「千古不決之疑，一旦拈出，使人冰融霧釋，而彌近理而大亂眞者，亦既如粉墨之不可掩矣」〔註139〕。以此觀之，宗羲對蕺山學說能如此精闢闡述，當肇端於從學期間之扎實治學，故宗羲之尊師，無所疑義也；此從宗羲對同門惲仲昇《劉子節要》一書之批判，當可獲得印證，其曰：

> 今先師手筆粹然無疑，而老兄於刪節接續之際，往往以己言代之，庸詎知不以先師之語，遷就老兄之意乎？《節要》之爲言，與文粹語粹同一體式，其所節者，但當以先師著譔爲首，所記語次之，碑銘行狀皆歸附錄；今老兄以所作之狀，分門節入，以劉子之《節要》而節惲子之文，寧有是體乎？嗟乎！陽明身後，學其學者徧天下，

---

〔註134〕參見沈善洪主編：《黃宗羲全集》，第一冊，《子劉子行狀》，卷下，頁 257～258。
〔註135〕同前註，頁 260。
〔註136〕同前註，頁 258。
〔註137〕同前註，第十冊，「明儒學案序」，頁 78。
〔註138〕同前註，「答惲仲昇論子劉子節要書」，頁 224。
〔註139〕同前註，「先師蕺山先生文集序」，頁 54。

> 先師夢奠以來，未及三十年，知其學者不過一二人，則所藉以爲存
> 亡者，惟此遺書耳！使此書而復失其宗旨，則老兄所謂明季大儒惟
> 有高、劉二先生者，將何所是寄乎？〔註140〕

然則，爲維護先師學術之宗旨，宗羲對同門違失之處，亦直言無諱；而於先師逝後，其學術薀底將何以延續，宗羲乃慨然有感，曰：

> 先生講學二十餘年，歷東林、首善、證人三書院，從遊者不下數百
> 人。〔……〕。今先生夢奠已經一世，所餘二三皓首龐眉之門士，散
> 在四方，既無所統一，而護車修書之後起，聞風遙集，不得與名，
> 劉氏之學，將安仰安放？〔註141〕

爲此，宗羲於時局稍緩之際，遂有復講「證人書院」，以伸先師之學緒，嘗云：

> 先師立證人書院，講學於越中，至甲申而罷講。後二十四年爲丁未，
> 余與姜定菴復講會、脩遺書，括磨斯世之耳目。然越中類不悦學，
> 所見不能出於訓詁場屋；而甬上之聞風而興者，一時多英偉高明之
> 士〔……〕。明年，余至甬上，諸子大會於僧寺，亦遂以「證人」名
> 之。〔註142〕

戴山立「證人書院，講學於越中」，而宗羲講學於甬上，仍以「證人院」命之，則宗羲之尊師，灼然可見矣！且其致力闡發戴山之學，殊可爲從師者之典範，故李鄴嗣於〈黃先生六十序〉中云：

> 先生（宗羲）抱戴山之遺書，伏而不出，更二十餘年，而乃與吾黨
> 二三子重論其學，而子劉子之遺書亦以次漸出，使吾道復顯于世，
> 有以待夫後之學者。是則先生之功，固亦劉門之曾子也。〔註143〕

夫學者之道，生則從師治學，歿則接續師學，此宗羲之謂乎！而李氏「劉門曾子」之譽，亦可爲宗羲「尊師」作註腳矣。

## （二）勤　學

宗羲治學甚勤，從學戴山期間，仍不忘忠端公「學者不可不通知史事，將架上《獻徵錄》涉略可也」〔註144〕之遺訓，一面勤學制義，以應科考；一

---

〔註140〕同前註，「答惲仲昇論子劉子節要書」，頁225。
〔註141〕同前註，第十一冊，「戴山同志考序」，頁58。
〔註142〕同前註，第十冊，「董吳仲墓誌銘」，頁466。
〔註143〕同前註，第十二冊，「黃先生六十序」（錄自李鄴嗣《杲堂文鈔》卷三），頁208。
〔註144〕參見〔清〕黃炳垕撰：《黃宗羲年譜》，卷上，頁15。

面習讀史書，以爲致用。「每日丹鉛一本，遲明而起，雞鳴方已」〔註145〕，明十三朝《實錄》及《二十一史》，兩年而畢之。全祖望亦謂宗羲「窮年搜討，遊展所至，遍歷通衢委巷，搜鬻故書，薄暮，一童肩負而返，乘夜丹鉛，次日復出，率以爲常」〔註146〕；此童肩負書、行於落日返歸之景，聞者能不動容乎！

　　崇禎七年（西元 1634），宗羲（年二十五）於武陵講習律呂之暇，嘗與張秀初取餘杭竹管之良者，截爲十二律及四清聲，吹之以定黃鐘；至太倉訪張天如（溥），天如好讀書，聞某家有藏書，夜與宗羲提燈往觀；而隨劉蕺山還至省下，時《高忠憲遺集》初梓，宗羲於舟中，盡日翻閱；返郡城，又以因緣得見周仲先人（周述學）所著《神道大編》數十冊，欲盡抄其所有〔註147〕。崇禎十四年（西元 1641），宗羲（年三十二）寓居南中黃明立（黃居中，1562～1644）家，盡閱千頃堂之書；時朝天宮有道藏，宗羲於《易》學以外，凡有涉山川者，亦皆手抄之。甚而聞焦氏有書欲售，急往洽詢，以不受奇零之值，乃止〔註148〕。

　　然則，即有助於提升聞知者，無論晝夜、遠近，毋管忙閒、資缺，宗羲皆逕然而往、愜意而作，或習或造，或觀或抄，或覽或鬻；凡此，皆可窺知宗羲於治學之勤也。入明後，宗羲之徙居避亂，乃爲常態，雖有斷糧崩毀之慮、傾危難保之憂，仍無阻其孜孜不倦、沉浸於書叢中，故於語溪三載，閱盡吳氏（之振）藏書；而化鹿寺移藏祁氏曠園之書，亦「與書賈入山翻閱三晝夜，載十梱而出」〔註149〕。此外，宗羲嘗自述云：

> 始學於子劉子，其時志在舉業，不能有得，聊備蕺山門人之一數耳。
>
> 天移地轉，殭餓深山，盡發藏書而讀之，近二十年，胸中礙窒解剝，
>
> 始知曩日之孤負爲不可贖也。〔註150〕

夫雖處「殭餓深山」之境，亦未嘗離卷，所謂「忠端是始，梨洲是續。貧不忘買，亂不忘携，老不忘讀」〔註151〕者，於此尤得其實矣！而「盡發藏書而

---

〔註145〕同前註，頁 15。
〔註146〕參見沈善洪主編：《黃宗羲全集》，第十二冊，「梨洲先生神道碑文」，頁 3。
〔註147〕參見〔清〕黃炳垕撰：《黃宗羲年譜》，卷上，頁 16。
〔註148〕同前註，頁 19。
〔註149〕同前註，卷中，頁 34。
〔註150〕同前註，頁 35。
〔註151〕參見沈善洪主編：《黃宗羲全集》，第十一冊，「藏書印文」，頁 83。

讀之」，儼然已成宗羲治學之風。宗羲子百家（1643～1709）於描述先君晚年
之治學，憫其狀曰：

> 府君鈔書，寒夜必達雞鳴，暑則拆帳作孔，就火通光，伏枕攤編，
> 以避蚊噆。算曆未符，力索窮搜，心火上炎，頭目爲腫而不輟。
> 〔註152〕

觀宗羲之治學，不避寒暑，無畏老齡，無視體恙，仍一本初衷，所謂「年少
雞鳴方就枕，老人枕上待雞鳴」〔註153〕，其蘊在此；而「行年八十，猶手不
釋卷」〔註154〕，仍「爲黃山之遊，龍鍾曳杖，一步九頓，適汪栗亭〈黃山續
志〉告成」〔註155〕，乃爲之序，其勤如斯，聞者可不敬焉！

### （三）博　覽

夫勤學而博覽，治學之序也。宗羲治學既勤，則其博覽群書，自是順理
成章。

百家嘗云：

> 府君垂髫讀書，即不瑣守章句，好窺羣籍。〔……〕。蓋府君自少遭
> 多難，家仇黨禍，南北往來，未嘗廢學。〔……〕凡一時四方知名之
> 士無不交，遠近時文詩賦之會無不赴。〔註156〕

從「好窺羣籍」、「南北往來，未嘗廢學」及「遠近時文詩賦之會無不赴」三
者，即可擬繪宗羲浸淫書推、欣喜忘勞之景；而此與其年少發憤博覽明十三
朝《實錄》及《二十一史》之志，正相輝映。故百家乃言宗羲之「身心性命，
一託於殘編斷簡之中，故顛髮種種，寒以當裘，饑以當食，忘憂而忘瘼者，
惟賴是書耳」〔註157〕！然則，書於宗羲而言，是可堪解憂、慰神之寶物也。

天啓七年（西元1627），忠端公門生石麐（徐忠襄）渡江來弔，臨行謂
宗羲曰：「學不可雜，雜則無成。無亦將兵農、禮樂以至天時、地利、人情、
物理，可以佐廟謨、裨掌故者，隨其性之所近，併當一路，以爲用世張本。」

---

〔註152〕同前註，「先遺獻文孝公梨洲府君行略」，頁417。
〔註153〕同前註，「不寐」，頁266。
〔註154〕參見〔清〕黃炳垕撰：《黃宗羲年譜》，卷下，頁47。
〔註155〕同前註，頁48。
〔註156〕參見沈善洪主編：《黃宗羲全集》，第十一冊，「先遺獻文孝公梨洲府君行略」，
　　　　頁404。
〔註157〕同前註，第十二冊，「續鈔堂藏書目序」（錄自黃百家《學箕初稿》卷一），頁
　　　　210。

〔註 158〕此「用世」之誠，於日後宗羲博采廣納、兼容並蓄之治學理念，實
具啓示作用。蓋宗羲雖出於王學劉蕺山之門，因深悲王學末流之弊，故對其
師之說多加以修正，嘗謂「學者必先窮經。然拘執經術，不適於用，欲免迂
儒之誚，必兼讀史」〔註 159〕。然則，宗羲之治學，非惟博覽群書，且主張經、
史並湊，不能偏廢；此救偏補弊之功，實深具意義，故「受其教者，不墮講
學之言，不爲障霧之言」〔註 160〕。

　　竊以爲，能博覽，則喜於藏書；藏書豐，則利於博覽；二者堪稱相輔
相成。宗羲之治學，於博覽群書外，其藏書亦豐。全祖望即言宗羲「既治
經，則旁求之九流百家，於書無所不窺」，「既盡發家藏書讀之，不足，則鈔
之同里世學樓鈕氏、澹生堂祁氏，南中則千頃齋黃氏，吳中則絳雲樓錢氏」
〔註 161〕；百家亦云：「壬寅以來，余家所得野史遺集、絕學奇經，殆不勝記。
道雖窮矣，書不可謂不富；而家大人方將旁搜遍採，不盡得不止。」〔註 162〕
以此觀之，雖家道窮落，宗羲仍致力於藏書，甚而「不盡得不止」！無怪乎
全祖望謂「太沖先生最喜收書，其搜羅大江以南諸家殆遍。所得最多者，前
則淡生堂祁氏，後則傳是樓徐氏」〔註 163〕；又稱「南雷先生記天一閣書目，
自數生平所見四庫，落落如置諸掌」〔註 164〕。

　　然則，宗羲以博覽治學、以藏書開路，非止「於象緯圖數，無所不工，
以至二氏之藏，亦披抉殆盡」〔註 165〕；甚而於西方天文學知識，亦用力頗深，
所謂「西人湯若望，曆算稱開關。爲吾發其凡，由此識阡陌」〔註 166〕，即可

---

〔註 158〕參見〔清〕黃炳垕撰：《黃宗羲年譜》，卷上，頁 12。
〔註 159〕參見〔清〕國史館原編：《清史列傳》（臺北：明文書局，1985 年），第九冊，
　　　　卷六十八，「黃宗羲」，葉 4 右。
〔註 160〕參見〔清〕江藩著：《國朝漢學師承記》，頁 126。
〔註 161〕參見沈善洪主編：《黃宗羲全集》，第十二冊，「梨洲先生神道碑文」，頁 3。
〔註 162〕同前註，「續鈔堂藏書目序」（錄自黃百家《學箕初稿》卷一），頁 211。
〔註 163〕參見〔清〕全祖望撰：《鮚埼亭集外編》，收入《清代詩文集彙編》，第 303
　　　　冊，卷十七，「二老閣藏書記」，葉 3。案：宗羲之藏書未及編目，晚年遭逢
　　　　大水，卷軸盡壞，身後一火，遂失去大半；幸賴鄭氏（平子）後人整理、復
　　　　舊，尚得三萬卷；「二老」即爲鄭平子（溱）與宗羲，以其交契甚厚，故鄭氏
　　　　後人築閣並祀之。
〔註 164〕同前註，「天一閣藏書記」，葉 1。
〔註 165〕同前註，卷十六，「勇上證人書院記」，葉 23。
〔註 166〕參見沈善洪主編：《黃宗羲全集》，第十一冊，「贈百歲翁陳瑢卿」，頁 285。
　　　　案：全祖望嘗謂宗羲「最精曆學，會通中西」（參《黃宗羲全集》，第十二冊，
　　　　「殘明東江丙戌曆書跋」，頁 188）。

爲證。夫宗羲之學如淵海，洵非常人可及也；而以藏書、讀書、文章三者，當「兼有」〔註167〕之論，亦足後學所深思！故全祖望云：

> 太冲先生之書，非僅以夸博物示多藏也。有明以來，學術大壞，談性命者迂疏無當，窮數學者詭誕不經，言淹雅者貽譏雜醜，攻文詞者不謂古今。自先生合義理、象數、名物而一之，又合理數、氣節、文章而一之，使學者曉然於九流百家之可以返于一貫。故先生之藏書，先生之學術所寄也。〔註168〕

又謂「古人記藏書者，不過以蓄書不讀爲戒；而先生之語學者，謂當以書明心，不可玩物喪志，是則藏書之至教也」〔註169〕。竊以爲，全祖望「藏書之至教」一語，殆非矯情。蓋「蓄書不讀」者，猶「束書不觀」，雖藏書甚豐，亦無所用於世，故宗羲曉諭學者，當善用所藏，以之明志，切勿使「藏書」淪爲「玩物喪志」之物；此亦宗羲治學之所忌也。

## （四）嚴　謹

夫能博覽群書，則識見隨之增廣、體悟隨之掘深。識見既廣，於文章之優劣、清濁，則可析而論之；體悟既深，於學問之精粗、眞僞，則能辨而駁之。析論者，質其疑也；辨駁者，求其信也。宗羲既以博覽治學，則其析論辨駁之能、質疑求信之擧，自不待言矣！此從其自述「摘發傳注之訛，復還經文之舊」〔註170〕及「老而失學，羣疑塡膈，方欲求海內君子而質之」〔註171〕之語，即可窺其大概。

康熙八年（西元1669），宗羲寓於戢山證人書院，時毘陵惲仲昇（日初）以所著《劉子節要》欲宗羲爲之序，且言「今日知先生之學者，唯我與子，議論不可以不一，唯於先師言意所在，稍爲圓融」，宗羲對曰：「先師所以異於諸儒者，正在於意，甯可不爲發明。」〔註172〕蓋宗羲深知戢山之學，是以能體察先師之意，而於仲昇之論，能揪其苟且之謬；又謂「讀書不多，無以證斯理之變化；多而不求於心，則爲俗學」〔註173〕，此「俗學」，宗羲稱之爲

---

〔註167〕同前註，第十冊，「傳是樓藏書記」，頁135。
〔註168〕參見〔清〕全祖望撰：《鮚埼亭集外編》，收入《清代詩文集彙編》，第303冊，卷十七，「二老閣藏書記」，葉3。
〔註169〕同前註，葉4。
〔註170〕　參見沈善洪主編：《黃宗羲全集》，第九冊，《易學象數論·自序》，頁2。
〔註171〕同前註，「學禮質疑序」，頁25。
〔註172〕參見〔清〕黃炳垕撰：《黃宗羲年譜》，卷中，頁35。
〔註173〕參見沈善洪主編：《黃宗羲全集》，第十二冊，「全祖望〈黃梨洲先生神道碑〉」，

「膚論瞽言」，以其「未嘗深求其故，取證於心」故也〔註174〕。

　　夫「深求其故」之考據精神，正彰顯宗羲治學之嚴謹，故《四庫》館臣稱其究心象數，「持論皆有依據」，「能洞曉其始末」，「因而盡得其瑕疵，非但據理空談不中竅要者比也」〔註175〕；又其「平日讀《水經注》，參考各省通志，多不相合，乃不襲前作，條貫諸水，名曰《今水經》」〔註176〕；而王顒庵（王掞，1644～1728）督學欲刊《子劉子文集》，宗羲取家藏底稿，合以蕺山冢孫伯繩（宗羲次女婿）之藏本，「逐一校勘，有數本不同者，必以手蹟為據，不敢不慎也」〔註177〕。此外，宗羲之撰〈陳乾初先生墓誌銘〉，嘗三易其稿，至第四稿始成；晚年亦嘗自述其《南雷文案》、《吾悔集》、《撰杖集》、《蜀山集》等，「皆門人分刻，一時脫稿，未經持擇。今耄又及之，東岱不奢，鉤除其不必存者三分之一」，乃援取陸士龍謂其兄「盡定昔日文」、「差異為功力」之意，名曰「文定」〔註178〕。

　　然則，於廣大之中求其精微（由博返約），即由博覽而嚴謹，乃宗羲治學之道。宗羲嘗言：

> 余常疑孟子一治一亂之言，何三代而下之有亂無治也？乃觀胡翰所謂「十二運」者，起周敬王甲子以至於今，皆在一亂之運。向後二十年交入〈大壯〉，始得一治，則三代之盛猶未絕望也。〔註179〕

夫「十二運」之說見於明人胡翰（1307～1381）所撰〈衡運〉一文，然文末又稱「余聞之廣陵秦曉山」〔註180〕；則發其端者，當為元人秦曉山。十二運者，以太乙統十二運分屬六十四卦，歷11520年〔註181〕，終而復始。蓋宗羲初以康熙二年（西元1663）所校梓之《明夷待訪錄》，於二十年後，即康熙二十二年（西元1683），將邁入「十二運」中之第三運——「陽晶守政」之治世

---

頁8。

〔註174〕同前註，第十冊，「惲仲昇文集序」，頁4。

〔註175〕參見〔清〕紀昀等編：《四庫全書總目》，卷六，「經部六・易類六」，頁55～56。

〔註176〕參見〔清〕黃炳垕撰：《黃宗羲年譜》，卷下，頁48。

〔註177〕參見沈善洪主編：《黃宗羲全集》，第十冊，「先師蕺山先生文集序」，頁55。

〔註178〕同前註，第十一冊，「南雷文定凡例」，頁83。

〔註179〕同前註，第一冊，《明夷待訪錄》，「題辭」，頁1。

〔註180〕參見〔明〕胡翰撰：《胡仲子集》（《四庫全書・集部・別集類》），卷一，「衡運」，葉4。案：秦曉山即《四庫全書》提要所稱「曉山老人」，撰有《太乙統宗寶鑑》一書。

〔註181〕案：此蓋依《繫辭傳》「大衍之數」章所載「二篇之策」（11520）推衍而成（即以「策」計「年」）。

階段；然《明夷待訪錄》書成逾三十年，時序仍未邁入其所言之〈大壯〉，乃撰《破邪論》，謂「秦曉山十二運之言，無乃欺人」〔註182〕，斷然揚棄所謂「一治一亂」之循環論。

以此觀之，宗羲或剖故去蕪，以精其論；或力求實證，以補前愆，而皆可窺其治學之嚴謹矣。

## （五）會　通

竊以爲，若謂博覽而嚴謹爲治學進路之奠基，則「會通」堪稱治學進路之昇華也。全祖望嘗言，宗羲「以濂、洛之統，綜會諸家，橫渠之禮教，康節之數學，東萊之文獻，艮齋、止齋之經制，水心之文章，莫不旁推交通，連珠合璧，自來儒林所未有也」〔註183〕；所謂「旁推交通，連珠合璧」，即會通諸家學說。夫宗羲治學既博且嚴，故於學術之脈絡、各家之學說，皆能洞其肯綮、別其源流；其學術底蘊及規模，亦隨此而擴充。嘗云：

> 某爲《明儒學案》，上下諸先生，淺深各得，醇疵互見，要皆功力所
> 至，竭其心之萬殊者而後成家。未嘗以矇瞳精神，冒人糟粕，於是
> 爲之分源別派，使其宗旨歷然。〔註184〕

蓋宗羲以爲「學術之不同，正以見道體之無盡也」〔註185〕，故對彼以「同者標爲珠玉，異者詈爲土炭」〔註186〕之偏狹者，多所批判；而所謂「爲之分源別派，使其宗旨歷然」者，非有會通學術之能，焉能至此？

宗羲「會通」之能，是其治學進路之重要環節；而此環節誠有沾漑於其師蕺山先生者。宗羲述其先師之治學，曰：「從前習熟先儒之成說，未嘗反身理會，推見至隱〔……〕。逮及先師蕺山，學術流弊，救正殆盡。」〔註187〕所謂「反身理會，推見至隱」，即反復探求、融會貫通之意，亦爲蕺山治學之方；又云：

> 有明學術，宗旨紛如。或泥成言，或創新渠。導水入海，而反填淤。
> 惟我蕺山，集夫大成，諸儒之弊，削其畦町。〔註188〕

〔註182〕參見沈善洪主編：《黃宗羲全集》，第一冊，《破邪論》，「題辭」，頁192。
〔註183〕同前註，第十二冊，「梨州先生神道碑文」，頁8。
〔註184〕同前註，第十冊，「明儒學案序」，頁78。
〔註185〕同前註，「明儒學案序」（改本），頁79。
〔註186〕同前註，「董巽子墓誌銘」，頁488。
〔註187〕同前註，「移史館論不宜立理學傳書」，頁221。
〔註188〕同前註，「陳乾初先生墓誌銘」（四稿），頁373。

然則，此兼收並蓄、廣納博采之治學精神，乃為宗羲所繼承、發揚，且影響其後繼者，成為清代浙東學派之優良傳統。故全祖望引陳汝咸（1658～1716）之語，而謂「梨洲黃子之教人，頗泛溢諸家，然其意在乎博學詳說以集其成」〔註189〕。

此外，宗羲「會通」之治學進路，亦充分體現於文學思想上，其云：

> 昌黎「惟陳言之務去」，士衡「怵它人之我先」，亦謂學淺意短，伸
> 紙搖筆，定有庸眾人思路共集之處。故惟深湛之思、貫穿之學，而
> 後可以去之怵之。〔註190〕

「深湛」者，深入探求；「貫穿」者，通貫古今。二者融而為一，即「會通」之蘊；相較之下，彼等「自謂握靈蛇之珠、抱荊山之玉」及「朝纏脫筆，暮熱人口」者，固「不異蟲讙鳥聒，過耳已泯」，而「聚劍垢洗，生吞活剝，大言以為利祿之媒」之徒，「卑之又甚」，更「無以議為也」〔註191〕。

宗羲嘗言：「聚之以學，經史子集。行之以法，章句呼吸。」〔註192〕蓋強調於明經通史、兼貫百科外，亦須破陳發新、靈活運用；即於會通之外，又能屢創新局。故又言：

> 夫文章不論何代，取而讀之，其中另有出色，尋常經營所不到者，
> 必傳文也。徒工詞語，嚼蠟了無餘味者，必不可傳者也。〔註193〕

然則，古今文章之傳世與否，「創新」乃為其樞機。宗羲述及文章，亦有以元氣論之者，曰：

> 夫文章，天地之元氣也。元氣之在平時，昆侖旁薄，和聲順氣，發
> 自廊廟，而營泆於幽遐，無所見奇；逮乎厄運危時，天地閉塞，元
> 氣鼓盪而出，擁勇鬱遏，坌憤激訐，而後至文生焉。〔註194〕

夫以氣論人，自古多可見；以氣論文，曹丕（187～226）即有言。雖然，以自身遭遇，會通古今，刻深而論之者，宗羲洵為箇中奇葩；而「至文」生於蕩世，亦宗羲銘感之言也。

<hr>

〔註189〕參見〔清〕全祖望撰：《鮚埼亭集》，收入《清代詩文集彙編》，第302冊，卷十六，「大理悔廬陳公神道碑銘」，葉5。
〔註190〕參見沈善洪主編：《黃宗羲全集》，第十冊，「壽李杲堂五十序」，頁676。
〔註191〕同前註，頁675～676。
〔註192〕同前註，「李杲堂先生墓誌銘」，頁412。
〔註193〕同前註，「壽李杲堂五十序」，頁676。
〔註194〕同前註，「謝皋羽年譜遊錄注序」，頁32～33。

## （六）致　用

夫「會通」固為宗羲治學之本色，而「致用」實為其治學進路之旨歸；嘗曰：

> 道無定體，學貴適用，奈何今之人執一以為道，使學道與事功判為兩極。事功而不出於道，則機智用事而流於偽；道不能達之事功，論其學則有，適於用則無，講一身之行為則似是，就國家之急難則非也，豈真儒哉！〔註195〕

宗羲以為，「學道」與「事功」，彼此相輔相成，實不相違；惟其關鍵在於「適用」二字。蓋求事功而離道，此事功無可濟世；學道而不達事功，此道亦流於空談。故宗羲治學之進路，乃「學道」與「事功」並行。然則，何以至之？對此，全祖望曰：

> 公（宗羲）謂明人講學，襲語錄之糟粕，不以六經為根柢，束書而從事於遊談，故授業者必先窮經；經術所以經世，方不為迂儒之學，故兼令讀史。〔註196〕

宗羲之治學，既重視實用，乃反對虛言，嘗謂「學必原本於經術，而後不為蹈虛，必證明於史籍而後足以應務」〔註197〕。以此觀之，「窮經」以證史，「讀史」以應務，二者無所偏廢，即宗羲經世致用之道也。

宗羲於當世談虛論舊、以道為屏之學風，嘗歎道：

> 今之言心學者，則無事乎讀書窮理；言理學者，其所讀之書不過經生之章句，其所窮之理不過字義之從違。薄文苑為詞章，惜儒林於皓首，封己守殘，摘索不出一卷之內。其規為措注，與纖兒細士不見長短。天崩地解，落然無與吾事，猶且說同道異，自附於所謂道學者，豈非逃之者之愈巧乎？〔註198〕

言「心學」、「理學」者，皆置其身於「經世」之外，此與宗羲治學之旨趣，顯然悖離，無怪乎宗羲發此詰論；而彼等既同處「天崩地解」之世局，乃能淡漠以對，則宗羲內心自是忿然而嗟！故又曰：

> 嘗觀今之士大夫，口口名節，及至變亂之際，盡喪其平生，豈其無

---

〔註195〕同前註，「姜定菴先生小傳」，頁623～624。

〔註196〕同前註，第十二冊，「梨州先生神道碑文」，頁8。

〔註197〕參見〔清〕全祖望撰：《鮚埼亭集外編》，收入《清代詩文集彙編》，第303冊，卷十六，「勇上證人書院記」，葉23。

〔註198〕參見沈善洪主編：《黃宗羲全集》，第十冊，「留別海昌同學序」，頁645～646。

悲歌慷慨之性歟？亦以平生未嘗置死於念，一旦驟臨，安能以其所
無者應之於外！〔註199〕

夫亂世顯忠貞、時窮節乃見。宗羲以爲，時士大夫能竭其心力、置死生於度
外者，可謂鮮矣！而所以然者，蓋以「末世經學不明，以致人心日晦，從此
文章事業俱不能一歸於正」〔註200〕；且「今夫世之講學者，非墨守訓故之
產，則高談性命之理」〔註201〕，致文章漸失其「經世應務」之功。故宗羲
自敘其平生「不作應酬文」〔註202〕，人亦莫敢強之；應酬文者，祝嘏、諛
柩之文也。

宗羲於悼念叔弟宗會時，誌曰：

余兄弟二十年以來，家道喪失，風波震撼，雖爲論者所甚惜，然讀
書談道，窮巖冷屋，要復人間推排所不下，則嫣然相對於霜落猿啼
之夕者，自信有不以彼而易此也。〔註203〕

所謂「不以彼而易此」者，即伸其不以家道衰微荒廢其「讀書談道」之習；
而宗羲之「讀書談道」，始終以經世致用爲念，此亦其治學進路之歸宿也。

## （七）反　佛

宗羲具有強烈之反佛思想，此從其弟宗會晚年好佛，宗羲亦「爲之反覆
辨論，極言其不可。蓋於異端之說，雖有託而逃者，亦不容少寬假焉」〔註204〕
之作爲，即可窺知一二。江藩嘗云：

宗羲之學出於蕺山，雖姚江之派，然以慎獨爲宗、實踐爲主，不恣
言心性、墮入禪門，乃姚江之諍子也。又以南宋以後講學家空談性
命，不論訓詁，教學者說經則宗漢儒，立身則宗宋學。又謂昔賢闢
佛，不檢佛書，但肆謾罵，譬如用兵，不深入其險，不能勒絕鯨鯢
也。乃閱佛藏，深明其說，所以力排佛氏，皆能中其窾要。〔註205〕

蓋宗羲雖視佛說爲「鯨鯢」、「異端」，然不入其室，何以見其陋？不檢其書，

---

〔註199〕同前註，「桐城方烈婦墓誌銘」，頁475。
〔註200〕參見〔清〕李鄴嗣著：《杲堂文鈔》，收入《清代詩文集彙編》，第77冊，卷
　　　　三，「送范國雯北行序」，葉20。
〔註201〕參見沈善洪主編：《黃宗羲全集》，第十冊，「兵部督捕右侍郎西山許先生墓誌
　　　　銘」，頁480。
〔註202〕同前註，第十一冊，《南雷詩曆》卷二，「壽聞人老者」，頁270。
〔註203〕同前註，第十冊，「前鄉進士澤望黃君壙誌」，頁300。
〔註204〕參見〔清〕江藩著：《國朝漢學師承記》，頁127。
〔註205〕同前註。

何以窺其謬？乃蒐覽佛藏，深入探究，故於辟佛之論，皆能切中要害；此亦宗羲治學之要法也。

宗羲對古今學者遊走於佛、儒之間，時有所感，曰：

> 昔人言學佛知儒，余以爲不然；學儒乃能知佛耳。然知佛之後，分爲兩界。有知之而允蹈之者，則無垢、慈湖、龍溪、南皋是也；有知之而返求之六經者，則濂、洛考亭、陽明、念菴、塘南是也。 〔註206〕

夫宗羲力排「學佛知儒」之論，即倡言「學儒乃能知佛」，亦析之爲二。然則，於宗羲而言，知佛而「允蹈之」者，學儒之歧出；知佛而「返求之六經」者，學儒之同道。所以如此者，蓋宗羲以爲「儒、釋之學，如冰碳之不同」〔註207〕，不可混處也；故其於古今學佛者倚佛攻儒之舉，甚表不滿！其云：

> 昔之爲佛者，非直以佛氏之說爲孔子之說，則以佛在孔子之上，是以佛攻儒；今之爲佛者，必先以闢佛之說號於天下，而後彈駁儒者不遺餘力，是假儒以攻儒。〔註208〕

宗羲維護儒家學統，可謂不遺餘力；而於學佛者行詐僞以攻儒，則是義憤塡膺！此或以其於「釋氏之教，疑而信，信而疑，久之，知其於儒者愈深而愈不相似」〔註209〕，復以其弟宗會因學佛而「竟隕其身」〔註210〕故也。

雖然，竊以宗羲嘗信「輪迴轉世」之說，何哉？蓋宗羲嘗遊廬山，距其壽兒之殤已五年，而夢之於圓通寺，詩云：

> 五歲生魂十歲骸，夢中依舊在親懷。啼痕千里紅霜路，死月三更白浪來。禪板無聲諸義墮，瓣香初斷峽猿哀。圓通亦有重來塔，此意明明不肯灰。〔註211〕

宗羲遊廬返家後，女孫阿迎誕生，自此不復夢見壽兒矣！故宗羲乃言「阿迎爲壽兒之重來無疑也」〔註212〕；斯爲「釋氏根塵洗滌未淨」〔註213〕耶？或以

---

〔註206〕參見沈善洪主編：《黃宗羲全集》，第十冊，「張仁菴先生墓誌銘」，頁 455～456。

〔註207〕同前註，頁 455。

〔註208〕同前註，「壽張奠夫八十序」，頁 674。

〔註209〕同前註，「前鄉進士澤望黃君壙誌」，頁 302。

〔註210〕同前註。

〔註211〕同前註，第十一冊，「圓通寺夢壽兒」，頁 239。案：「壽」爲宗羲之季子，生於順治八年（西元1651），殤於順治十二年（西元1655）除夕。蓋宗羲諸兒女中，最受宗羲鍾愛者，即「壽」也；宗羲撰《杏殤集》，以之而成。

〔註212〕同前註，第十冊，「女孫阿迎墓磚」，頁 525～526。案：此墓磚作於丙午，即

其母勤習《金剛經》故耶〔註214〕？姑並存焉！觀《南雷詩曆》中所載宗羲悼
念其子阿壽之詩即逾十首，可見父子之情甚篤；其中，〈夢壽兒〉「自從兒殯
後，無日不寒霖。天意猶憐汝，老夫何復心！看書皆壽字，入夢契中陰。一
牛黃鬚在，還留白自今」〔註215〕之語，尤令聞者為之鼻酸！

　　宗羲於鬼蔭、擇地、卜葬等習俗，則多所批判。其謂古今聖賢之論鬼神
生死，總不出「神滅」、「神不滅」二說；而「鬼蔭」論者竟以「死者之骨骼，
能為禍福窮通，乃是形不滅也，其可通乎」〔註216〕？至於葬者必論形氣，乃
釋云：

> 永托親骨，而使五患相侵，坐不正席，於心安乎？程子所謂彼安則
> 此安，彼危則此危者，據子孫之心而為言也。豈在禍福？〔註217〕

宗羲強調葬者之論形氣，蓋求其「心安」，無關「禍福」；此說旨在駁「鬼蔭」
之非也。故又曰：

> 鬼蔭之說不破，則算計卜度之心起，受蔭之遲速，房分之偏枯，富
> 貴貧賤，各有附會，形氣之下，勢不得不雜以五行衰旺生剋，心愈
> 貪而愈昏，說愈多而愈亂，於是可葬之地少矣。〔註218〕

依宗羲所言，可葬之地少，洵起於「鬼蔭」之說；而以富貴貧賤繫之於形氣，
斯為人心愈貪、愈昏之所由也。此外，宗羲又言：

> 下壙而以宵中，今日擇時之害也。風和日出，便於將事，謂之吉日，
> 風雨即是凶日，筮者筮此也。今之葬者，不以雨止，擇日之害也。
> 〔註219〕

宗羲論葬者之吉凶，誠以天候為斷，葬之以「晴」、「日」則吉，葬之以「雨」、

---

　　康熙五年（西元 1666），時宗羲年五十七，其於「輪迴轉世」之說，尚信之
　　無疑；逮及晚年，於《破邪論》中乃見其駁斥釋氏「投胎託生」、「六道輪迴」
　　之說（參《黃宗羲全集》第一冊，頁 196～197）。又案：宗羲之故里，元朝
　　名「再生」，而「圓通」又為道濟禪師重來之地，故以壽兒現靈於「圓通」，
　　而阿迎應識於「再生」故也。

〔註213〕同前註，「前鄉進士澤望黃君壙誌」，頁 302。
〔註214〕案：姚太夫人「晚年日誦《金剛經》一卷」（參《竹橋黃氏宗譜》，卷十三，
　　　　　頁 92）。
〔註215〕參見沈善洪主編：《黃宗羲全集》，第十一冊，「夢壽兒」，頁 227。
〔註216〕同前註，第十冊，「讀葬書問對」，頁 660。
〔註217〕同前註。
〔註218〕同前註，頁 661。
〔註219〕同前註。

「夜」則凶，此亦「筮者」之本旨；是以彼等夜葬、雨葬者，皆擇時、擇日之害也。

# 第三章 黃宗羲之《易》學

## 第一節 黃宗羲之《易》學淵源

　　清儒徐秉義（果亭）嘗謂宗羲「以蕺山爲之師，其爲學愼密而切實；以忠端爲之父，其立身高尚而端方。其於古今載籍、宇內事理，四通六闢而無不該也。故其發於文者無不備，有體有用，多見多聞，爲博大有用之書，使覽之者取資無窮，豈徒以言辭之美焜耀耳目哉」〔註1〕！蓋徐氏乃顧炎武之甥，其以「爲學」、「立身」發端，迹述宗羲之師承與人格特質，並逐文概括其學術底蘊，亦爲知人者也；而審其「古今載籍、宇內事理，四通六闢而無不該」及「多見多聞」之語，則宗羲之學固有承自前人、師友、經傳及家學者，斯覈諸筆者於前文所敘，即可瞭然！唯就整體學術觀而言，自有其個人之省察、體悟及發掘者，非必盡然外來，所謂「諸儒之言，有自得者，有傳授者」〔註2〕，用於宗羲自身，亦恰如其分。近人成中英（1935～）以爲，宗羲於《明夷待訪錄》中所呈顯之歷史反思，蓋已貫穿《周易》哲學之理性智慧〔註3〕；是宗羲能會通而自得也。百家則直言：「府君之學，原本蕺山，而深造必由乎自得。言性則以爲陰陽五行一也，賦於人物則有萬殊。」〔註4〕由

---

〔註1〕　同前註，第十一冊，「南雷文定四集序」，頁425。
〔註2〕　同前註，第十冊，「移史館論不宜立理學傳書」，頁219。
〔註3〕　參見〔美〕成中英撰：《合內外之道——儒家哲學論》（北京：中國社會科學出版社，2001年），頁300。
〔註4〕　參見沈善洪主編：《黃宗羲全集》，第十一冊，「先遺獻文孝公梨洲府君行略」，頁411。

「自得」而致乎「深造」，因「深造」而發爲「一本萬殊」，其自得已超乎師學矣。

　　夫學術本是開放之有機場域，思想多元而途徑多殊，故於師承中或有所擇焉、或有所不從，亦情之常也；即如全祖望雖私淑於宗羲，然於置疑之處，能伸己異見而不囿於門戶。是以談及宗羲之《易》學底蘊，亦當如是看；雖然，其《易》學之淵源，固不可或遺者。茲就「家學」、「經傳」、「師友」、「先儒」等方面，概述如下：

## 一、家　學

　　宗羲之祖父，字曰中，號鯤溟，專研五經，尤精於《易》〔註5〕，嘗以《易》教授於吳興〔註6〕；每於諸生應試，先定其次第，而無不奇中也。其於《左傳》、《國語》、《戰國策》、《莊子》之文，隨舉一句，則應口誦其全文；與人言，亦必原本經傳。然所著文則強調創新，反對剽竊陳言〔註7〕；即「一切剽剝竊攘之詞，不屑爲也」〔註8〕。其父忠端公則「少即博覽經史，不專爲科舉之學」、「精典故，故言事皆有原委」〔註9〕，嘗自述年十四、五，「膽氣豪且闊，志欲搜墳典，窮盡古今碣，讀時頗強記，下筆亦自傑」〔註10〕，即所謂「少而卓犖自命，好讀經史」〔註11〕也；雖不得志，乃「以《周易》誨授茗、霅之間，學者日眾」〔註12〕。

　　觀鯤溟公「專研五經，尤精於《易》」，暨原本經傳、強調創新、反對剽竊之持念，其於日後宗羲治《易》之路，無疑有前導之功；而忠端公之「博覽經史」、「志欲搜墳典，窮盡古今碣」，則直爲宗羲所效法，斯從其論《易》輒舉經史以辨世說之譌，即可窺其概矣！此外，鯤溟公與忠端公授《易》之世風，於宗羲講學之舉措，自是有不可磨滅之影響。

---

〔註5〕　同前註，「梨洲先生世譜」，頁396。

〔註6〕　同前註，第一冊，《黃氏家錄》，「封太僕公黃日中」，頁411。

〔註7〕　同前註，第十一冊，「梨洲先生世譜」，頁396。

〔註8〕　同前註，第一冊，《黃氏家錄》，「封太僕公黃日中」，頁411。

〔註9〕　同前註，「忠端公黃尊素」，頁413、416。

〔註10〕　參見〔清〕黃慶曾等編纂：《竹橋黃氏宗譜》，卷十三，「自述」，頁38。

〔註11〕　參見〔明〕陳子龍撰：《陳子龍全集》（北京：人民文學出版社，2011年），卷二十九，「山東道御史贈太僕寺卿謚忠端黃公祠堂碑銘」，頁868。

〔註12〕　同前註。

## 二、經　傳

　　宗羲之治《易》，固有承於家學者，而析辨諸家《易》論，則多本乎經傳；此觀其《易學象數論》所載，即可知悉。夫宗羲嘗言：「夫《易》者，範圍天地之書也；廣大無所不備，故九流百家之學，皆可竄入焉。自九流百家借之以行其說，而於《易》之本意反晦矣。〔……〕。世儒過視象數，以爲絕學，故爲所欺。余一一疏通之，知其於《易》本了無干涉。」〔註13〕審乎「於《易》本了無干涉」一語，則知宗羲於所「疏通」者，皆準《易》以論之；即《易》文（經傳）無有指涉之「象」、「數」，咸視爲「晦」《易》之說也（詳後）。就此而論，宗羲之《易》學底蘊，其得之經傳，復據以駁斥離《易》者，已不待言矣！

　　蓋宗羲以爲，諸儒之言，固「有剽竊者」、「有深而實淺者」〔註14〕。是以其撰《易學象數論》之旨，乃欲證世儒所傳之圖、數，洵與《易》無涉；繼而將附《易》以行其說之「九流百家」，盡數別除，以還《易》之本貌。斯於宋代象數《易》學，無異爲雷霆一擊！近人熊十力（1885～1968）所謂「凡治《易》者，不通象固不可。然若以能言象即爲知《易》，則吾未敢許以知《易》也」〔註15〕，或可爲宗羲此舉之註腳。

## 三、師　友

　　宗羲既師承於蕺山先生，則其治《易》必有沾溉於劉氏者。蕺山以爲，「人心一氣而已矣，而樞紐至微，纔入麤一二，則樞紐之地霍然散矣」〔註16〕、「心體嘗寂，而流行之機無一刻間斷，與天運一般」〔註17〕；又言：「盈天地間，皆物也。人其生而最靈者也。生氣宅於虛，故靈；而心其統也，生生之主也。」〔註18〕即視「心體」爲「氣」之所成，「氣」之流行又偕於四時

---

〔註13〕參見沈善洪主編：《黃宗羲全集》，第九冊，《易學象數論・自序》，頁2。
〔註14〕同前註，第十冊，「移史館論不宜立理學傳書」，頁219。
〔註15〕參見熊十力撰：《讀經示要》（臺北：明文書局股份有限公司，1999年），頁554。
〔註16〕參見戴璉璋、吳光主編：《劉宗周全集》（臺北：中研院中國文哲所籌備處，1997年），第二冊，「《學言・下》」，頁514。
〔註17〕同前註，「《會錄》」，頁612。
〔註18〕同前註，「《原旨・原心》」，頁327。案：蕺山此「人其生而最靈者」之語，蓋本諸周子（茂叔）所稱「萬物生生〔……〕；惟人也，得其秀而最靈」（參《太極圖説》）。

之運行，由此遂匯入《易》道「生生不息」之論；而人固爲天地最靈，乃爲心之所統，故又稱「人心之體，氣行而上，本天者也；形而麗下，本地者也；知宅其中，本人則也。三才之道備矣」〔註19〕。所謂「氣行而上，本天者也；形而麗下，本地者也」，即以「心體」對「同聲相應，同氣相求〔……〕。本乎天者親上，本乎地者親下」（〈乾・文言〉），作進一步推衍；斯於宗羲論《易》必原乎經傳，實具有啓蒙意義。

此外，蕺山指「《易經》從造化說到人心，其妙處須自家體認出來。一畫是陽，加一畫便是陰，非有二也。聖人原從象數悟出理來」〔註20〕；是「盈天地間，一氣而已矣。有氣斯有數，有數斯有象」〔註21〕、「學者從事於入道之路，高之不墮於虛無，卑之不淪於象數，而道術始歸於一乎」〔註22〕！然則，宗羲於「象數」之持論〔註23〕（詳後），其受蕺山之影響甚鉅矣！又劉氏言「盈天地間皆道也」〔註24〕、「盈天地之間，皆《易》也；盈天地間之《易》，皆人也」〔註25〕、「盈天地間皆心也」〔註26〕，而「太極、陰陽、四象、八卦而六十四卦，皆人心之撰也」〔註27〕。蓋蕺山以盈天地之間者爲「道」、爲「《易》」、爲「人」，而三者又爲「心體」所統攝；即《易》道太極兩儀之演化系統，並六十四卦所蘊涵之天地萬象，皆爲人心之描摹及自我之體證也。故又謂「盈天地之間，只是陰陽兩端盡之。其間一消一息，有許多變化之理，而要歸之近取諸身。聖人一一以身印之，見得盈天地之理總是吾心之理」〔註28〕。就此而言，蕺山之論《易》，本於人心；於《易》道旨歸，亦謂「本於人」〔註29〕也。本於人心、本乎人，覈諸宗羲《易》學底蘊，可謂師徒同氣矣！

夫宗羲嘗言：「盈天地皆心也，變化不測，不能不萬殊。心無本體，工夫

---

〔註19〕 同前註，「《學言・下》」，頁515。
〔註20〕 同前註，「《會錄》」，頁609。
〔註21〕 同前註，「《學言・中》」，頁480。
〔註22〕 同前註，頁483。
〔註23〕 案：宗羲嘗謂「世儒過視象數，以爲絕學，故爲所欺」，乃「一一疏通之」（參《易學象數論・自序》）。
〔註24〕 參見戴璉璋、吳光主編：《劉宗周全集》，第二冊，「《學言・中》」，頁479。
〔註25〕 同前註，「《讀易圖說・自序》」，頁143。
〔註26〕 同前註。
〔註27〕 同前註，「《學言・中》」，頁479。
〔註28〕 同前註，第一冊，「《周易古文鈔・繫辭下傳》，第三章」，頁275。
〔註29〕 同前註，第二冊，「《易衍》第二章」，頁157。

所至，即其本體。故窮理者，窮此心之萬殊，非窮萬物之萬殊也。」〔註30〕
斯已道出宗羲之宇宙觀與本體論思想；而此哲學思想當是沿其先師蕺山對程
朱理學之批判〔註31〕，以及對陽明心學之修正也〔註32〕。宗羲強調之「心體」
非寂然不動、無感無應之「寂體」，乃變動不居、生生不息之本體，故能應
運無窮；其「窮理」亦非程、朱之「格物窮理」，乃綜象山「發明本心」與
陽明「致良知」之說，強調以修德養性、經世致用之工夫實踐爲宗旨，進而
邁向清初實學之新境界！又蕺山嘗曰：「君子仰觀於天，而得先天之《易》
焉。〔……〕。君子俯察於地，而得後天之《易》焉。〔……〕。惟君子時發而
時止，時返其照心，而不逐於感，得《易》之逆數焉。此之謂『後天而奉天
時』，蓋愼獨之實功也。」〔註33〕「愼獨」固爲宗羲所稱譽而力承者，故其
吸納蕺山所繹「後天而奉天時」，繼以駁斥邵雍先後天諸圖，洵可推也。是
以或謂蕺山於《易》，乃「欲另出頭地，故其說類與先儒舛迂」〔註34〕，宗
羲乃辨之曰：「先師之言《易》，唯恐其不合於先聖，故信經而不信傳，豈欲
另出頭地作翻案文字乎？如邵子之《易》，皆《易》中所無，方可謂之另出
頭地也。」〔註35〕是其從師、護師之情昊然矣！而「古人借數以明理；違理
之數，將焉用之」〔註36〕之語，亦可窺其闡發師訓之意。

　　至若宗羲（年三十三）於明崇禎十五年（西元 1642），在京師嘗聞方以
智（密之）「言《河》、《洛》之數，另出新意」〔註37〕，是其《河》、《洛》
觀，或有從中取法者。雖然，宗羲嘗自言其讀《十三經注疏》，「刻意於名物

---

〔註30〕　參見沈善洪主編：《黃宗羲全集》，第七冊，「《明儒學案・自序》」，頁3。
〔註31〕　案：程顥主張「識仁、存敬」；程頤首揭「格物窮理」，主張「涵養須用敬，
　　　　進學在致知」；朱熹繼承程頤而強調「主敬涵養」、「格物窮理」；陸象山針對
　　　　程、朱而強調「易簡工夫」、「發明本心」；王陽明則揚陸抑朱，倡論「致良知」
　　　　與「知行而一」之說。劉蕺山修正陽明之說，而以「愼獨」、「誠意」爲其宗
　　　　旨，以爲「工夫愈精密，則本體愈昭煥」（《劉宗周全集》第五冊，「《子劉子
　　　　行狀》」，頁49），並以此取代程、朱之「致知」、「格物」。
〔註32〕　案：王陽明嘗謂「心無體，以天地萬物感應之是非爲體」、「功夫熟後，渣滓
　　　　去得盡時，本體亦明盡了」（《王陽明全集》，卷三，「《傳習錄》卷下」，頁108、
　　　　117）。
〔註33〕　參見沈善洪主編：《黃宗羲全集》，第八冊，《明儒學案・蕺山學案・劉宗周先
　　　　生》，「讀易圖說」，頁977。
〔註34〕　同前註，第十冊，「答忍庵宗兄書」，頁227。
〔註35〕　同前註。
〔註36〕　同前註。
〔註37〕　同前註，第一冊，《思舊錄》，頁367。

象數，江道闇以爲不急。〔……〕。獨仁菴與余同志」〔註38〕；又歎言：「自某好象數之學，其始學之也無從叩問，心火上炎，頭目爲腫。及學成，而無所用。屠龍之技，不待問而與之言，亦無有能聽者矣。跫然之音，僅一仲撝。」〔註39〕以此觀之，宗羲於象數之學，初實無可叩問者，然以用力甚深，終有成；而交游者能同其所好、傾聽其論者，則屈指可數矣！

## 四、先　儒

明儒王陽明嘗云：「以事言謂之史，以道言謂之經。事即道，道即事。《春秋》亦經，《五經》亦史。《易》是包犧氏之史，《書》是堯、舜以下史，《禮》、《樂》是三代史；其事同，其道同，安有所謂異？」〔註40〕竊以陽明此「事」（史）、「道」（經）合一之論，於宗羲所倡「治經必兼讀史」，實起先導作用；而《易》既爲「包犧氏之史」，則宗羲治《易》之受陽明啓發，亦可理解矣。陽明有言：「君子之於《六經》也，求之吾心之陰陽消息而時行焉，所以尊《易》也。」〔註41〕又謂「良知即是《易》，其爲道也屢遷，變動不居，周流六虛，上下無常」〔註42〕；斯以「吾心」、「良知」說《易》，固屬「心學《易》」之流；然其尊《易》思維，並援《易》以徵其說之舉，或有扇及宗羲者（如援《易》論性）。

此外，元、明《易》學家，諸如陳應潤、楊愼、歸有光等，雖批判邵氏、朱子之象數未果（見前文），然彼等激越之論，其中必有宗羲所借鑑者。例如，明儒楊愼以邵雍所傳者乃陳摶（希夷）之《易》圖，而謂「朱子因其出於希夷而諱之，殆掩耳盜鐘也。後作《周易啓蒙》，指孔子《繫辭傳》『天地定位』，曰『此先天之學』；『帝出乎〈震〉』一節，曰『此後天之學』；『數往

---

〔註38〕同前註，第十冊，「張仁菴先生墓誌銘」，頁457。案：宗羲（年二十四）嘗與江道闇、仁菴（即張秀初）同習於武林。

〔註39〕同前註，「王仲撝墓表」，頁267。案：宗羲誌此墓表，時年六十；其中有云：「（仲撝）好讀實用之書，不事文彩〔……〕。丁亥（清順治四年），訪某（年三十八）山中，某時註《授時曆》，仲撝受之而去；壬辰（順治九年）來訪，授以律呂；辛丑（順治十八年）來訪，授以壬遁，仲撝皆能有所發明。」（頁266～267）又宗羲有〈答王仲撝問泠州鳩七律對〉一文（參《易學象數論》，卷六，葉27～38）。

〔註40〕參見〔明〕王守仁撰：《王陽明全集》（上海：上海古籍出版社，1997年），卷一，「《傳習錄》上」，頁10。

〔註41〕同前註，卷七，「稽山書院尊經閣記」，頁255。

〔註42〕同前註，卷三，《傳習錄》下，頁125。

者順』一節，曰『直解圖意』。廋辭愚人，似說《易》元有此圖矣！蓋康節因孔子《易傳》難明，因希夷之圖，又作『後天圖』以示人；如周子因孔子『《易》有太極』一句，而作《太極圖》。今便謂先有《太極圖》，而後有《易傳》，可乎？〔……〕今程文及舉業有用先天、後天及橫圖、圓圖直解圖意字於破題者，皆不通古今者也」〔註43〕；又謂《易》圖之「『先天』始于希夷，而『後天』續于康節。朱子所以不明言者，非爲康節，直以希夷，恐後人議其流於神仙也。藏頭露尾，亦何亦益哉」〔註44〕？所謂「恐人疑其流於神仙」，或對現實環境（義理風潮）之妥協。蓋出入佛老而返於六經，乃宋儒治學之普遍進路；明儒則不然，於「陽儒陰釋」之名，乃避之唯恐不及也。

　　歸有光則言：「蓋以圖說《易》，自邵子始。吾怪乎儒者不敢以文王之《易》爲伏羲之《易》，而乃以伏羲之《易》爲邵子之《易》也，不可以不論。」〔註45〕故辨曰：「《易》不離乎象數，而象數之變至于不可窮；然而有正焉、有變焉。卦之所明白而較著者爲正，旁推而衍之者爲變；卦之所明白而較著者，此聖者之作也。〔……〕。今世所謂『圖學』者〔……〕，別出橫圖于前，又左右分析之以象天氣，謂之『圓圖』；于其中交加八宮以象地類，謂之『方圖』。夫《易》之於天氣、地類，蓋詳矣，奚俟夫圖而後見也！且謂其必出於伏羲，既規橫以爲圓，又塡圓以爲方，前列六十四於橫圖，後列一百二十八於圓圖，太古無言之教，何如是之紛紛耶？〔……〕推而衍之者變也，此邵子之學也。」〔註46〕即以「《易》圖非伏羲之書」，乃「邵子之學」也〔註47〕；又謂「事有出於聖人而在學者有不必精求者，《河圖》、《洛書》是也。〔……〕。精於《易》者，精于圖、書者也；惟其不知其不可精而欲精之，是以測度摹擬無所不至，故有九宮之法〔……〕有〈坎〉、〈離〉交流之卦，與夫孔安國、（劉）歆、（劉）向、揚雄、班固、劉牧、魏華父（了翁）、朱子發（震）、張文饒（行成）諸儒之論，或九或十，或合或分，紛紛

---

〔註43〕　參見〔明〕楊慎撰：《升菴集》（《四庫全書・集部・別集類》），卷四十一，「希夷《易》圖」，葉9～10。
〔註44〕　同前註，「《易》圖考證」，葉10。
〔註45〕　參見〔明〕歸有光撰：《震川集》（《四庫全書・集部・別集類》），卷一，「《經解・《易》圖論下》」，葉4。
〔註46〕　同前註，「《經解・《易》圖論上》」，葉1～3。
〔註47〕　同前註，葉1。

不定，亦何足辯也」〔註48〕。凡此，其於宗羲之影響，已不言可喻。

　　至於宋儒王震（東發）謂「《易》雖古以卜筮，而未嘗聞以推步。漢世納甲、飛伏、卦氣，凡推步之術，無一不倚《易》為說，而《易》皆實無之。康節大儒，以《易》言數，雖超出漢人之上，然學者亦未易躐等」〔註49〕；即視邵雍《皇極經世》為推步之書，乃《易》中所無，而學者猶未能踰越！此對宗羲於書中論康節之「數」，顯然亦起推波作用。全祖望則以為，宗羲之學有會通康節之數學、艮齋（薛季宣）之經制者〔註50〕；且言「蕺山之學專言心性，而漳浦黃忠烈公（道周）兼及象數。當是時，擬之程、邵兩家。公曰：『是開物成務之學也。』乃出其所窮律曆諸家相疏證，亦多不謀而合。一時老宿聞公名者，競延致之相折衷」〔註51〕。依全氏所言，宗羲之《易》學，實有受惠於邵、薛二氏者；其中，薛氏《河》、《洛》之說，直為宗羲所取資。蓋全氏即言宗羲稱「《河圖》在〈顧命〉，與〈大訓〉並陳，則是皆《書》也。使如後世所云，則為龍馬之遺蛻歟？抑庖犧之稿本歟？不知『天垂象，見吉凶』，所謂『仰觀天文』；『河出《圖》，洛出《書》』，所謂『俯察地理』。《圖》、《書》即今之《圖經》、《黃冊》，其以河、洛名者，以其為天下之中也」〔註52〕，發源自南宋永嘉（今浙江溫州）薛季宣；而宗羲亦自述其《河》、《洛》之論，「發端於永嘉薛士隆」〔註53〕。夫薛季宣嘗言：

> 自來緯候諸家所謂九篇、六篇者，亦原以為地學之書，苟其是否，不可以緯候而廢也。《春秋命曆序》曰：「《河圖》，帝王之階圖，載江河、山川、州界之分野。後禹壇於河，受《龍圖》，作《握河紀》。歷虞夏、商咸亦受焉。」《尚書中候》曰：「禹自臨河受《圖》。」注云：「《括地象》也。」《尚書刑德放》曰：「禹得《括地象圖》，堯以為司空。」《河圖玉版》曰：「禹觀於河，始受《圖》，言治水之意。」李淳風《乙巳占》，其中引《洛書》，以〈禹貢〉之二十八山，分配二十八宿分野。夫其所謂「壇河而受，臨河而得」，實「龍

〔註48〕同前註，「《經解·《易》圖論後》」，葉5～6。

〔註49〕參見沈善洪主編：《黃宗羲全集》，第六冊，《宋元學案》，卷八十六，「東發學案·讀《易》」，頁408。

〔註50〕同前註，第十二冊，「梨洲先生神道碑文」，頁8。

〔註51〕同前註，頁3。

〔註52〕同前註，「黃梨洲《易學象數論》書後」，頁181。

〔註53〕參見〔清〕黃宗羲撰：《易學象數論》（《四庫全書·經部·易類》），卷一，葉3。案：「士隆」，《宋史·薛季宣傳》作「士龍」（卷434，葉12883）。

馬」之說所由起也。而所指則猶主方輿之圖。自有以五行生成之數
附於天一、地二之文，并以九宮、太乙之數爲九疇者，而并《緯書》
而失之。蓋惟《圖》、《書》爲地理，故王者之迹既熄，諸侯吞噬；
山川之出入，職方不知；貢賦之多寡，地官莫問。聖人「河不出《圖》」
之歎，至以比之鳳鳥。不然，馬毛之旋，既有據之以作《易》者矣。
即其浮河再出，亦雷同之陳迹，夫子猶思見之，豈得別爲一《易》
乎！禮器成於漢儒誤解《論語》，而又依傍《緯書》，於是以河出《馬
圖》爲瑞。是則歐陽公辨之矣。〔註 54〕

然則，宗義於《河圖》、《洛書》諸論，洄源自宋歐陽脩（1007～1072）《易童
子問》及明儒薛季宣（士龍）有關《河圖》、《洛書》之辨，而加以系統化，
以成其說也。

## 第二節　黃宗羲《易學象數論》析論

　　黃炳垕（1815～1893，宗義七世孫）於所撰《黃宗義年譜》中，稱宗義
於清順治十八年（西元 1661）「居龍虎山堂，著《易學象數論》」〔註 55〕；
然宗義嘗云：「歲辛亥，余邂逅魯韋庵先生於越城之公所，率爾談文，有契。
〔……〕自是余至越城，必相過從，言談盡日。〔……〕余《象數論》成，欲
先生敘之。」〔註 56〕夫「辛亥」即康熙十年（西元 1671），而觀其「自是余至
越城」一語，則《易學象數論》非成於康熙十年，即在之後；此外，宗義於
《易學象數論》所載「今定天元至壬子」一語下，自記乃「作《象數論》之
歲」〔註 57〕，「壬子」即康熙十一年（西元 1672）。然則，《易學象數論》當成

---

〔註 54〕　參見沈善洪主編：《黃宗羲全集》，第十二冊，「黃梨洲《易學象數論》書後」，
　　　　　頁 181～182。

〔註 55〕　參見〔清〕黃炳垕撰：《黃宗羲年譜》，卷中，頁 31。案：鄭吉雄先生（1960
　　　　　～）於《易圖象與易詮釋》中謂「《易學象數論》，宗義撰於五十二歲，爲順
　　　　　治十八年」（頁 87）；汪學群先生於《清初易學》中稱《易學象數論》「書成於
　　　　　順治十八年」（頁 319）；羅永樺先生於〈從清初經學「回歸原典」運動看黃宗
　　　　　義與道教之關係〉一文中，亦指《易學象數論》「成於順治十八年」（參《孔
　　　　　孟月刊》，第 38 卷，第 2 期，頁 23）。觀鄭、汪、羅諸氏所據者，即皆本於黃
　　　　　炳垕所撰之《黃宗羲年譜》（或稱《黃梨洲先生年譜》）。

〔註 56〕　參見沈善洪主編：《黃宗羲全集》，第十冊，「前翰林院庶吉士韋庵魯先生墓誌
　　　　　銘」，頁 339～340。

〔註 57〕　參見〔清〕黃宗羲撰：《易學象數論》，卷四，「《乾坤鑿度》一」，葉 18。

於康熙十一年;故炳垕謂此書作於順治十八年(西元 1661),恐爲載記之誤!況其言康熙元年(西元 1662)二月八日,「龍虎山堂災」〔註58〕,若《易學象數論》果作於前年(即順治十八年),則此際恐毀於災變之中矣!

　　《易學象數論》〔註59〕一書,凡六卷,爲宗羲重要之經學著作,亦爲清初批判漢宋以來象數、圖書之開宗;所謂「《易》至京房、焦延壽而流爲方術,至陳摶而岐入道家,學者失其初旨,彌推衍而轇轕彌增」〔註60〕,至宗羲「究心象數」,「持論皆有依據」,「能洞曉其始末」,「因而盡得其瑕疵,非但據理空談不中窾要者比也」,「其宏綱巨目,辨論精詳」〔註61〕,「爲後來胡渭(朏明)《易圖明辨》之先導」〔註62〕,即是此意。蓋宗羲嘗云:「夫《易》者,範圍天地之書也;廣大無所不備,故九流百家之學,皆可竄入焉。自九流百家借之以行其說,而於《易》之本意反晦矣!」〔註63〕又謂「《易》以象數、讖緯晦之於後漢;至王弼而稍霽,又以老氏之浮誕,魏伯陽、陳摶之卦氣晦之;至伊川而欲明,又復以康節之圖書、先後天晦之」〔註64〕。凡此,皆可見宗羲撰述《易學象數論》之旨;其中,康節以「圖書、先後天」晦《易》,乃宗羲於書中所極力疏通者。清儒全祖望以爲,京孟(圖緯爲用)、王韓(老莊爲體)、邵雍(兼體用)三家,皆同一門戶──黃老之學;邵雍則「善集」二家(京孟、王韓)之長,「故其立言也尤精,而世之信之也尤篤」〔註65〕。審乎「世之信之也尤篤」一語,則宗羲駁辨康節之說尤力,其來有自也。

　　竊觀《易學象學論》雖僅六卷,然指涉繁富、圖表亦眾,固非可小覷者也;其內容則如《四庫》館臣所言,「前三卷論《河圖》、《洛書》、先天、方位、納甲、納音、月建、卦氣、卦變、互卦、筮法、占法,而附以所著之《原象》爲內篇,皆象也;後三卷論《太元》、《乾鑿度》、《元包》、《潛虛》、《洞

---

〔註58〕參見〔清〕黃炳垕撰:《黃宗羲年譜》,卷中,頁31。

〔註59〕案:《易學象數論》今有《四庫全書》本(簡稱《四庫》本)及光緒十九年廣雅書局刊本(簡稱《廣雅》本)。《廣雅》本載有宗羲「自序」一篇,並於卷首附有新安門人汪瑞齡所作之「序」;《四庫》本兩者皆無,但朱彝尊《經義考》及《四部要籍序跋大全》皆輯有「汪瑞齡序」(內容與《廣雅》本稍異)。

〔註60〕參見〔清〕紀昀等編:《四庫全書總目》,卷六,頁56。

〔註61〕同前註。

〔註62〕參見梁啓超著:《中國近三百年學術史》,頁74。

〔註63〕參見沈善洪主編:《黃宗羲全集》,第九冊,《易學象數論·自序》,頁2。

〔註64〕同前註,第十冊,「萬充宗墓誌銘」,頁416～417。

〔註65〕參見〔清〕全祖望撰:《鮚埼亭集外編》,收入《清代詩文集彙編》,第303冊,卷三十八,「三家《易》同源論」,葉3～5。

極》、《洪範數》、《皇極數》，以及《六壬》、《太乙》、《遁甲》爲外篇，皆數也」
〔註 66〕。此外，《四庫》館臣謂該書前三卷「以辨象學之譌」、後三卷「以訂
數學之失」〔註 67〕。故筆者乃依此而分論之〔註 68〕；然礙於學力所限，倘文
中有疏漏謬誤之處，尚祈前輩諸賢不吝賜正！

## 一、辨「象」學之譌

### （一）辨《河圖》、《洛書》

宗羲嘗云：「陳希夷之《圖》、《書》，遠有端緒，世之好奇者，卑王注之
淡薄，未嘗不以別傳私之。逮伊川作《易傳》，收其昆侖旁薄者，散之於六十
四卦中，理到語精，《易》道於是而大定矣。」〔註 69〕總其言，陳摶之《圖》、
《書》固有所承，非自創之作，而世之好奇者莫不以別傳私之；逮及程頤（1033
～1107）作《易傳》，廓清《易》理，《易》道始大定矣！雖然，《河圖》、《洛
書》「自朱子列之《本義》，家傳戶誦〔……〕。後之人徒見《圖》、《書》之說
載在聖經，雖明知其穿鑿傅會，終不敢犯古今之不韙而黜其非」〔註 70〕。所
謂「聖經」者，乃指朱子《周易本義》，《河圖》、《洛書》即附於卷首，如下
圖：

河　圖　　　　　　　　　　洛　書

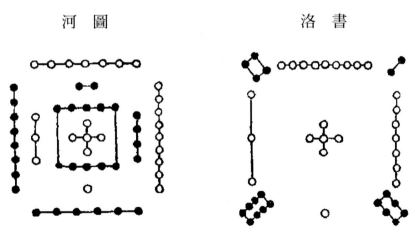

---

〔註 66〕 參見〔清〕紀昀等編：《四庫全書總目》，卷六，「經部六・易類六」，頁 56。
〔註 67〕 同前註。
〔註 68〕 案：凡本書所引《易學象數論》之文，皆據《四庫》本。
〔註 69〕 參見沈善洪主編：《黃宗羲全集》，第九冊，《易學象數論・自序》，頁 1～2。
〔註 70〕 參見〔清〕黃宗羲撰：《易學象數論》，卷一，葉 1。案：攸關《本義》列《河
　　　　 圖》、《洛書》之事，將於後文討論。

依宗羲之意，後世經生儒士雖知《河圖》、《洛書》「穿鑿傅會」，而以其附於《本義》，終不敢犯聖而黜其非。「中間一二大儒」雖亦疑其（《河圖》、《洛書》）妄，然皆「礙經文而爲之變說也」〔註71〕。茲將宗羲於《河圖》、《洛書》之辨，並其中可議者，分述如下：

### 1·《河圖》、《洛書》為地理之書，無關畫卦

宗羲以爲，欲明「圖書」之義，惟求之經文耳！其云：

> 《六經》之言「圖書」凡四：《書·顧命》曰「河圖在東序」；《論語》曰「河不出圖」；《禮運》曰「河出馬圖」；《易》曰「河出圖，洛出書，聖人則之」。由是而求之圖書之說，從可知矣。〔註72〕

然若欲藉此即定「圖書」之義，亦言之過早，故宗羲又曰：「聖人之作《易》也，一則曰『仰以觀於天文，俯以察於地理』；再則曰『仰則觀象於天，俯則觀法於地，於是始作八卦』。此章之意，正與相類。『天垂象，見吉凶，聖人象之』者，仰觀於天也。『河出圖，洛出書，聖人則之』者，俯察於地也。」〔註73〕依其意，《繫辭上傳》所謂「天垂象，見吉凶」、「河出圖，洛出書」（第11章）者，即聖人觀天、法地之義。然則，何謂「圖」？何謂「書」？宗羲以爲，「圖」者，「山川險易，南北高深，如後世之圖經是也」；「書」者，「風土剛柔，戶口扼塞，如夏之《禹貢》，周之《職方》是也」〔註74〕。就此而論，宗羲誠以經籍所述之「圖」，即後世「圖經」；所稱之「書」，即「夏之《禹貢》」、「周之《職方》」，乃「地理志」，非「龍馬之蛻」、「伏羲畫卦之稿本」〔註75〕也。至若何以「圖」、「書」分別冠上「河」、「洛」之名？宗羲則釋曰：「其言『河』、『洛』者，周公定鼎於洛，四方之人戶盛衰，道里之阨塞險易，諸侯貢於天王，故謂之《河圖》、《洛書》。」〔註76〕又云：「謂之『河』、『洛』者，河、洛爲天下之中，凡四方所上圖書，皆以河、洛繫其名也。《顧命》西序之「大訓」，猶今之祖訓；東序之「河圖」，猶今之黃冊，故與寶玉雜陳。」〔註77〕清儒胡渭嘗曰：「有據大訓爲簡策，以證河圖之亦爲簡冊者，

---

〔註71〕參見〔清〕黃宗羲撰：《易學象數論》，卷一，葉1。
〔註72〕同前註，葉1～2。
〔註73〕同前註，葉2。
〔註74〕同前註。
〔註75〕同前註。
〔註76〕參見沈善洪主編：《黃宗羲全集》，第十冊，「萬公擇墓誌銘」，頁518。
〔註77〕參見〔清〕黃宗羲撰：《易學象數論》，卷一，葉2。

則《緯書》九篇之說，不爲誕妄矣。紛紛推測，終無定論。」〔註78〕斯或就宗羲之說而諷之者也〔註79〕。

　　夫宗羲既以「圖」、「書」爲地理之書，則孔子何以有「鳳鳥不至，河不出圖」（《論語‧子罕》）之歎？對此，宗羲乃云：

> 孔子之時，世莫宗周，列國各自有其人民土地，而河、洛之圖書不至，無以知其盈虛消息之數，故歎「河不出圖」。其與「鳳鳥」言之者，鳳不至爲天時，圖不出爲人事，言天時人事兩無所據也。若圖書爲畫卦、敍疇之原，則卦畫、疇敍之後，河復出圖，將焉用之？而孔子歎之者，豈再欲爲畫卦之事耶！〔註80〕

言下之意，孔子生就衰周之際，天下諸侯各據其地、各治其民，豈有「圖」、「書」可至焉者耶？「圖」、「書」不至，則「盈虛消息之數」難明，故夫子乃有「河不出圖」之歎；斯與「卦畫、疇敍」無涉也。蓋「卦畫」、「疇敍」之說，始於劉歆（約前 50～23）父子；《漢書‧五行志》載：「《易》曰：『天垂象，見吉凶，聖人象之；河出圖，雒出書，聖人則之。』劉歆以爲虙羲氏繼天而王，受《河圖》，則而畫之，八卦是也；禹治洪水，賜《雒書》，法而陳之，《洪範》是也。」〔註81〕明儒王守仁嘗言：

> 《易》之作也則法乎圖書。是故通於天者河也，伏羲之時，天降其祥，龍馬負圖而出，其數則以五生數統五成數，而同其居方，是爲數之體焉；中於地者洛也，大禹之時，地呈其瑞，神龜載書而出，其數則以五奇數統四偶數，而各居其所，是爲數之用焉。圖書出矣，

---

〔註78〕　〔清〕胡渭撰，鄭萬耕點校：《易圖明辨》（北京：中華書局，2008 年），卷一，「河圖洛書」，頁 26～27。

〔註79〕　案：清儒毛奇齡指《河圖》爲「規畫」，《洛書》爲「簡冊」（參《毛奇齡易著四種》，「《河圖洛書原舛編》」，頁 69）；觀其辭語，亦承宗羲之說而稍異之耳！

〔註80〕　參見〔清〕黃宗羲撰：《易學象數論》，卷一，葉 2～3。

〔註81〕　參見〔漢〕班固撰，〔清〕王先謙補注：《漢書補注》，卷二十七上，葉 1。案：《繫辭上傳》所載「河出圖，洛出書，聖人則之」，前人多視此「聖人」爲伏羲，如《禮緯‧含文嘉》載：「伏羲德洽上下，天應之以鳥獸文章，地應之以龜、書；伏羲則而象之，乃作《易》卦。」（參《緯書集成》，頁 494）至劉向、劉歆父子，始以《洛書》爲《洪範》而歸禹：所據者即《尚書‧洪範》「天賜禹洪範九疇，彝倫悠敍」之語；東漢王充於《論衡》中謂「夫聖王起，河出《圖》，洛出《書》。伏羲王，《河圖》從河水中出，《易》卦是也；禹之時，得《洛書》，《書》從洛水中出，《洪範》九章是也。故伏羲以卦治天下，禹案《洪範》以治洪水」（參《論衡校釋》，卷二十八，「正說篇」，頁 1133），蓋亦據劉氏之說而立言也。

聖人若何而則之？彼伏羲則圖以畫卦，虛五與十者，太極也。積二
十之奇，而合二十之偶，以一二三四而爲六七八九，則儀象之體立
矣；析四方之合以爲〈乾〉、〈坤〉、〈坎〉、〈離〉，補四隅之空以爲
〈兌〉、〈震〉、〈巽〉、〈艮〉，則八卦之位定矣。〔……〕大禹則書以
敘疇，實其中五者，皇極也。一五行而二五事，三八政而四五紀，
第於前者，有序而不亂也；六三德而七稽疑，八庶徵而九福極，列
於後者，有條而不紊也。〔……〕大抵《河圖》、《洛書》相爲經緯，
八卦、九章相爲表裡。但伏羲先得乎圖以畫卦，無所待於書；大禹
獨得乎書以敘疇，不必考於圖耳！若究而言之，則書固可以爲
《易》，而圖亦可以作《範》，又安知圖之不爲書、書之不爲圖哉？
噫！理之分殊，非深於造化者，其孰能知之？〔註82〕

審其言，當欲藉圖書無有先後、相爲表裡（經緯）之論，以伸其「理一分殊」
之「體用」思想，然其承自宋以來之圖書《易》學，則至爲明顯，尤其是朱
子《易學啓蒙》；其中「伏羲則圖以畫卦」、「大禹則書以敘疇」云云，即源
乎劉歆父子及晦庵。劉蕺山之言《河》、《洛》，亦本諸宋儒（朱子），嘗引《繫
辭傳》「天一地二〔……〕。凡天地之數五十有五，此所以成變化而行鬼神也」
一節，指其「正《河圖》之謂」；而稱「《洛書》蓋本之《洪範》，相傳爲戴
九履一、左三右七、二四爲肩、六八爲足之數，見於龜文者如此」〔註83〕。
又嘗作「六十四卦圓圖」及「六十四卦方圖」。前者「以象天道」，「虛其中
即天極」，「合而觀之，有《河圖》之象」；後者「以象地道」，「虛其中，互
地極」，「合而觀之，有《洛書》之象」〔註84〕。且曰「《河圖》，象天者也。
天道圓，故圖亦體圓，以象天之圓，則以中數之五十知之」、「《雒書》，象地
者也。地道方，故書亦體方，以象地之方，則以四維之周方知之」〔註85〕
也。就此而論，宗羲所斥「卦畫、疇敘」之說，固以宋儒爲發端，而實已概
括陽明、蕺山二人；然宗羲究未嘗有損及王、劉二氏之言，則其敬慎之情，
於斯可見矣！

〔註82〕參見〔明〕王守仁撰：《王陽明全集》，卷二十二，「河出圖洛出書聖人則之」，
頁845～846。

〔註83〕參見戴璉璋、吳光主編：《劉宗周全集》，第一冊，「《周易古文鈔》上」，頁4
～7。

〔註84〕同前註，頁16～19。

〔註85〕同前註，第二冊，「〈讀易圖說〉」，頁147。

此外，宗羲雖直言其於「河」、「圖」之論，發端於薛季軒〔註 86〕，然又引其「《河圖》之數四十有五，〈乾〉元用九之數也；《洛書》之數五十有五，大衍五十之數也。究其終始之數，則九實尸之。故地有九州、天有九野。《傳》稱河、洛皆九曲，豈取數于是乎」〔註 87〕之語，而謂「士隆既不安後儒之說，超然遠覽而又膠滯於數，始信眾言之難破也」〔註 88〕；則宗羲對薛氏固寓憐惜之情，而於「眾言」（崇「數」）之難破，亦有同感矣！雖然，宗羲嘗自述其於「河圖」（圖經）、「洛書」（地理志）之說，乃「平生心得，爲先儒之所未發者」〔註 89〕；又謂「見者諫訾爲郢書燕說，一二知己勸余藏其狂言，以俟後之君子；惟公擇渙然冰釋，相視莫逆，以爲聖人復起，不易吾言」〔註 90〕。是知宗羲於其「圖」、「書」之論，非煢煢而獨守也。

儘管如此，胡渭於宗羲圖、書之說，甚以爲不然，乃駁之曰：「伏羲之世風俗淳厚，豈有『山川險易』之圖？結繩而治，豈有『戶口扼塞』之書？且舉河、洛以該四方，未免曲說；改『出』爲『上』，尤覺難通矣。」〔註 91〕蓋胡渭以爲，「河圖爲載道之器。《周官》天府總謂之大寶器」〔註 92〕；而《史記·周本紀》所載「犬戎攻幽王，幽王舉烽火徵兵，兵莫至，遂殺幽王驪山下，虜褒姒，盡取周賂而去」〔註 93〕，其「賂」即爲「珍寶貨財。可見河圖實亡於此時，故自平、桓以下，凡《顧命》所陳諸寶器，無一復見於傳記」〔註 94〕。至於近人李申指「東序」之《河圖》，無人目觀，然以理推之，則僅薛季軒、宗羲之說，「較爲符合常理」〔註 95〕；又稱《墨子》至《淮南子》所言之「河出綠圖」，即《尚書》、《論語》、《易傳》所載之《河圖》，且爲有圖、有文字之書〔註 96〕。審其意，實欲媒合「薛季軒、宗羲之說」與「有圖、

〔註 86〕參見〔清〕黃宗羲撰：《易學象數論》，卷一，葉 3。
〔註 87〕參見〔宋〕薛季宣撰：《浪語集》（《四庫全書·集部·別集類》），卷二十七，「河洛圖書辯」，葉 9。
〔註 88〕參見〔清〕黃宗羲撰：《易學象數論》，卷一，葉 3。
〔註 89〕參見沈善洪主編：《黃宗羲全集》，第十冊，「萬公擇墓誌銘」，頁 517～518。
〔註 90〕同前註，頁 518。
〔註 91〕參見〔清〕胡渭撰，鄭萬耕點校：《易圖明辨》，卷一，「河圖洛書」，頁 19。
〔註 92〕同前註，頁 26。
〔註 93〕參見〔漢〕司馬遷撰：《史記》，卷四，頁 81。
〔註 94〕參見〔清〕胡渭撰，鄭萬耕點校：《易圖明辨》，卷一，「河圖洛書」，頁 27。
〔註 95〕參見李申撰：《易圖考》，頁 190。
〔註 96〕同前註，頁 124。案：李氏此稱「有圖、有文字之書」，本諸陳奇猷先生於《呂氏春秋校釋·觀表》中所言（同上，頁 123）。

有文字之書」；然前者已屬推測之論，後者又言之鑿鑿，豈其有新發之證？
抑有親睹斯物耶？若然，則吾不敢置喙矣！

### 2・唐以前未有今《河圖》、《洛書》之論

宗羲以爲，唐以前學者於《河圖》、《洛書》之論，僅宗二說：一者，孔
安國（？）、劉歆皆以八卦爲《河圖》、《尚書・洪範》所載「初一曰五行，
次二曰敬用五事，次三曰農用八政，次四曰協用五紀，次五曰建用皇極，次
六曰乂用三德，次七曰明用稽疑，次八曰念用庶徵，次九曰嚮用五福，威用
六極」〔註97〕爲《洛書》；二者，鄭玄據《緯書》稱《河圖》有九篇、《洛書》
有六篇。又謂「一六居下之圖」（十圖），歷考諸家，「皆以爲天地之數，初
未嘗以此爲《河圖》也」；「戴九履一之圖」（九圖），歷考諸家，「皆以爲九
宮之數，初未嘗以此爲《洛書》也」〔註98〕。

茲將宗羲所舉唐以前學者於「一六居下之圖」、「戴九履一之圖」之論，
臚列如下〔註99〕。首先，論「一六居下之圖」者：

（1）揚雄──

> 三八爲木，爲東方；四九爲金，爲西方；二七爲火，爲南方；一六
> 爲水，爲北方。一與六共宗，二與七共明，三與八成友，四與九同
> 道，五與十相守。

（2）《乾坤鑿度》──

> 天本一而立，一爲數原，地配生六，成天地之數，合而成水性。天
> 三地八木，天七地二火，天五地十土，天九地四金。

（3）虞翻《易注》──

> 一六合水，二七合火，三八合木，四九合金，五十合土。

（4）《黃帝內經》──

> 太過者其數成，不及者其數生，土常以生也。

王冰注──

> 生數：水數一，火數二，木數三，金數四，土數五。
>
> 成數：水數六，火數七，木數八，金數九，土數五。

---

〔註97〕 參見〔漢〕孔安國傳，〔唐〕孔穎達疏，〔清〕阮元校勘：《尚書正義》，《十三
　　　　 經注疏》（臺北：藝文印書館，1997年），卷十二，頁168。
〔註98〕 參見〔清〕黃宗羲撰：《易學象數論》，卷一，葉4。
〔註99〕 同前註，葉3〜4。

其次，論「戴九履一之圖」者：

（1）《乾鑿度》——

> 太乙行九宮，四正四維皆合於十五。

（2）張衡（78～139）——

> 律歷卦候，九宮風角，數有徵效。

（3）魏伯陽——

> 土王四季，羅絡始終，青赤白黑，各居一方，皆稟中宮，戊己之功。
>
> 太乙乃君，移居中州。

（4）《黃帝內經》——

> 眚於三，東方；眚於九，南方；眚於七，西方；眚於一，北方；眚
> 於四維。〔註100〕

然則，將「一六居下之圖」、「戴九履一之圖」比附於《河圖》、《洛書》者，當起於何時？對此，宗羲則稱「至宋而方士牽強扭合，儒者又從緣飾以為授受之秘，而漢、唐以來之議論，一切抹煞矣」〔註101〕；而宋人不掩其失

---

〔註100〕案：「眚」字，原文作「青」。

〔註101〕參見〔清〕黃宗羲撰：《易學象數論》，卷一，葉4。案：《四庫》館臣謂「漢儒言《易》，多主象數；至宋，而象數之中復岐出『圖書』一派。牧在邵子之前，其首倡者也。牧之學出於种放，放出於陳摶」（參《四庫》本《易數鈎隱圖》，「書前提要」）。依館臣之意，劉牧乃宋代「圖學」之開宗，且其學遞出於陳摶；然李覯（1009～1059）於《刪定易圖序論》中云：「世有治《易》根於劉牧者，其說日不同，因購牧所為《易圖》五十五首觀之，則甚複重。〔……〕乃刪其圖，而存者三焉，所謂《河圖》也、《洛書》也、八卦也。〔……〕。牧又注《易》，所以為新意者，合牽象數而已。其餘則壤輔嗣之指而改其辭，將不攻自破矣！」（參《四庫》本《旴江集》，卷四，「自序」，葉1）依李氏「世有治《易》根於劉牧」及「所以為新意者，合牽象數而已」之語，則劉牧於《河圖》、《洛書》理論，固有自身雜糅於象數而創發者，非必如歷來學者（包括《四庫》館臣）所習稱——其學乃屬陳摶一脈。就此而論，宗羲「至宋而方士牽強扭合，儒者又從緣飾以為授受之秘」之語，雖未言明孰為「牽強扭合」之「方士」，然所指涉者，或不脫「陳摶一脈」之說。清儒胡渭嘗言：「河圖亡已久，雖老聃、萇弘之徒，亦未經目觀。〔……〕陳摶生於五季，去古彌遠，何從得其本真而繪圖以授人乎？」（《易圖明辨》卷一，「河圖洛書」，頁27）顧頡剛（1893～1980）先生則以《宋史・隱逸傳》所載，未嘗提及陳摶有傳《河圖》、《洛書》之語，而謂陳氏傳《河圖》、《洛書》之說，固不可信也（參《古史辨自序》，頁372）；近人李申於《易圖考》中，直指劉牧《易數鈎隱圖》所列《河圖》、《洛書》，實「與陳摶、种放等不相干」，且劉牧之學傳自陳摶，乃後起之

之舉，蓋與漢儒「圖則言畫，書則言文」之嚴於名實，誠不可並論。故宗羲乃謂「天地之數固命之爲圖，九宮之數是亦一圖也，豈可爲書」〔註102〕！

### 3・駁朱子《河圖》之數十、《河洛》之數九

宗羲以宋儒劉牧「《河圖》之數九，《洛書》之數十」之說，李覯、朱震、張行成（師從邵雍）等皆承襲之〔註103〕。然朱熹稱其反置，「三證」《河圖》之數十、《洛書》之數九；而宗羲遂依此「三證」而「三駁」之。

茲將朱子「三證」《河圖》之數十、《洛書》之數九，臚列如下〔註104〕：

（1）證一──引邵雍之言，曰：

「圓者，星也。歷紀之數，其肇於此乎？方者，土也，畫州井地之法，其放於此乎。蓋圓者河圖之數，方者洛書之文。故羲、文因之而造《易》，禹、箕敘之而作《範》也。」

（2）證二──引關朗（子明）之語，曰：

「《河圖》之文，七前六後，八左九右。《洛書》之文，九前一後，三左七右，四前左、二前右，八後左、六後右。」

（3）證三──謂《大戴禮・明堂篇》載有：

「二九四七五三六一八。」鄭氏注云：「法龜文也。」

而宗羲「三駁」之內容，依序如下〔註105〕：

（1）駁一──引魏了翁（鶴山，1178～1237）之語，曰：

---

説（「劉牧《河圖》淵源説」）。觀彼等所論，洵非臆測，斯可存參也。

〔註102〕參見〔清〕黃宗羲撰：《易學象數論》，卷一，葉5。

〔註103〕案：劉牧於所撰《易數鈎隱圖》中嘗云：「《易》云『見乃謂之象』，《河圖》所以示其象也；『形乃謂之器』，《洛書》所以陳其形也。〔……〕。夫《河圖》之數惟四十有五〔……〕。《洛書》則五十五數。」（參《四庫》本，卷中，葉15）此「《河圖》之數惟四十有五」、「《洛書》則五十五數」者，即宗羲所稱劉牧以「《河圖》之數九，《洛書》之數十」也；而《四庫》館臣亦指劉牧「以九爲《河圖》、十爲《洛書》」，且謂「其學盛行於仁宗。時黃黎獻作《畧例隱訣》，吳秘作《通神》，程大昌作《易原》，皆發明其說；而葉昌齡則作《圖義》以駁之，宋咸則作《王劉易辨》以攻之，李覯復有《刪定易圖論》」（參《四庫》本《易數鈎隱圖》，「書前提要」）。蓋李覯既保留《易數鈎隱圖》所列《河圖》、《洛書》、八卦等三圖，餘五十二圖悉數刪去（參註101），則其於《河》、《洛》之學，果如宗羲所言，亦承自劉牧也。

〔註104〕參見〔清〕黃宗羲撰：《易學象數論》，卷一，葉5～6。案：朱子此所引證邵雍、關朗之語，見於《易學啓蒙》「本圖書第一」所載《易傳》「河出圖，洛出書，聖人則之」條下。

〔註105〕參見〔清〕黃宗羲撰：《易學象數論》，卷一，葉5～6。

「邵子但言方圓之象，不指九十之數。若以象觀之，則九又圓於十矣。且星少陽，土少柔；偶者爲方爲陰，奇者爲圓爲陽，十偶而九奇，邵子之言反若有助於牧也。」

（2）駁二——宗羲以爲，朱子所引關氏之書乃僞作，誠不可爲證。雖劉因（靜修，1249～1293）爲之辯解，稱關氏之書並非僞作，乃後人依托關氏而僞其自作。宗羲反詰，曰：

「關氏書亡，阮逸僞作，安見非後人之托夫關氏乎？」

（3）駁三——宗羲以爲，鄭玄未嘗注《大戴禮》，於《漢書・藝文志》可考，而謂：

「今之所傳亦後人假托爲之也，其疏略不出於鄭氏明矣。況鄭氏明言『《河圖》九篇，《洛書》六篇』，豈又以九宮爲《洛書》，自背其說哉！」

朱彝尊嘗謂朱子時年五十有一，「猶主九爲《河圖》，後與蔡氏再三往復，始從其說」〔註106〕。雖然，宗羲以《河圖》之數十、《洛書》之數九，其說始於朱子無疑，而後儒相率而不敢違耳！〔註107〕就此而論，其師蕺山謂「後儒言《圖》、《書》相爲表裏，〔……〕，《圖》數體、《書》數用也。『體』以偶而全，『用』以奇而妙也」〔註108〕，即以《河圖》之數十、《洛書》之數九，亦涵蓋於此「後儒相率而不敢違」，而宗羲持默而不言耳！此外，宗羲以爲，朱子「三證」之論，固不足以貶黜劉牧「《河圖》之數九，《洛書》之數十」之說，即宋以前亦未嘗有將二數（九、十）附於《河圖》、《洛書》者；

---

〔註106〕參見〔清〕朱彝尊原著，業師林慶彰等編審，許維萍等點校：《經義考》（臺北：中央研究院文哲所籌備處，1997年），第二冊，頁786。

〔註107〕參見〔清〕黃宗羲撰：《易學象數論》，卷一，葉6。案：清儒李光地嘗引朱子〈答袁樞書〉之語曰：「以《河圖》、《洛書》爲不足信，自歐陽公以來，已有此說；然終無奈《顧命》、《繫辭》、《論語》皆有是言，而諸儒所傳二圖之數，雖有交互而無乖戾，順數逆推，縱橫曲直，皆有明法，不可得而破除也。至如《河圖》與《易》之天一至地十者合，而載天地五十有五之數，則固《易》之所自出也。《洛書》與《洪範》之初一至次九者合，而具九疇之數，則固《洪範》之所自出也。《繫辭》雖不言伏羲受《河圖》以作《易》，然所謂『仰觀俯察』、『遠求近取』，安知《河圖》非其中一事邪？」（參《周易折中》，卷十九，「《啓蒙》上」，頁1056）觀朱子所稱「諸儒所傳二圖之數，雖有交互而無乖戾」之「交互」二字，則其以《圖》數十、《書》數九，除據經傳所載外，實易諸儒之《圖》數九、《書》數十」而成之也。然則，宗羲此說，洵非枉語也。

〔註108〕參見戴璉璋、吳光主編：《劉宗周全集》，第一冊，「《周易古文鈔》上」，頁7。

故又曰：

> 自一至十之數，《易》也所有也；自一至十之方位，《易》之所無
> 也。一三五七九之合於天，二四六八十之合於地，《易》之所有也；
> 一六合，二七合，三八合，四九合，五十合，《易》之所無也。天
> 地之數，《易》之所有也；水火木金土之生成，《易》之所無也。
> 〔註109〕

然則，宗羲依經立論，非惟以「九」、「十」之數與《易》無涉，即《河圖》
之名、十數配方位、五行之生成，亦皆無關《易》之宏旨；其欲去後人添入
之病者，明矣！

至於宗羲嘗言：「晦翁曰：『談《易》者譬之燭籠，添得一條骨子，則障
了一路光明，若能盡去其障，使之統體光明，豈不更好？』斯言是也；奈何
添入康節之學，使之統體皆障乎！」〔註110〕竊以爲，朱子本以「燭籠添骨」
之病爲喻，伸其光明《易》道之初衷；而宗羲逕以《本義》添入邵雍之學（先、
後天圖），致其「統體皆障」，乃以晦翁之語，反譏其身，似可商榷！何也？

其一：通行本《本義》所列九圖，或好事之後學者添入，非必朱子《本
義》原貌〔註111〕。蓋《易學啓蒙》初刊於淳熙十三年（丙午，西元1186），
朱熹門人度正（1166〜1235）嘗云：「晦庵先生爲《易傳》（即《本義》），方
脫藁時，天下已盛傳之。正嘗以爲請，先生曰：『學者宜觀《啓蒙》。』時先
生已授後山蔡季通。則謂正曰：『子往取而觀之，《易》之學庶幾可求矣。』」
〔註112〕是《本義》當成書於《啓蒙》之後，故王懋竑（1668〜1741）謂《本
義》成於宋淳熙四年，實屬臆測〔註113〕！此外，度正又云：「後之學者觀之
《易傳》，則可見先生初年學《易》，所以發明《彖》、《象》、《文言》者如此；

---

〔註109〕 參見〔清〕黃宗羲撰：《易學象數論》，卷一，葉6〜7。

〔註110〕 參見沈善洪主編：《黃宗羲全集》，第九冊，《易學象數論・自序》，頁2。

〔註111〕 案：林師慶彰（1948〜）先生於〈明末清初經學研究的回歸原典運動〉一文
中，即謂先、後天圖自南宋初由朱震納入所著《漢上易傳》，其後復有人將其
附入朱子之《周易本義》（參《孔子研究》，1989年，第2期，頁102）；郭彧
於〈《周易本義》卷首九圖考辨〉（取自「傳統文化論文」網）一文中，則直
言此九圖原不附屬於《周易本義》，乃在於《易學啓蒙》。

〔註112〕 參見〔宋〕度正撰：《性善堂稿》（《四庫全書・集部・別集類》），卷十四，「書
《易學啓蒙》後」，葉9〜10。

〔註113〕 參見〔清〕王懋竑撰：《朱熹年譜》（北京：中華書局，1998年），頁82。案：
近人康全誠於〈朱熹《周易本義》試探〉（《遠東學報》2001年9月，第19
期，頁294〜296）一文中，對此有所考辨，可參。

觀之《啓蒙》，則可見先生後來學《易》，所以舉綱撮要、開示後學者如此。」〔註114〕此但言《本義》「發明《彖》、《象》、《文言》」之旨，未嘗提及先、後天諸圖；而朱熹於《本義》「筮儀」、「大衍之數」、「河出圖，洛出書，聖人則之」及「《易》有太極，是生兩儀」等章節下，更分別註記「卦變別有圖，說見《啓蒙》」、「此章言天地大衍之數、揲蓍求卦之法，然亦略矣！〔……〕《啓蒙》備言之」、「《河圖》、《洛書》詳見《啓蒙》」及「此數言者，實聖人作《易》自然之次第，有不假絲毫智力而成者。畫卦、揲蓍，其序皆然，詳見《序例》、《啓蒙》」〔註115〕。以此觀之，《周易本義》原無通行本所列「九圖」，蓋已明矣。

其二：即《本義》（實爲《易學啓蒙》）添入邵雍先、後天圖，亦爲朱子用以證其理、氣之論述，而非以之解《易》。故若以「統體皆障」浸潤《本義》全書之旨，恐有小疵大訐之虞，其於「《易》道廣大，無所不包」之《易》學發展，實無助益焉！況宗羲既視康節先、後天圖乃「一家之學」，而「朱子置之別傳，亦無不可」〔註116〕；則其齟齬之論，自有可議之處也。

此外，宋儒陳淳（安卿，1159～1223）嘗謂朱熹之《本義》「發揮邵《圖》之法象，申明程《傳》之旨趣，本末兼該，精粗具舉，推本四聖所以作述本然之義，而《易》道之盛，至是無餘蘊矣」〔註117〕；則《本義》乃兼具理、象，推本聖人之言，非有悖乎《易》道也。清儒顧炎武則曰：「洪武初，頒《五經》天下儒學，而《易》兼用程、朱二氏，亦各自爲書。永樂中修《大全》，乃取朱子卷次，割裂附之程傳之後〔……〕。於是朱子所定之古文，仍復混亂〔……〕。而《大全》之本，乃朝廷所頒，不敢輒改，遂即監板《傳》、《義》之本，刊去程《傳》，而以程之次序爲朱子次序，相傳且二百年矣。

〔註114〕參見〔宋〕度正撰：《性善堂稿》，卷十四，「書《易學啓蒙》後」，葉10。

〔註115〕參見〔宋〕朱熹撰：《周易本義》（臺北：大安出版社，1999年），頁10、245、249。案：朱子此稱《序例》者，或指伏義、文王卦序諸圖。潘雨廷先生於〈朱熹《周易本義》提要〉中亦謂「其曰《序例》，似即冠首附之九圖」（參《讀易提要》，頁168）；然潘氏以《本義》成書於《啓蒙》之前，故於此乃稱《本義》「雖成於淳熙四年，待《啓蒙》成後，必又經過修改」（參《讀易提要》，頁170）。顯然，潘氏此《本義》成於淳熙四年之說，乃據〔清〕王懋竑《朱熹年譜》所載。

〔註116〕參見沈善洪主編：《黃宗羲全集》，第七冊，《明儒學案・浙中王門學案三》，「尚書黃久菴先生綰」，頁319。

〔註117〕參見〔清〕朱彝尊原著，業師林慶彰等編審，許維萍等點校：《經義考》，第一冊，頁690。

惜乎！朱子定正之書，竟不得見於世，豈非此《經》之不幸也夫。」〔註118〕
又朱彝尊有云：「程子《易傳》依王輔嗣本，朱子《本義》用呂伯恭（祖謙）
本，原不相同。自克齋董氏合之，移朱子本以就程子之書〔……〕。今用之
三百年，習《易》者茫然不知《本義》元本。」〔註119〕依彝尊、炎武之說，
則《本義》與程《傳》合刊、甚至割裂卷次，或溯於宋，或迄乎明，顯然有
別；儘管如此，二人以《本義》已非原貌而有所嗟歎，則無異也。是以宗羲
直指《本義》「統體皆障」，恐有過當之虞！

### 4・駁五行配生成之數說

宗羲以為，世之言五行者，莫不本於生成之數；而九流之失，亦肇端於
此生成之數。蓋昔者稱天之「生數」為一三五、「成數」為七九，地之「生
數」為二四、「成數」為六八十，則天、地皆兼有生、成之氣，是為二物矣！
對此，宗羲駁曰：

> 夫太虛絪縕相感，止有一氣，無所謂天氣也，無所謂地氣也。夫自
> 其清通而不可見，則謂之天；自其凝滯而有形象，則謂之地。故曰
> 資始資生，又曰天施地生。〔註120〕

此謂天者氣清而不可見，地者氣凝滯而可視；前者猶形上之「道」，後者猶
形下之「器」。所謂「天生地成」即是此義，而皆為一氣之殊貌、一氣之殊
功也。故又曰：

> 一氣之流行，無時而息。當其和也為春，是木之行；和之至而溫為
> 夏，是火之行；溫之殺而涼為秋，是金之行；涼之至而寒為冬，是
> 水之行；寒之殺則又和，木火金水之化生萬物，其凝之之性即土。
> 蓋木火金水土，目雖五而氣則一，皆天也；其成形而為萬物，皆地
> 也。〔註121〕

宗羲以天地間唯一氣耳，一氣流行而五行生焉，春為木，夏為火、秋為金，
冬為水，四時凝滯之性為土；即以五行配四時之運行，而萬物從中資始、資
生矣。至於以五行配生成之數者，宗羲則詰之曰：

> 若以水木土天之所生，火金地之所生，則春冬屬天，夏秋屬地，五
> 行各有分屬。一氣循環，忽截而為天，忽截而為地，恐無此法象矣。

---

〔註118〕同前註，頁698。
〔註119〕同前註，頁699～700。案：所謂「克齋董氏」，即指宋儒董楷（正叔）。
〔註120〕參見〔清〕黃宗羲撰：《易學象數論》，卷一，葉7。
〔註121〕同前註，葉7～8。

〔註122〕

夫以水木土分屬一三五，爲天之生數；火金分屬二四，爲地之生數；此前人之說也。依此，則春木、冬水爲天，夏火、秋金爲地，五行乃爲天地所分屬，則一氣之流行，忽截爲天，忽截爲地，其象殊異而無所統矣。故宗羲以爲，稱一水、二火、三木、四金、五土者，乃視五行爲形質，而以其「輕重」爲數序之寡多、先後，即土重於金、金重於木、木重於火、火重於水；然「方其爲氣，豈有輕重之可言！未聞涼重於溫，寒輕於和也。則知天一至地十之數，於五行無與矣」〔註123〕。

宗羲既駁五行配生成之數說，乃謂：

> 言五行天生地成，可也；言地生天成，不可也。言奇數屬天，偶數
>
> 屬地，可也；言某行屬奇數，某行屬偶數，不可也。〔註124〕

以此觀之，宗羲以氣之流行無天、地之別，以天地奇偶之數與五行無涉，乃以《彖傳》「乾元」萬物資始、「坤元」萬物資生，以及《繫辭上傳》所載「天一地二」爲依歸，凡逾此之論者，皆極力駁之。就此而論，蕺山先生所言「喜屬木，少陽；樂屬火，太陽；怒屬金，少陰；哀屬水，太陰。然天一生水，地六成之；地二生火，天七成之；天三生木，地八成之；地四生金，天九成之。四氣之中，又莫不各有陰陽」〔註125〕，其「天一生水，地六成之；地二生火，天七成之；天三生木，地八成之；地四生金，天九成之」之說，顯然不合於宗羲所持念；即宗羲所駁者，劉氏已寓其中矣！至於「喜屬木」、「樂屬火」、「怒屬金」、「哀屬水」及「四氣之中，又莫不各有陰陽」者，其「四氣」猶宗羲所稱「一氣」之「目」，非眞有四氣也；此從其「唯先師體當喜怒哀樂一氣之通，復不假品節限制，而中和之德自然流行於日用動靜之間。獨體如是，猶天以一氣進退，平分四時，溫涼寒燠，不爽其則。一歲如此，萬古如此」〔註126〕之語，即可窺知。

---

〔註122〕同前註，葉8。

〔註123〕同前註。

〔註124〕同前註。案：胡渭於宗羲此「言五行天生地成，可也；言地生天成，不可也」之語，乃贊云：「梨洲之言可謂明且清矣。」並附之曰：「氣象皆在天，形質皆在地，『地道无成而代有終』，五行無地生天成之理也。」（參《易圖明辨》，卷二，頁35）

〔註125〕參見沈善洪主編：《黃宗羲全集》，第一冊，「《子劉子學言》，卷二」，頁296。

〔註126〕同前註，第十冊，「先師蕺山先生文集序」，頁53。

### 5・駁天地之數配八卦方位說

宗羲以爲，天地之數配卦之論，始於崔憬（？），所謂「〈艮〉爲少陽，其數三；〈坎〉爲中陽，其數五；〈震〉爲長陽，其數七；〈乾〉爲老陽，其數九；〈兌〉爲少陰，其數二；〈離〉爲中陰，其數十；〈巽〉爲長陰，其數八；〈坤〉爲老陰，其數六」〔註127〕者，然「憬但言其數，不言其位」〔註128〕；劉牧則以六爲水、七爲火、八爲木、九爲金，分屬於〈坎〉、〈離〉、〈震〉、〈兌〉四卦，其說未爲不可，然以六居〈坎〉而生〈乾〉、九居〈兌〉而生〈坤〉、八居〈震〉而生〈艮〉、七居〈離〉而生〈巽〉，則不可通矣〔註129〕。至朱熹「主先天之說，以〈乾〉南〈坤〉北者，伏羲之卦位也；〈離〉南〈坎〉北者，文王之卦位也。《河圖》出於宓戲，其時尚無〈離〉南〈坎〉北之位，硬以〈乾〉南〈坤〉北配之，則更無一合者矣」〔註130〕！蓋朱子嘗云：

> 《河圖》之虛五與十者，太極也。奇數二十、偶數二十者，兩儀也。以一二三四爲六七八九者，四象也。析四方之合，以爲〈乾〉、〈坤〉、〈離〉、〈坎〉；補四隅之空，以爲〈兌〉、〈震〉、〈巽〉、〈艮〉者，八卦也。〔註131〕

所謂「《河圖》之虛五與十」者，即《河圖》中「五」、「十」之數，而朱子稱其爲「太極」；「奇數二十，偶數二十」者，即《河圖》中一三七九、二四六八之和數，而朱子稱其爲「兩儀」；「以一二三四爲六七八九者」，即《河圖》中一六、二七、三八、四九之位數，而朱子稱其爲「四象」。至於「析四方之合，以爲〈乾〉、〈坤〉、〈離〉、〈坎〉；補四隅之空，以爲〈兌〉、〈震〉、〈巽〉、〈艮〉」者，即所謂「伏羲之卦位」；而宗羲駁朱子「先天之說」，即著眼於此

〔註127〕參見〔清〕黃宗羲撰：《易學象數論》，卷一，葉8～9。
〔註128〕同前註，葉9。案：崔憬之注《易》，一方面於漢《易》象數之學，乃擇其善而吸納之，審其劣者而去除之；另一方面對王弼「忘象」之說亦不苟同。誠如朱伯崑所言：「崔憬對《周易》體例的理解，以取象說爲主，但又不排斥取義說，既不同于王弼的《易》學，又不因襲漢《易》的象數之學。他強調取象，重視卦象，主張通過卦象研究《易》理，這在當時是對王弼派《易》學的一種打擊。」（《易學哲學史》，第一卷，頁442）
〔註129〕同前註。案：蓋劉牧嘗言：「五行成數者，水數六、金數九、火數七、木數八也。水居〈坎〉而生〈乾〉，金居〈兌〉而生〈坤〉，火居〈離〉而生〈巽〉，木居〈震〉而生〈艮〉。」（參《四庫》本《易數鈎隱圖》，卷上，葉11）故宗羲有此論。
〔註130〕同前註。
〔註131〕同前註。案：此爲《易學啓蒙》（卷之一）原文。

處，且曰：

> 天下之物一人以爲然，千萬人以爲然，其爲物也不遠矣。一人可指
> 之爲此，又一人可指之爲彼，其爲物也無定名矣。故以天地之數配
> 八卦者，皆非定名也。〔註132〕

宗羲所稱「一人」，雖無具體指涉，然從前後文意推之，蓋針對朱子發論，
其批判之意甚明；而「以天地之數配八卦者，皆非定名」，仍本諸廓清經傳
原貌爲旨歸，此從其「《河圖》出於宓戲，其時尚無〈離〉南〈坎〉北之位」
之語，即可窺知。雖然，宗羲嘗言「〈離〉南〈坎〉北之位見於經文，而卦
爻所指之方亦與之相合，是亦可以無疑矣」〔註133〕，則宗羲非斥「〈離〉南
〈坎〉北」之說，乃駁以經傳之文而套諸《河圖》者。

### 6・辨《龍圖序》暨三圖

　　宋儒王湜嘗謂《先天圖》（指《龍圖》）傳自希夷，前此則莫知其源〔註134〕！
宗羲以爲，陳摶《龍圖序》以十爲《河圖》，而朱子不取之以證劉牧「九爲
《河圖》」之非者，以其爲假書也。何以知之？一者，《龍圖序》謂河出未合
之圖，伏羲合而用之，是伏羲畫卦又畫圖矣！二者，《繫辭上傳》所載「天
數二十五」、「地數三十」，乃分別爲一三五七九、二四六八十之積數，而《龍
圖序》則以上位爲一二三四五十、下位爲六七八九，將「天數」混於「地數」
之中、「地數」混於「天數」之中，則上位「一二三四五十」、下位「六七八
九」，豈不成爲「天數六」、「地數四」，此顯然有違《繫辭上傳》所載「天數
五」、「地數五」。故宗羲謂《龍圖序》「既以其數託之於《易》，又與《易》
背，宜乎朱子以爲假也」〔註135〕。雖然，宗羲嘗指前人解《龍圖》「不勝支
離」，乃駁正之，「以復希夷之舊」〔註136〕；言下之意，《龍圖》乃肇端於希

---

〔註132〕同前註，葉9～10。
〔註133〕同前註，葉22。
〔註134〕參見〔清〕朱彝尊原著，業師林慶彰等編審，許維萍等點校：《經義考》，第
　　　　一冊，頁348。
〔註135〕參見〔清〕黃宗羲撰：《易學象數論》，卷一，葉11。
〔註136〕同前註。案：清儒張惠言（1761～1802）嘗云：「宋道士陳摶以意造爲《龍圖》，
　　　　其徒劉牧以爲《易》之『河圖』、『洛書』也；河南邵雍又爲先天、後天之圖，
　　　　宋之說《易》者，翕然宗之，以至於今，牢不可拔，而《易》陰陽之大義，
　　　　蓋盡晦矣！」（參廣文書局據《皇清經解》印行之《張惠言易學十書》，「《周
　　　　易虞氏義・序》」，頁4～5）然則，以陳摶意造之《龍圖》，推而爲《河圖》、
　　　　《洛書》，復衍而爲先、後天圖，自宋至清中葉，皆能活躍於學術殿堂；即有
　　　　宗羲批判在先，宗炎、毛奇齡、胡渭踵其後，亦未能使此氛圍有所歇也。

夷也。

至於「三圖」底蘊，即載於《龍圖序》中，其文曰：

> 原夫龍馬負《圖》，出於義皇之代，在太古之先。今存已合之位，
> 猶或疑之，況更陳其未合之數耶？然則何以知之？答曰：「於仲尼
> 三陳九卦之義探其旨，所以知之也。」且夫天之垂象，的如貫珠，
> 少有差忒，則不成次序，故自一至於盈萬，皆累累然如絲之於縷
> 也。使《龍圖》本合，則聖人不得見其象矣，所以天意先未合而
> 形其象，聖人觀象而明其用。是《龍圖》者，天散而示之，伏羲
> 合而陳之，仲尼默而形之者也。其未合也，惟五十五數。上二十
> 五，天數也，中貫三、五、九，外包十五，盡天三、天五、天九，
> 并五十之用，後形一六无位，又顯二十四之爲用也，茲所謂「天
> 垂象」矣。下三十，地數也，亦分五位，皆明五之用也，十分而
> 爲六，形地之象焉。六分而成四象，地六不配。在上則一不動，
> 形二十四；在下則六不用，亦形二十四。其既合也，天一居上，
> 爲道之宗；地六居下，爲氣之本。天三幹地二，地四爲之用。三
> 若在陽則避孤陰，在陰則避寡陽。大矣哉！《龍圖》之變，岐分
> 萬途，今略述其梗概焉。〔註137〕

宗羲以爲，「未合之位」，爲河之所出；「已合之位」，即今之所謂《河圖》，爲
伏羲所成〔註138〕。自「未合」至「已合」，其圖有三，猶「九卦」之三陳，然
無取於卦義也。茲將三圖之蘊，陳述於下：

（1）「其未合也，惟五十五數。上二十五，天數也」者，如圖一（上位）。

（2）「中貫三、五、九」者，就圖一而言，中五從三爲「中貫三」，中五
居中爲「中貫五」，上五、中五、下五之從爲「中貫九」。去其所從之九，又
去「无位」之一，分之四方中央（十五之數），則凡五行之「生數」皆天數之
所成，如圖二（上位）。

---

〔註137〕 參見〔清〕朱彝尊原著，業師林慶彰等編審，許維萍等點校：《經義考》，第
　　　　 一冊，頁347～348。案：「亦分五位」，點校本作「六分五位」，今據《四庫》
　　　　 本《易學象數論》改之；「天三幹地二，地四爲之用，三若在陽則避孤陰」一
　　　　 語，點校本作「天三幹地二、地四爲之。用三若在陽則避孤陰」，斷句似有不
　　　　 諧，此逕改之。
〔註138〕 參見〔清〕黃宗羲撰：《易學象數論》，卷一，葉12。

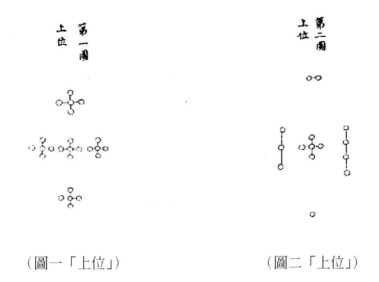

（圖一「上位」）　　　　　　　（圖二「上位」）

　　（3）「下三十，地數也，亦分五位」者，以三十分爲五位（四方中央），每位得六，如圖一（下位）。

　　（4）「六分而成四象，地六不配」者，取中央之六，分其一配南爲七，分其二配東爲八，分其三配西爲九，中央更無餘分，故下六不配。凡五行之「成數」皆地數所分，如圖二（下位）。

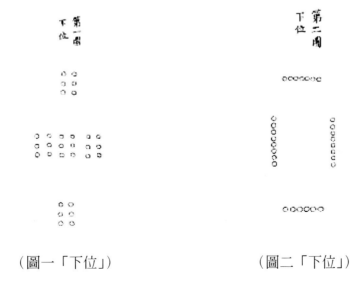

（圖一「下位」）　　　　　　　（圖二「下位」）

圖一、圖二皆爲「未合」之位。所謂「在上則一不動，形二十四」者，圖二「上位」所示之五行「生數」雖爲十五，而天數固爲二十五，一不動（不用），

則為二十四；「在下則六不用，亦形二十四」者，圖二「下位」所示之五行「成數」雖為三十，然依圖一「下位」四方各六，則中六不用，亦為二十四也。

（5）「天一居上為道之宗；地六居下為氣之本」者，將圖二之「上位」與「下位」合一，天一居上（在「上位」）故謂之「上」，地六居下（在「下位」）故謂之「下」，非言「一」南而「六」北；此為「已合」之圖，即宗羲所謂「《河圖》」也。

至於「天三幹地二，地四為之用。三若在陽則避孤陰，在陰則避寡陽」者，天三統地二、地四而成「九」，五行成數六七八九十，積之得「四十」，二數相加，合大衍之數「其用四十九」。五行生數一二三四五，其一三五之位可成八卦（三爻），故稱「三」，而二、四（僅二位）不成卦體（無「中正」），故不為用。在陽則為「孤陰」（不及五行生數之半），二、四是也；在陰則「寡陽」（不及五行成數之半），七、九是也；二者「三」皆不處之，故謂之「避」。然則，避去「二、四」（孤陰）與「七、九」（寡陽），存者唯「一三五」（五行生數）、「六八十」（五行成數），故一三五則三在陽，六八十則三在陰，亦可推也。

（二）論先天、方位之謬

1・駁邵雍「先天橫圖」說

《繫辭上傳》載：「《易》有太極，是生兩儀，兩儀生四象，四象生八卦。」邵雍據此而作〈伏羲八卦次序圖〉，即「先天橫圖」。其謂「兩儀」者，陰（──）、陽（──）也；「四象」者，太陽、少陰、少陽、太陰也（皆為二畫）；「八卦」者，依序為〈乾〉一、〈兌〉二、〈離〉三、〈震〉四、〈巽〉五、〈坎〉六、〈艮〉七、〈坤〉八也（皆為三畫）。宗羲對邵雍之「先天橫圖」說，頗不以為然，乃依《易》之生兩、生四、生八，一一駁之；其內容大略如下〔註139〕：

（1）「兩儀」固為一陰一陽，然此「一陰」已括一百九十二爻之偶，「一陽」已括一百九十二爻之奇，故「兩儀」者，乃三百八十四爻之統稱，非以兩畫名之。陰陽為氣，爻畫為質，一旦稱爻，則位已定，豈能以此位生彼位耶！

---

〔註139〕同前註，葉16～18。

（2）「四象」固為老陽、老陰、少陽、少陰，然「老陽」指〈乾〉☰，三奇者，老陽之象；「老陰」指〈坤〉☷，三偶者，老陰之象；「少陽」指〈震〉☳、〈坎〉☵、〈艮〉☶，一奇二偶者，少陽之象；「少陰」指〈巽〉☴、〈離〉☲、〈兌〉☱，一偶二奇者，少陰之象。故「三畫」之八卦，即「四象」，非邵雍「二畫」之稱也。

（3）《繫辭下傳》謂「陽卦多陰，陰卦多陽」，則〈震〉、〈艮〉為陽卦，〈巽〉、〈兌〉為陰卦，無疑也；而邵雍反以〈兌〉為老陽，〈震〉為少陰，〈巽〉為少陽，〈艮〉為老陰，其違於《易》文者明矣。

（4）八卦之排列，《說卦》以〈乾〉、〈坤〉、〈震〉、〈巽〉、〈坎〉、〈離〉、〈艮〉、〈兌〉為序；而邵雍易為〈乾〉一、〈兌〉二、〈離〉三、〈震〉四、〈巽〉五、〈坎〉六、〈艮〉七、〈坤〉八，以飾其「先天橫圖」之左陰右陽。

（5）《周禮·太卜》載太卜掌三《易》之法，「其經卦皆八，其別皆六十有四」；〈占人〉亦有「以八卦占筮之八故」之語，則六十四卦統言之，皆謂之「八卦」；且內卦為貞、外卦為悔，舉貞可以該悔！不然，則「八卦」何以「定吉凶」？《繫辭下傳》所載包犧氏「始作八卦」，其下文即有取諸〈益〉至〈夬〉等十卦，則「八卦」該「六十四卦」，可無疑矣。

（6）《繫辭上傳》所載生二、生四、生八之「生」，即「生生之謂《易》」之「生」，非謂「次第而生」也；邵雍所言「生十六」、「生三十二」、「生六十四」之演化，為《易》所無；且《易》言「因而重之」者，生十六、生三十二、生六十四，乃積累而成，豈可謂「重」乎？

觀宗羲所言，固本諸《易》文，而承襲之跡亦可尋也。蓋宋儒黃震（東發）即指康節「援「《易》有太極，是生兩儀，兩儀生四象，四象生八卦」，曰：『此先天之卦畫。』〔……〕。其法自一畫而二，二而四，四而八，八而十六，十六而三十二，三十二而六十四。然生兩、生四、生八，《易》有之矣；生十六、生三十二，《易》此章有之否邪」〔註140〕？蕺山則直稱「六十四卦，八卦也；八卦，四象也；四象，一陰陽也；陰陽，一太極也」〔註141〕，且「因而重之」者，「六十四卦之法，而非兩儀、四象生出之法也。天地之間，陰變

---

〔註140〕參見沈善洪主編：《黃宗羲全集》，第六冊，《宋元學案》，卷八十六，「東發學案·讀易」，頁406。

〔註141〕參見戴璉璋、吳光主編：《劉宗周全集》，第一冊，「《周易古文鈔·小引》」，頁4。

陽化，自是掌理，《易》之所以爲《易》者以之。舍《易》道不言，而必求之一每生二之說，是囿於死數而不知變也；邵子之《易》以之〔註 142〕；況「《易》止言八卦、六十四卦耳，並無所謂十六卦、三十二卦也。卦每六爻耳，並無所謂四爻之卦、五爻之卦也。〔……〕。故謂一卦可變而爲六十四卦、卦卦可變而爲六十四卦，則可；謂六十四卦可變而爲一百二十八卦，則不可」〔註 143〕；此外，又以「分合」詮釋八卦與兩儀四象之關係，謂「八卦者，合而言之，即四象之撰；分而言之，又兩儀四象之撰也」〔註 144〕、「八卦者，儀象之妙蘊，非四象之外，又有八卦也」〔註 145〕，所謂「四象生八卦」者，但言「八卦由此而生，非必以太陽生〈乾〉、〈兌〉，少陰生〈離〉、〈震〉」〔註 146〕。凡此，皆宗羲此論之資也；雖然，若稍加推敲，其間多有可議者。茲概述如下：

其一：依宗羲所言，「兩儀」乃三百八十四爻之統稱，「四象」即三畫之八卦，「八卦」爲六十四卦；而「生二」、「生四」、「生八」之「生」，亦非「次第而生」之謂。若此，則「兩儀」所統之三百八十四爻，已可成就「八卦」（六十四卦），何需再以「四象」（三畫之八卦）置入其中，徒增畫蛇之累。

其二：宗羲謂「四象」（老陽、老陰、少陽、少陰）即三畫之八卦，以奇偶之數言之，似可擬議；然觀其「八卦」爲六十四卦之論，若以「陽卦多陰，陰卦多陽」（《繫辭下傳》）覈之，則六爻爲三陽三陰者，諸如〈否〉、〈泰〉、〈既濟〉、〈未濟〉、〈損〉、〈益〉……等二十卦，其於「老陽」、「老陰」、「少陽」、「少陰」四象，何所歸依？是可議者也。

其三：邵雍以〈兌〉歸之「老陽」、〈巽〉歸之「少陽」、〈震〉歸之「少陰」、〈艮〉歸之「老陰」，固有違於《繫辭下傳》所載「陽卦多陰，陰卦多陽」；然宗羲據《說卦》以〈乾〉、〈坤〉、〈震〉、〈巽〉、〈坎〉、〈離〉、〈艮〉、〈兌〉爲序，遂非邵雍〈乾〉一、〈兌〉二、〈離〉三、〈震〉四、〈巽〉五、〈坎〉六、〈艮〉七、〈坤〉八之說，則恐有獨斷之嫌！蓋《說卦》之論八卦，起於「天地定位」章，然未有述及八卦之序。至第四章，乃有「雷以動之，風以散之，雨以潤之，日以烜之。〈艮〉以止之，〈兌〉以說之，〈乾〉以君

〔註 142〕同前註，「《周易古文鈔‧圖說》」，頁 12。
〔註 143〕同前註，頁 15。
〔註 144〕同前註，頁 13。
〔註 145〕同前註。
〔註 146〕同前註。

之，〈坤〉以藏之」〔註147〕之說，第五章謂「帝出乎〈震〉，齊乎〈巽〉，相見乎〈離〉，致役乎〈坤〉，說言乎〈兌〉，戰乎〈乾〉，勞乎〈坎〉，成言乎〈艮〉」〔註148〕，第六章則先後以「雷」、「風」、「火」、「澤」、「水」、「艮」為論；然皆非以〈乾〉、〈坤〉、〈震〉、〈巽〉、〈坎〉、〈離〉、〈艮〉、〈兌〉為序也。《說卦》之依〈乾〉、〈坤〉、〈震〉、〈巽〉、〈坎〉、〈離〉、〈艮〉、〈兌〉論說者，始自第七章，終於第十一章；其中，第十章以「父」喻〈乾〉、以「母」喻〈坤〉，而有「一索」、「再索」、「三索」之論〔註149〕，乃藉八卦「三畫」之陰陽變化，以成其男女、長幼之倫序，豈可遽謂之為「八卦次序」〔註150〕？至於其它，但論及八卦象徵之義，亦未嘗有「次序」之明文；再者，宗羲既指「生二」之「生」非「次第而生」，則其反以《說卦》所論而非邵雍八卦之序，豈能自圓其說！況乎邵雍八卦生成之說，本非依《說卦》立論，乃藉由對《易》道之體會，進而有此理論建構；誠如林師慶彰先生所言，邵雍之八卦次序，「只能說不合《周易》，不能說它不合《易》理」〔註151〕。

其四：宗羲以《周禮》「其經卦皆八，其別皆六十有四」（〈太卜〉）及「以八卦占筮之八故」（〈占人〉）之說，並《繫辭下傳》所載包犧氏「始作八卦」與下文「蓋取諸」〈益〉至〈夬〉等卦之論〔註152〕，而言「八卦」該六十四卦。竊以為，《周禮》謂《連山》、《歸藏》、《周易》「其經卦皆八」者，其「八」字當指彼等三畫之八卦，故稱「經」；「其別皆六十有四」者，其「別」字則有八卦「相重」之義，用以「別」於八卦，而非謂「八卦」即「六十四卦」。至於「以八卦占筮之八故」者，其「八卦」二字或為時人概括「六十四卦」之用語，乃生活日用之習稱，而宗羲以之證成「生八」之「八」即「六十四卦」，亦可商榷也。又包犧氏「始作八卦」之語，其下所繫唯〈離〉一卦，此或為三畫之八卦，故宗羲避而不談，乃取其下〈益〉至〈夬〉等卦而論之；然《易》文自〈益〉至〈夬〉之論述，皆在「包犧氏沒」〔註153〕之後，豈有

〔註147〕參見〔魏〕王弼注，〔唐〕孔穎達疏，〔清〕阮元校勘：《周易正義》，《十三經注疏》（臺北：藝文印書館，1997年），卷九，頁183。

〔註148〕同前註。

〔註149〕同前註，頁185。

〔註150〕參見〔清〕黃宗羲撰：《易學象數論》，卷一，葉17。

〔註151〕參見業師林慶彰撰：《清初的群經辨偽學》，頁90。

〔註152〕參見〔魏〕王弼注，〔唐〕孔穎達疏，〔清〕阮元校勘：《周易正義》，《十三經注疏》，卷八，頁167～168。

〔註153〕同前註。

人死復可起而作卦之事耶！而宗羲以此證其「八卦」即「六十四卦」，自有齟齬之弊矣！

其五：邵雍「生十六」、「生三十二」、「生六十四」之說，於《易》固無明載，然其依《繫辭上傳》所載「生二」、「生四」、「生八」而加以演化，以建構其形上哲學理論體系，仍具學術價值與歷史意義！況乎《易》有「生生」之義、「重之」之載，以此覈於邵雍所論，亦不能謂為臆造；近人馮友蘭（1895～1990）先生即指邵雍之「宇宙發生論」（即「先天橫圖」），乃從《易經》發展而來〔註154〕。此外，宗羲以邵氏「生十六」、「生三十二」、「生六十四」乃積累而成，故不可謂之「重」；然究竟如何「積累」？「重」之底蘊為何？其言闕如，此亦駁論不足之處矣！

竊以為，宗羲此駁邵雍「八卦生成」、「生十六」、「生三十二」、「生六十四」諸說，其識見猶謂朱子添入邵雍先、後天圖，致《本義》「統體皆障」，皆止於經學考辨之域，而未能升至哲學建構之衢；雖然，若衡其評述之初衷，則亦不必倚此而深詰之也。

### 2・駁邵雍「先天方位圖」說

《說卦》載：「天地定位，山澤通氣，雷風相薄，水火不相射，八卦相錯。數往者順，知來者逆。」邵雍據此而作〈乾〉南、〈坤〉北、〈離〉東、〈坎〉西、〈震〉東北、〈兌〉東南、〈巽〉西南、〈艮〉西北之圖；繼而為之解說，曰：「『數往者順』，若順天而行，是左旋也，皆已生之卦也，故云『數往』也。『知來者逆』，若逆天而行，是右行也，皆未生之卦也，故云『知來』也。」〔註155〕依其言，則從〈震〉四→〈離〉三→〈兌〉二→〈乾〉一者，為順天之序，皆已生之卦也；從〈巽〉五→〈坎〉六→〈艮〉七→〈坤〉八者，為逆天之序，皆未生之卦也。邵雍復以此〈伏羲八卦方位圖〉，即「先天方位圖」〔註156〕，推演成〈伏羲六十四卦方位圖〉。雖然，八卦之方位見諸《說卦》「帝出乎震」章，其文曰：

萬物出乎〈震〉，震，東方也。齊乎〈巽〉，巽，東南也。〔……〕。

〈離〉也者，明也，萬物皆相見，南方之卦也。〔……〕。〈坤〉也

---

〔註154〕參見馮友蘭撰：《中國哲學簡史》（北京：北京大學出版社，2001年），頁232。

〔註155〕參見沈善洪主編：《黃宗羲全集》，第三冊，《宋元學案》卷十，〈百源學案下〉，頁468～472。

〔註156〕案：稱之「先天」者，所以推原伏羲「始作八卦」，故謂之「先天」，而繫以「伏羲」之名。

者，地也，萬物皆致養焉〔……〕。〈兌〉，正秋也，萬物之所說也。
〔……〕〈乾〉，西北之卦也，言陰陽相薄也。〈坎〉者，水也，正
北方之卦也。〔……〕。〈艮〉，東北之卦也。〔註157〕

此八卦方位之論，即宋人所傳〈文王八卦方位圖〉〔註158〕之本源；雖然，
宗羲以爲，「畫卦之時，即有此位。《易》不始於文王，則方位亦不始於文王，
故不當云『文王八卦方位』也」〔註159〕。夫宗羲此言，或承其師也；蕺山
嘗言：「『帝出乎震』一章，蓋序造化四時八節之氣，自元而亨利貞，以時運
旋其象，有如此者，而邵子圖之，以爲此文王後天之《易》，豈文王以前言
《易》者，不得有四時八節之氣乎？〔……〕。總之，《易》一而已，作《易》
者一人而已。文王止以次序，自別於夏、商，而《繫》、《象》互有損益，仍
還之伏羲而止，安得別有所謂文王之《易》哉？後人輒圖之，而象之種種穿
鑿附會之。甚矣！其闇於大道也。」〔註160〕

　故宗羲謂邵雍捨此（「帝出乎震」一章）而另據《說卦》「天地定位」章，
以發其「先天」之說，誠「非所據而據」〔註161〕，乃駁之曰：

「天地定位」，言天位乎上，地位乎下，未聞南上而北下也。「山澤
通氣」，山必資乎澤，澤必出乎山，其氣相通，無往不然，奚取其相
對乎？「雷風相薄」，〈震〉居東，〈巽〉居東南，遇近而合，故言相
薄，遠之則不能薄矣。東北爲寅，時方正月，豈雷發聲之時耶？「水
火不相射」，南方炎，北方寒，猶之冬寒夏熱也；〈離〉東〈坎〉西，
是指春熱秋寒，誰其信之？此皆先儒所已言者，某則即以邵子所據

---

〔註157〕參見〔魏〕王弼注，〔唐〕孔穎達疏，〔清〕阮元校勘：《周易正義》，《十三
　　　　經注疏》，卷九，頁184。
〔註158〕案：〈文王八卦方位圖〉即「後天八卦方位圖」。稱之「後天」者，乃就其「方
　　　　位」而言，諸如〈坤〉卦辭「西南得朋，東北喪朋」、〈蹇〉卦辭「利西南，
　　　　不利東北」、〈解〉卦辭「利西南」之屬；或以其爲文王所繫之辭，治經者遂
　　　　爲之《圖》，故謂之「後天」，而繫以「文王」之名。對此，清儒戴震則謂「凡
　　　　《圖》特以釋經，使學者易尋者耳」；不知者妄意文王曾爲此「八卦方位」之
　　　　《圖》，「則大惑矣」（參《戴震全書》，第二冊，「先後天圖」，頁386～387）！
〔註159〕參見〔清〕黃宗羲撰：《易學象數論》，卷一，葉22。
〔註160〕參見沈善洪主編：《黃宗羲全集》，第一冊，《子劉子學言》，卷二，頁304。
〔註161〕參見〔清〕黃宗羲撰：《易學象數論》，卷一，葉19。案：宗羲於〈再答忍菴
　　　　宗兄書〉中亦云：「夫先、後天之說，出於道家，邵子援之入《易》。《易》之
　　　　『先天而天勿（弗）違，後天而奉天時』，以人事言之，未嘗分伏羲爲先天、
　　　　文王爲後天。」（參《黃宗羲全集》，第十冊，頁228）

者，破邵子之説。〔註162〕

所謂「以邵子所據者，破邵子之説」，其猶朱子「三證」而宗羲「三駁」之（前文），乃宗羲批判之一法。依其意，邵雍所作「先天方位圖」（〈伏羲八卦方位圖〉）以〈乾〉南〈坤〉北，既違《說卦》「天地定位」之旨，其以〈艮〉居西北、〈兌〉居東南，致二者遙遙相對，復曲解「山澤通氣」之義；而〈離〉東〈坎〉西之設，益添其「春熱秋寒」之謬矣！故又云：

> 「天地定位」四句，正爲〈離〉南〈坎〉北之方位而言也。何所容先天之説雜其中耶！且卦爻之言方位者，西南皆指〈坤〉，東北皆指〈艮〉，南狩、南征必爲〈離〉，西山、西郊必爲〈兌〉。使有〈乾〉南〈坤〉北之位在其先，不應卦爻無闌入之者。〔……〕。則左旋、右行之説，益不足憑耳。〔註163〕

夫宗羲於八卦方位之持論，蓋皆有所據，且盡爲清儒張惠言（1761～1802）於《易圖條辨》中所羅致、援引〔註164〕；而此固「先儒所已言」者。宋儒黃震即指邵雍「援《易》言『天地定位，山澤通氣，雷風相薄，水火不相射』，曰：『此先天之卦位也。』於是盡變《易》中〈離〉南、〈坎〉北之説，與凡〈震〉東方卦、〈兌〉西方卦之説，而以〈乾〉南、〈坤〉北爲伏羲先天之卦位。其説以〈離〉爲東，以〈坎〉爲西，以〈兌〉、〈巽〉爲東南、西南，以〈震〉、〈艮〉爲東北、西北。然『天地定位』，安知非指天位乎上、地位乎下而言？南方炎爲火，北方寒爲水，亦未見〈離〉與〈坎〉之果屬東與西，而可移〈離〉、〈坎〉之位以位〈乾〉、〈坤〉也；《易》之此章，果有此位置之意否邪？〔……〕謂出於孔子，孔子無先天之説也；謂出於伏羲，伏羲未有《易》之書也」〔註165〕；劉蕺山亦言：「《易傳》『天地定位』一節，乃造化陰陽配合自然之理，非有所爲〈乾〉南〈坤〉北、〈離〉東〈坎〉西之説，而處之有定位也，乃邵子圖之，以爲此伏羲先天之《易》，豈伏羲而後言《易》者，天地不當定位，水火不必相濟乎？」〔註166〕至於「左旋」、「右行」，竊

---

〔註162〕同前註。
〔註163〕同前註，葉20。
〔註164〕參見〔清〕張惠言撰：《易圖條辨》，收入《張惠言易學十書》（臺北：廣文書局，1977年），頁1013～1016。
〔註165〕參見沈善洪主編：《黃宗羲全集》，第六冊，《宋元學案》，卷八十六，「東發學案・讀易」，頁406～407。
〔註166〕同前註，第一冊，「《子劉子學言》，卷二」，頁303～304。

以二者乃氣之變化流轉概念，既是變化流轉，其時順時逆，猶日月之往來、四時之更迭，乃自然之道也；然若以之用於八卦方位，而定以〈乾〉南、〈坤〉北之勢，即邵雍所稱「〈乾〉、〈坤〉縱而六子橫」〔註167〕，亦可謂「一人之私言」〔註168〕矣！

　　此外，宗羲以劉牧《鉤深索隱圖》(即《易數鉤隱圖》)所列〈乾〉與〈坤〉、〈艮〉與〈兌〉、〈震〉與〈巽〉、〈坎〉與〈離〉，其和數皆為「九」，正合於《說卦》所載「天(〈乾〉一)地(〈坤〉八)定位，山(〈艮〉七)澤(〈兌〉二)通氣，雷(〈震〉四)風(〈巽〉五)相薄，水(〈坎〉六)火(〈離〉三)不相射」，則「《先天圖》之傳，不僅邵氏得之」〔註169〕；而朱子稱「宓戲四圖，其說皆出自邵氏」〔註170〕。就此而論，宗羲實有咎朱失實之意矣！

### 3‧論邵雍「天根月窟」說

　　邵雍之「天根月窟」說，乃因《先天圖》而創，宗羲謂之如《參同契》「〈乾〉、〈坤〉門戶」、「牝牡」之論也〔註171〕。所謂「天根月窟」者，以八卦言之，〈坤〉、〈震〉之間為一陽所生之處，故曰「天根」；〈乾〉、〈巽〉之間為一陰所生之處，故曰「月窟」〔註172〕。以六十四卦言之，「天根」為〈復〉(為一陽之生處)、「月窟」為〈姤〉(為一陰之生處)，此朱熹之說；或以十一月為「天根」、五月為「月窟」者，蓋以十二辟卦為言也〔註173〕。至於「三

---

〔註167〕參見〔清〕黃宗羲撰：《易學象數論》，卷一，葉24。

〔註168〕同前註，葉20。案：清儒皮錫瑞亦嘗言：〈乾〉南〈坤〉北者，是〈乾〉為君而北面朝其臣矣！此百喙不能解者。故以先天說《易》者，蓋無足觀也(參《經學歷史》，「經學變古時代」，頁248)。

〔註169〕同前註。

〔註170〕同前註。

〔註171〕同前註，葉21。案：對此，胡渭則直言「天根月窟，即《參同》納甲之說」(參《易圖明辨》，卷七，頁163)。

〔註172〕案：胡渭以為，「天，陽也。月，陰也。以八卦言之，〔……〕庚當〈乾〉終〈巽〉始，故曰『〈乾〉遇〈巽〉時觀月窟』；〔……〕甲當〈坤〉終〈震〉始，故曰『地逢雷處見天根』」(參《易圖明辨》，卷七，頁163)。

〔註173〕參見〔清〕黃宗羲撰：《易學象數論》，卷一，葉21。案：「十二辟卦」即「十二消息卦」，依序為〈復〉、〈臨〉、〈泰〉、〈大壯〉、〈夬〉、〈乾〉、〈姤〉、〈遯〉、〈否〉、〈觀〉、〈剝〉、〈坤〉，而以十二月配之。此蓋有二說，一者，周以建子為「正月」(陽生之月)，則〈復〉、〈臨〉、〈泰〉、〈大壯〉、〈夬〉、〈乾〉(以上為息卦)、〈姤〉、〈遯〉、〈否〉、〈觀〉、〈剝〉、〈坤〉(以上為消卦)，分別代表正、二、三、四、五、六、七、八、九、十、十一、十二月；二者，以建子為「十一月」，則〈復〉即表十一月、〈姤〉為五月，朱

十六宮」說，亦據此「八卦」、「六十四卦」、「十二辟卦」爲論；而宗羲以爲，總其要者凡有六說。茲分述如下〔註174〕：

（1）以八卦言者三：

一者，以〈乾〉一、〈兌〉二、〈離〉三、〈震〉四、〈巽〉五、〈坎〉六、〈艮〉七、〈坤〉八爲序，積數爲「三十六」。

二者，以〈乾〉一對〈坤〉八爲「九」、〈兌〉二對〈艮〉七爲「九」、〈離〉三對〈坎〉六爲「九」、〈震〉四對〈巽〉五爲「九」，其積數亦爲「三十六」。

三者，以〈乾〉三畫，〈坤〉六畫，〈震〉、〈坎〉、〈艮〉各五畫，〈巽〉、〈離〉、〈兌〉各四畫，其積數亦爲「三十六」。

（2）以六十四卦言者二：

一者，卦之不易者有八〔註175〕，反易者二十八〔註176〕，合之爲「三十六」；此朱熹之說也。

二者，〈復〉起子，左得一百八十日，〈姤〉起午，右得一百八十日，合計得三百六十日，一旬爲一宮，則三十六旬爲三十六宮；此方虛谷（回，1227～1305）之論也。

（3）以十二辟卦言者一：

自〈復〉至〈乾〉六卦（息卦），陽爻二十一、陰爻十五，合之則「三十六」；自〈姤〉至〈坤〉六卦（消卦），陰爻二十一、陽爻十五，合之亦「三十六」。陽爻、陰爻總爲七十二，以「息卦」、「消卦」之陽爻數相配、陰爻數相合皆爲三十六，故曰「三十六」。此鮑魯齋（恂）之說也。

以此觀之，諸家於「天根月窟」之論，蓋皆著眼於陰陽之初始；即以陽生爲「天根」、陰生爲「月窟」，其途雖殊，其旨則同矣。儘管如此，宗羲以爲，依邵雍之意，所謂「天根」者，性也；所謂「月窟」者，命也。總其說，乃性命雙修、老氏之學；其理論爲《易》之所無，故其數亦與《易》無涉也

---

子即持此説。

〔註174〕 同前註，葉21～22。

〔註175〕 案：「八」者，〈乾〉、〈坤〉、〈坎〉、〈離〉、〈頤〉、〈中孚〉、〈大過〉、〈小過〉，此八卦反置皆如故，故謂之「不易」。

〔註176〕 案：「二十八」者，〈屯〉與〈蒙〉、〈需〉與〈訟〉、〈師〉與〈比〉……等，共二十八對，以其卦畫反置後，各爲彼此，故曰「反易」（即所謂「覆卦」）；即除反置不變之八卦外，其餘五十六卦也。

〔註177〕。全祖望嘗稱宗羲此論康節之天根月窟及三十六宮，「其說最精」！然「康節之所謂『三十六宮』者，尚未知何所指，則黃子亦未之發也」〔註178〕，乃據清儒徐文靖（位山，1667～？）論邵雍「物外洞天三十六，都疑布在洛陽中；小車春暖秋凉日，一日旨能移一宮」〔註179〕之義「非三十六宮之明文乎？天根、月窟，老氏之微言也；三十六宮，《圖經》之洞天福地也。其必以〈復〉、〈姤〉之說文之者，猶之《參同》必以〈乾〉、〈坤〉、〈坎〉、〈離〉分氣值日；而究之《參同》之用《易》，非聖人作《易》之旨」〔註180〕，而謂「是足以爲黃子《易學象數論》之箋疏矣」〔註181〕。蓋祖望贊徐位山所著《管城碩記》「最精博，有考據」〔註182〕，故引以爲宗羲評議之旁解也。

　　竊以爲，邵雍依其《先天圖》創爲「天根月窟」說，其「數」固與《易》文無涉，「理」亦「非聖人作《易》之旨」，然既爲「創說」，又無違於《易》之宏旨，是不必視之爲無物；況《說卦》載有「窮理盡性以至於命」〔註183〕一語，邵雍或以之推衍而發論，非必全套諸老氏之學也。

## （三）辨納甲、納音、月建、卦氣

### 1・辨「納甲」說（含「納辰」）

　　宗羲以爲，世言「納甲」本於魏伯陽《參同契》，然京房「積算」已有言〔註184〕；亦即西漢前已存此法矣！《京氏易傳・卷下》載：

〔註177〕參見〔清〕黃宗羲撰：《易學象數論》，卷一，葉22。
〔註178〕參見〔清〕全祖望：《鮚埼亭集》，收入《陳垣全集》，第十九冊，「〈經史問答〉卷一」，頁516。
〔註179〕參見〔宋〕邵雍撰：《擊壤集》（《四庫全書・集部・別集類》），卷十五，「〈小車初出吟〉」，葉8。
〔註180〕參見〔清〕全祖望：《鮚埼亭集》，收入《陳垣全集》，第十九冊，「〈經史問答〉卷一」，頁516。
〔註181〕同前註。
〔註182〕同前註。
〔註183〕參見〔魏〕王弼注，〔唐〕孔穎達疏，〔清〕阮元校勘：《周易正義》，《十三經注疏》，卷九，頁183。
〔註184〕案：近人多持此論，諸如屈萬里先生《先秦漢魏易例述評》、尚秉和（1870～1950）先生《周易古筮考》、劉大鈞（1943～）先生《納甲筮法》、呂紹綱（1933～）先生主編《周易辭典》、張其成（1959～）先生主編《易學大辭典》、余敦康（1930～）先生〈漢代易學〉（收入《内聖外王的貫通——北宋易學的現代闡釋》一書中）……等；常秉義（1944～）先生於《周易與曆法》一書中，則援引清儒惠棟（1697～1758）《易漢學》及張惠言《易義別錄》有關「納甲」之說，並劉大鈞先生於《周易概論》中所言「戰國人確有以月之盈虛釋

> 分天地〈乾〉、〈坤〉之象，益之以甲乙壬癸。〈震〉〈巽〉之象配庚辛，〈坎〉〈離〉之象配戊己，〈艮〉〈兌〉之象配丙丁。八卦分陰陽，六位五行，光明四通，變易立節。〔註185〕

依其意，則甲壬陽入〈乾〉，乙癸陰入〈坤〉，庚陽入〈震〉，辛陰入〈巽〉，丙陽入〈艮〉，丁陰入〈兌〉，合之「六位」也。至東漢魏伯陽作《參同契》，乃襲京房「積算」說，而以「月象」附之，其文曰：

> 三日出爲爽，〈震〉●庚受西方。八日〈兌〉○受丁，上弦平如繩。十五〈乾〉○體就，盛滿甲東方。〔……〕。十六轉就統，〈巽〉●辛見平明。〈艮〉●直于丙南，下弦二十三。〈坤〉●乙三十日，東北喪其朋。節盡相禪與，繼體復生龍。壬癸配甲乙，〈乾〉、〈坤〉括始終。〔註186〕

此蓋將三十日以「五日」爲數，分成六節，即京氏「六位」之義。所謂「三日出爲爽」者，三日即「朏日」，居第一節之中，此時新月始見，故稱「爽」，爲〈震〉納庚陽；「八日」者，居第二節之中，此時月上弦，爲〈兌〉納丁陰；「十五」者，十五日居第三節之終，此時月正滿，爲〈乾〉納甲陽；「十六轉就統」者，十六日居第四節之始，此時月象由盈轉虧，故稱「轉」，爲〈巽〉納辛陰；「二十三」者，二十三日居第五節之中，此時月下弦，爲〈艮〉納丙陽；「三十日」者，居第六節之終，此時月已虧盡，爲〈坤〉納乙陰，故稱「東北喪其朋」（取〈坤〉卦辭「東北喪朋」之義）。至於「節盡相禪與，繼體復生龍」者，謂〈震〉爲龍，月象於隔月亦依此六節而循環；「壬癸配甲乙，〈乾〉、〈坤〉括始終」者，〈乾〉納甲壬陽、〈坤〉納乙癸陰，又天干以甲乙爲始、壬癸爲終，故謂〈乾〉、〈坤〉「括始終」也。

宗羲謂虞翻之注《易》，亦本諸魏伯陽，「蓋以月之明魄多少，取象於卦

---

《易》的資料」，而謂「納甲說絕（原文作「決」）非始於西漢，而應是先秦太史之遺法」（參「納甲起源」，頁 146～147）；觀其所論，雖或雜有推測、據說之辭，仍可備一說。

〔註185〕參見〔漢〕京房：《京氏易傳》，《四部叢刊初編·經部》（上海商務印書館縮印天一閣刊本），卷下，頁 27。

〔註186〕參見〔清〕允祿、梅瑴成、何國宗等奉敕撰：《欽定協紀辨方書》（《四庫全書·子部·術數類》），卷一，葉70。案：「十六轉就統」及「東北喪其朋」二句，宗羲《易學象數論》分別作「十六轉就緒」與「東方喪其明」。至於引文中之圖像，原書本無；此據《易學象數論》（卷一，葉 25）所載而附之，以爲輔說也。

畫，而以所見方位爲所納之甲」〔註187〕，故（南宋）趙汝楳駁之曰：

> 畫夜有長短。畫短，日沒於申，則月合於申，望於寅；畫長，則日
> 沒於戌，則月合於戌，望於辰。十二月間，三日之月未必畫見庚，
> 十五日之月未必畫見甲。合朔有先後，則上下絃未必盡在八日、二
> 十三日；望晦未必盡在十五日、三十日。〈震〉、〈巽〉位於西，〈兌〉、
> 〈艮〉位於南，〈乾〉、〈坤〉位於東，與《大傳》之卦易位。〔註188〕

依趙氏所言，則魏伯陽、虞翻以「月象」附之於「納甲」，洵忽略日數之多
寡、畫夜之長短；而其置〈震〉、〈巽〉於西；〈兌〉、〈艮〉於南；〈乾〉、〈坤〉
於東，亦有違於《說卦》以〈震〉東〈巽〉東南、〈兌〉西〈艮〉東北、〈乾〉
西北〈坤〉西南之方位說矣！朱升（楓林，1299～1370）對《參同契》「月
象」配方位之說，亦頗爲不然，其言曰：

> 地之方位，甲庚相對，既以望夕之月爲〈乾〉而出甲，則初生之月
> 不見於庚矣。上下弦之昏旦，同見於南方之中，亦初無上弦見丁、
> 下弦見丙之異也。況月之行天，一歲十二月，其昏旦出見之地，夜
> 夜推移，無定位可指，來月所納之甲，非今月所納之甲矣。〔註189〕

觀朱氏所謂「甲庚相對」，固本諸《說卦》方位；而「昏旦」與時推移、「納
甲」年年不同，未嘗有定位者，亦如趙氏之論也。雖然，宗羲以爲，「月」
爲〈坎〉象，則其爲八卦之一矣；然八卦納甲專屬於「月象」，可乎？況所
引八卦皆同，「或取象於昏，或取象於旦，亦非自然之法象也」〔註190〕。以
此，沈存中（括，1031～1095）不主「月象」；然其謂「納甲」爲「天地胎
育之理。〈乾〉納甲壬，〈坤〉納乙癸者，上下包之也。六子包於腹中，其次
第〈震〉、〈巽〉宜納丙丁，〈艮〉、〈兌〉宜納庚辛。今反是者，卦自下生，
先初爻，次中爻，末上爻，是以長下而少上」〔註191〕者，宗羲則不以爲然！
乃云：

> 甲乙至壬癸，乃先後之次第，非上下之次第也。〈震〉、〈巽〉庚辛，
> 〈艮〉、〈兌〉丙丁，是亂其先後矣，不得以爻爲解。以方位言之，

---

〔註187〕參見〔清〕黃宗羲撰：《易學象數論》，卷一，葉25。
〔註188〕同前註，葉25～26。
〔註189〕同前註，葉26。
〔註190〕同前註。
〔註191〕同前註。案：此爲宗羲綜述沈括之語（參《四庫》本《夢溪筆談》，卷七，葉
22～23）。

〈乾〉金、〈坤〉土、〈震〉木、〈巽〉木、〈坎〉水、〈離〉火、〈艮〉
土、〈兌〉金，在《說卦》可證。今〈乾〉納甲壬，〈坤〉納乙癸，
其爲木耶？水耶？〈震〉、〈巽〉之爲金，〈坎〉、〈離〉之爲土，〈艮〉、
〈兌〉之爲火，將安所適從耶？〔註192〕

依其意，「納甲」之八卦方位固有違於《說卦》，其所納之天干以上下次第論
之，亦亂其先後次第；而沈氏以爻位之生成，將「納甲」之「〈震〉、〈巽〉
庚辛，〈艮〉、〈兌〉丙丁」對易，成「〈震〉、〈巽〉納丙丁，〈艮〉、〈兌〉納
庚辛」之序，亦屬不類！至於八卦與五行之從屬，《說卦》已有明載，故「納
甲」以甲乙木混之壬癸水，則〈乾〉、〈坤〉爲木耶？爲水耶？蓋無從判定；
而〈震〉與〈巽〉、〈坎〉與〈離〉、〈艮〉與〈兌〉之爲金、爲土、爲火，學
者亦將無所適從矣！

此外，宗羲以爲，「卦之納甲以六十甲子言，故納辰亦謂之甲也」〔註193〕；
亦即十天干與十二地支，爲成就「納甲」理論之整體元素，稱「納辰」者，
理應涵蓋於「納甲」也。八卦（純卦）納辰之法，將十二地支分爲六陽六
陰；陽主順，陰主逆。故六陽者，以子→寅→辰→午→申→戌爲序，
配合〈乾〉、〈震〉、〈坎〉、〈艮〉四陽卦之六爻順傳；而四陽卦之初爻起始
有別，〈乾〉起初爻納子，〈震〉起初爻亦納子（得〈乾〉初），〈坎〉起初
爻納寅（得〈乾〉二爻），〈艮〉起初爻納辰（得〈乾〉三爻）。六陰者，以
未→巳→卯→丑→亥→酉爲序，配合〈坤〉、〈巽〉、〈離〉、〈兌〉四陰
卦之六爻逆傳；而四陰卦之初爻起始亦有別，〈坤〉起初爻納未，〈巽〉起
初爻納丑（得〈坤〉四爻；先外卦而後內卦），〈離〉起初爻納卯（得〈坤〉
三爻），〈兌〉起初爻納巳（得〈坤〉二爻）。

以〈乾〉爲例，其初爻納「子」配甲、二爻納「寅」配甲、三爻納「辰」
配甲、四爻納「午」配壬、五爻納「申」配壬、六爻納「戌」配壬；〈坤〉則
初爻納「未」配乙、二爻納「巳」配乙、三爻納「卯」配乙、四爻納「丑」
配癸、五爻納「亥」配癸、六爻納「酉」配癸。其成卦之圖如下：

---

〔註192〕同前註，葉 26～27。
〔註193〕同前註，葉 27。

## 納辰成卦圖

| 艮 | | 坎 | | 震 | | 乾 | |
|---|---|---|---|---|---|---|---|
| 寅 | 丙 | 子 | 戊 | 戌 | 庚 | 戌 | 壬 |
| 子 | 丙 | 戌 | 戊 | 申 | 庚 | 申 | 壬 |
| 戌 | 丙 | 申 | 戊 | 午 | 庚 | 午 | 壬 |
| 申 | 丙 | 午 | 戊 | 辰 | 庚 | 辰 | 甲 |
| 午 | 丙 | 辰 | 戊 | 寅 | 庚 | 寅 | 甲 |
| 辰 | 丙 | 寅 | 戊 | 子 | 庚 | 子 | 甲 |

| 兌 | | 離 | | 巽 | | 坤 | |
|---|---|---|---|---|---|---|---|
| 未 | 丁 | 巳 | 己 | 卯 | 辛 | 酉 | 癸 |
| 酉 | 丁 | 未 | 己 | 巳 | 辛 | 亥 | 癸 |
| 亥 | 丁 | 酉 | 己 | 未 | 辛 | 丑 | 癸 |
| 丑 | 丁 | 亥 | 己 | 酉 | 辛 | 卯 | 乙 |
| 卯 | 丁 | 丑 | 己 | 亥 | 辛 | 巳 | 乙 |
| 巳 | 丁 | 卯 | 己 | 丑 | 辛 | 未 | 乙 |

或以〈巽〉、〈離〉、〈兌〉之初爻當納「未」、「巳」、「卯」（坤內卦），如三子取〈乾〉之例；而今所以納「丑」、「卯」、「巳」（坤外卦）者，蓋〈坤〉（地、妻）以順〈乾〉（天、夫）爲義，故〈巽〉、〈離〉、〈兌〉（三女）初爻隨〈乾〉（父）左行，自二爻以往，始右行以從〈坤〉（母）。又謂「重卦之納甲，內卦觀下三爻，外卦觀上三爻，內外交錯以成之」〔註194〕；依其意，即如〈泰〉（乾下坤上），其內卦納子、寅、辰三陽，外卦則納丑、亥、酉三陰也。此八卦（純卦）納辰之圖如下：

---

〔註194〕同前註，葉28。

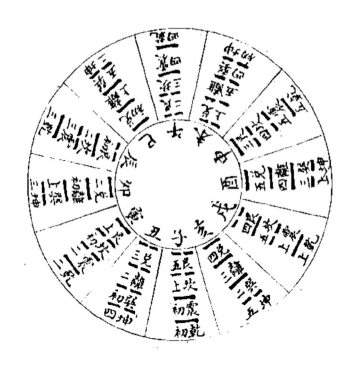

然觀其圖，唯用十二地支，未見十天干，則「納甲」之義無存矣！故宗羲曰：「卦爲體，爻爲用，干爲主，辰爲客。有用而無體，舍主而用客，則是失輕重之倫也。」〔註195〕又謂「甲爲五行之全數，卦爲天地之全數，今以四十八爻而納六十甲，所餘之十二甲將焉置之」〔註196〕？蓋卦本六爻爲全，以納十天干、十二地支，成六十甲子；然所用僅四爻，既不成卦，其爻數四十八，復何以盡納六十甲子耶？豈視所餘十二甲子如無物乎！若此，則「卦不足以包五行」〔註197〕矣！

至於明儒季彭山（本，1485～1563）嘗謂「陽卦納陽於陽支，皆順行；陰卦納陰於陰支，皆逆行。〈乾〉起甲子，則〈坤〉當起乙丑，今爲改正」〔註198〕；對此，宗羲則駁之曰：「〈坤〉起乙未，自京氏積算已然。蓋陰生於午，故從未而起。彭山不知而作，往往如此。」〔註199〕類此而欲改「納

---

〔註195〕同前註。

〔註196〕同前註。

〔註197〕同前註。

〔註198〕同前註，葉31。

〔註199〕同前註。案：《乾鑿度》嘗載：「〈乾〉、〈坤〉，陰陽之主也。陽始於亥，形於丑，〈乾〉位在西北，陽祖微據始也；陰始於巳，形於未，據正立位，故

甲」古法者，如以「〈離〉納甲，〈坎〉納乙，〈兌〉納丙，〈艮〉納丁，〈震〉納庚，〈巽〉納辛，〈乾〉納壬，〈坤〉納癸，各納其干內所有之支，自下而上，如納甲者」〔註200〕；然宗羲以其皆無所據也。

　　或謂宗羲以《說卦》所載八卦方位、五行與「納甲」比觀，蓋未能與京氏「站在同一向度進行思考」，故其所提出之評論，乃「值得商榷」；且以占筮「實用立場」稱干支之組合，但能「提供八卦共計四十八爻之所需」，即已足矣！故宗羲「所餘十二甲將焉置」之疑，適足以證其於「納甲」理論，「似無相應」之理解〔註201〕。竊以爲，宗羲所辨者，「納甲」悖《易》之理，而非其占筮之用，斯與邵雍據《繫辭傳》所載「生二」、「生四」、「生八」、「生生」（《上繫》）及「重之」（《下繫》），而有「生十六」、「生三十二」、「生六十四」之說，自不可相擬；此外，以「四十八爻」，且僅用地支而無天干之「納甲」（如上圖），乃後世學者所新造，非京氏「納甲」原貌，故宗羲指其「所餘十二甲將焉置之」，反有廓清京氏《易》學之功也。

　　夫「納甲」雖始於京房「積算法」，其思維或肇端於對〈蠱〉卦辭「先甲三日，後甲三日」及〈巽〉九五爻辭「先庚三日，後庚三日」之體悟，以及受到《呂氏春秋》（〈十二紀〉）、《淮南子》（〈天文訓〉）等律曆學說之啓發，繼而爲之推衍；後世學者徒據己意而新造「納甲」，是未合其本而輕改其用也。

## 2·辨「納音」說

　　「納音」者，亦從「納甲」而生，一律納五音，十二律共納六十音；其以五音十二律配六十甲子，故又稱「六十甲子納音」。蓋「納音」之法有三：一者爲《黃帝內經》說，二者爲葛洪（稚川，約284～363）說，三者爲揚雄說；然宗羲謂此三者之說，或與《律書》不盡相合，或不能通暢其義，或從屬之論有偏。茲將此「納音」之法，概述於下：

---

　　　〈坤〉位在西南，陰之正也。」鄭玄注云：「陽氣始於亥，生於子，形於丑，
　　　故〈乾〉位在西北；陰氣始於巳，生於午，形於未，陰道卑順，不敢據始
　　　以敵，故立於正形之位。」（《緯書集成》，「《乾鑿度》卷上」，頁 9）所謂
　　　「立於正形之位」者，即立於「未」；此或可闡釋〈坤〉納六支何以起於「未」
　　　也。
〔註200〕同前註。
〔註201〕參見張新智撰：〈試論黃宗羲《易學象數論》的得失──以其對納甲及先天圖
　　　之評述所作的試探〉，《孔孟月刊》第 36 卷，第 2 期，頁 36。

（1）《黃帝內經》之說——

五音始於金，中傳火、木、水，而終於土；即以〈乾〉（金）納甲、〈坤〉（土）納癸，爲「五音」之始終（甲、癸爲天干之始、終）。其金、火、木、水、土，皆各序三元——首仲、次孟、次季，以「甲子」起者，謂之「陽律」；以「甲午」起者，謂之「陰呂」。其法如下〔註202〕：

**a・陽 律**

甲子金之「仲」娶乙丑，下生壬申；金之「孟」娶癸酉，上生庚辰；金之「季」娶辛巳，下生戊子。下仿此：

> 自戊子、己丑轉丙申、丁酉，再轉甲辰、乙巳，火之仲、孟、季畢焉。
> 自壬子、癸丑轉庚申、辛酉，再轉戊辰、己巳，木之仲、孟、季畢焉。
> 自丙子、丁丑轉甲申、乙酉，再轉壬辰、癸巳，水之仲、孟、季畢焉。
> 自庚子、辛丑轉戊申、己酉，再轉丙辰、丁巳，土之仲、孟、季畢焉。

**b・陰 呂**

> 自甲午、乙未轉壬寅、癸卯，再轉庚戌、辛亥，皆金也。
> 自戊午、己未轉丙寅、丁卯，再轉甲戌、乙亥，皆火也。
> 自壬午、癸未轉庚寅、辛卯，再轉戊戌、己亥，皆木也。
> 自丙午、丁未轉甲寅、乙卯，再轉壬戌、癸亥，皆水也。
> 自庚午、辛未轉戊寅、己卯，再轉丙戌、丁亥，皆土也。

其圖如下：

## 《內經》納音圖

| | | | | | | | 律　　陽 | | | | | | | |
|---|---|---|---|---|---|---|---|---|---|---|---|---|---|---|
| 庚申 | 丙辰 | 壬子 | 戊申 | 甲辰 | 庚子 | 丙申 | 壬辰 | 戊子 | 甲申 | 庚辰 | 丙子 | 壬申 | 戊辰 | 甲子 |
| 辛酉 | 丁巳 | 癸丑 | 己酉 | 乙巳 | 辛丑 | 丁酉 | 癸巳 | 己丑 | 乙酉 | 辛巳 | 丁丑 | 癸酉 | 己巳 | 乙丑 |
| 木 | 土 | 木 | 土 | 火 | 土 | 火 | 水 | 火 | 水 | 金 | 水 | 金 | 木 | 金 |

---

〔註202〕參見〔清〕黃宗羲撰：《易學象數論》，卷一，葉31～32。

| 呂 | | | | | | | 陰 | | | | | | |
|---|---|---|---|---|---|---|---|---|---|---|---|---|---|
| 壬 | 戊 | 甲 | 庚 | 丙 | 壬 | 戊 | 甲 | 庚 | 丙 | 壬 | 戊 | 甲 | 庚 | 丙 |
| 戌 | 午 | 寅 | 戌 | 午 | 寅 | 戌 | 午 | 寅 | 戌 | 午 | 寅 | 戌 | 午 | 寅 |
| 癸 | 己 | 乙 | 辛 | 丁 | 癸 | 己 | 乙 | 辛 | 丁 | 癸 | 己 | 乙 | 辛 | 丁 |
| 亥 | 未 | 卯 | 亥 | 未 | 卯 | 亥 | 未 | 卯 | 亥 | 未 | 卯 | 亥 | 未 | 卯 |
| 水 | 火 | 木 | 金 | 水 | 金 | 木 | 金 | 木 | 土 | 木 | 土 | 火 | 土 | 火 |

此即「同位娶妻，隔八生子」，爲律呂相生之法。所謂「同位娶妻」者，甲子黃鐘與乙丑大呂「同位」，前者爲陽，後者爲陰，故謂之「娶妻」；「隔八生子」者，宗羲據《律書》言「甲子之隔八爲辛未林鐘，何以甲子不能生之」〔註203〕？即以所生之子當爲「辛未」；然《內經》以「壬申」爲說。故宗羲復佐之以蔡邕（133～192）「陽生陰爲下生，陰生陽爲上生」〔註204〕之語，而謂「今陽不能生，是但有上生而無下生也。以甲子爲上，癸亥爲下，則又皆下生，而上生無十之一二也」〔註205〕！蓋宗羲稱《黃帝內經》之法與《律書》不能盡合者，以此。

### （2）葛稚川（洪）之說——

葛氏「納音」之法，其五行以土、火、水、金、木爲序，各配以宮、徵、羽、商、角五音；有一言、三言、五言、七言、九言之別，亦依序分屬於宮土、徵火、羽水、商金、角木，而明其干支主從。蓋此法於地支之排列，無有不同；所異者，天干之序也。例如，「一言宮與土」者，子午屬庚（納於〈震〉初爻），丑未屬辛（納於〈巽〉初爻），寅申屬戊（納於〈坎〉初爻），卯酉屬己（納於〈離〉初爻），辰戌屬丙（納於〈艮〉初爻），巳亥屬丁（納於〈兌〉初爻）；「三言徵與火」者，子午屬戊，丑未屬己，寅申屬丙，卯酉屬丁，辰戌屬甲，巳亥屬乙。然則，稱「三言」者，以其天干起始爲「戊」，去「一言」之天干起始「庚」，其數爲三；以此推之，天干之起始，「五言」爲「丙」、「七言」爲「甲」、「九言」爲「壬」，皆以去「一言」爲數。詳如下圖：

---

〔註203〕同前註，葉33。案：即天干依1甲、2乙……8辛、9壬、10癸爲序，地支依1子、2丑……8未、9申……爲序，其干支居「八」者，辛與未，此宗羲「隔八」之義；而《內經》作「壬申」者，蓋以「甲子」至「辛未」之數八，故隔之以「9壬9申」起算，此其「隔八」之義。

〔註204〕同前註。

〔註205〕同前註。

## 葛秩川納音圖

| 一言宮屬土 | 庚子庚午 | 辛丑辛未 | 戊寅戊申 |
| :---: | :---: | :---: | :---: |
| | 己卯己酉 | 丙辰丙戌 | 丁巳丁亥 |
| 三言徵屬火 | 戊子戊午 | 己丑己未 | 丙寅丙申 |
| | 丁卯丁酉 | 甲辰甲戌 | 乙巳乙亥 |
| 五言羽屬水 | 丙子丙午 | 丁丑丁未 | 甲寅甲申 |
| | 乙卯乙酉 | 壬辰壬戌 | 癸巳癸亥 |
| 七言商屬金 | 甲子甲午 | 乙丑乙未 | 壬寅壬申 |
| | 癸卯癸酉 | 庚辰庚戌 | 辛巳辛亥 |
| 九言角屬木 | 壬子壬午 | 癸丑癸未 | 庚寅庚申 |
| | 辛卯辛酉 | 戊辰戊戌 | 己巳己亥 |

此外，葛洪謂「中央總黃天之氣一，南方丹天之氣三，北方玄天之氣五，西方素天之氣七，東方蒼天之氣九」〔註206〕，亦依土、火、水、金、木之序，而配以一、三、五、七、九之數；雖然，宗羲以其「皆奇數而無偶數，而一之屬土，三之屬火，五之屬水，七之屬金，九之屬木，亦不知其何義也」〔註207〕。蓋宗羲嘗駁五行配「天地之數」說，而葛氏作一土、三火、五水、七金、九木者，乃依「天數」立論耶？抑從其「一言」、「三言」……「九言」之序乎？則其「皆奇數而無偶數」與「不知其何義」之語，或由此發也。

（3）揚雄（子雲）之說——

揚雄之推「納音」，五行以火、土、木、金、水爲序，「天干」以甲己爲九、乙庚爲八、丙辛爲七、丁壬爲六、戊癸爲五，「地支」以子午爲九、丑未爲八、寅申爲七、卯酉爲六、辰戌爲五、巳亥爲四；其十天干依甲陽乙陰、丙陽丁陰……之序，各配以子陽丑陰、寅陽卯陰……等十二地支，即起於甲子、乙丑，終於壬戌、癸亥，以成六十甲子納音之數。其法則以五行之序爲數，除各甲子之干支積數，所得之餘數，即其五行屬性。例如，甲子、乙丑者，其積數爲三十四，以五除之，餘數爲四，四於五行之序爲金，故甲子、乙丑爲金；丙寅、丁卯者，其積數爲二十六，以五除之，餘數爲一，一於五行之序爲火，故丙寅、丁卯爲火；餘皆仿此。其納音之圖如下：

〔註206〕同前註。
〔註207〕同前註。

## 楊子雲積數納音圖（直序）

| | | |
|---|---|---|
| 甲子乙丑三十四 | 甲申乙酉三十 | 甲辰乙巳二十六 |
| 丙寅丁卯二十六 | 丙戌丁亥二十二 | 丙午丁未三十 |
| 戊辰己巳二十三 | 戊子己丑三十一 | 戊申己酉二十七 |
| 庚午辛未三十二 | 庚寅辛卯二十八 | 庚戌辛亥二十四 |
| 壬申癸酉二十四 | 壬辰癸巳二十 | 壬子癸丑二十八 |
| 甲戌乙亥二十六 | 甲午乙未三十四 | 甲寅乙卯三十 |
| 丙子丁丑三十 | 丙申丁酉二十六 | 丙辰丁巳二十二 |
| 戊寅己卯二十七 | 戊戌己亥二十三 | 戊午己未三十一 |
| 庚辰辛巳二十四 | 庚子辛丑三十二 | 庚申辛酉二十八 |
| 壬午癸未二十八 | 壬寅癸卯二十四 | 壬戌癸亥二十 |

　　雖然，宗羲謂揚雄既以「子」之數爲「九」，而從黃鍾之管，則「丑當從林鍾而六，寅當從太簇而八。十二月各有其律，何以有從有不從耶」〔註208〕？蓋十二律以黃鍾、太簇、姑洗、蕤賓、夷則、無射爲陽（六陽律），以大呂、夾鐘、仲呂、林鐘、南呂、應鐘爲陰（六陰呂）；十二地支以子、寅、辰、午、申、戌爲陽（六陽支），以丑、卯、巳、酉、亥爲陰（六陰支）。是以十二地支（亦配十二月）配十二律者，子爲十一月、爲黃鐘，丑爲十二月、爲大呂，寅爲一月、爲太簇，卯爲二月、爲夾鐘，……未爲六月、爲林鐘，……餘者以此類推〔註209〕。

　　夫揚子雲以九、八、七、六、五、四之數序，分別套諸六陽支、六陰支（如子午爲九、丑未爲八、寅申爲七、卯酉爲六……），則復以此數序分屬六陽律、六陰呂，始爲合理矣；即應以黃鐘、大呂爲九，太簇、夾鐘爲八，姑洗、仲呂爲七，蕤賓、林鐘爲六，夷則、南呂爲五，無射、應鐘爲四，此

---

〔註208〕同前註。

〔註209〕案：《呂氏春秋‧季夏紀》載：「仲冬日短至，則生黃鐘；季冬生大呂；孟春生太簇；仲春生夾鐘；季春生姑洗；孟夏生仲呂；仲夏日長至，則生蕤賓；季夏生林鐘；孟秋生夷則；仲秋生南呂；季秋生無射；孟冬生應鐘。天地之風氣正，則十二律定矣。」（參《呂氏春秋校釋》，頁325）「仲冬」即爲十一月，時生黃鐘；「季冬」爲十二月，時生大呂；「孟春」爲一月，時生太簇；「仲春」爲二月，時生夾鐘；……餘依此序；至「孟冬」爲十月，時生應鐘也。此外，其用之數僅八、七、九、六，一數三律，依序配以十二律；此與揚子雲以九、八、七、六、五、四爲數序者，誠然有別矣。

爲宗羲「丑當從林鐘而六，寅當從太簇而八」之意也。如此一來，子（十一月）之數爲九、爲黃鐘，固無疑義；寅（一月）之數有七、有八，而皆爲太簇；丑（十二月）之數有八、有六，其爲大呂耶？林鐘耶？然則，宗羲謂「十二月各有其律，何以有從有不從」者，其意在此。

　　上述「納音」三法，其於理論架構雖可自成一說，然於關鍵之處，亦不免有所疏漏、扞格，故宗羲「必欲定納音之法，當以京房六十律與甲子分配，以之上生下生，始無敝耳」〔註210〕之語，誠非誣言也。

### 3・辨術家之「月建」說

　　宗羲以時人用揲筮者少，而「火珠林」之術盛行，殆本於京房卦例。蓋京氏棄象數，以干支繫爻，一卦一世應，一事一門類，皆無涉於動靜、爻辭；雖然，宗羲謂京氏《易傳》又與當世所傳間有出入。然則，京氏之說亦有失傳者矣！故宗羲乃揭示京氏《易》之大略，而以其「世應」、「飛伏」說發端；次敘「月建」、「積算」諸說，以別於當世術家之持論；繼以「卦位」、「五星」、「二十八宿」、「盈虛」，此當世術家所無也。其言京房「世應」之理論架構，曰：

> 世應，分爲八宮，〈乾〉、〈震〉、〈坎〉、〈艮〉、〈坤〉、〈巽〉、〈離〉、〈兌〉各主一宮。所屬七卦，自下而上，以次受變；變至五爻，則上爻不可復變。上爻爲本宮之主，故第六卦從五爻返至四爻，變而復主卦之畫，謂之「游魂」。第七卦則內卦皆復主卦之畫，謂之「歸魂」。〔註211〕

夫京房嘗云《易》有「四易，一世二世爲地易；三世四世爲人易；五世六世爲天易；游魂歸魂爲鬼易」〔註212〕。此即「世應」說；「應」者，「世」之對，初與四、二與五、三與上是也〔註213〕。所謂「〈乾〉、〈震〉、〈坎〉、〈艮〉、

---

〔註210〕參見〔清〕黃宗羲撰：《易學象數論》，卷一，葉33。

〔註211〕同前註，葉37。

〔註212〕參見〔漢〕京房撰，〔漢〕陸績注，〔明〕范欽訂：《京氏易傳》，卷下，頁28。案：所謂「天易」、「人易」、「地易」者，蓋爲京氏對「天人地」三才之內涵轉化，其旨則在爲「世應」說尋求理論依據；至於「鬼易」者，或肇端於《繫辭傳》所載「人謀鬼謀，百姓與能」（《下繫》）及「精氣爲物，游魂爲變，是故知鬼神之情狀」（《上繫》）之論述也。

〔註213〕參見〔清〕黃宗羲撰：《易學象數論》，卷一，葉37。案：此初與四、二與五、三與上爲「應」者，其思維蓋本諸《象傳》陰陽爻位觀，諸如〈師・象辭〉「剛中而應，行險而順」（九二爻應六五爻）、〈无妄・象辭〉「剛自外來而主

〈坤〉、〈巽〉、〈離〉、〈兌〉各主一宮」者，即「世應」理論以此「八純卦」爲基本宮（即「八宮卦」），並藉由各宮卦之卦爻互動，用以涵蓋天地萬物之變化。

以〈乾〉宮爲例，初爻由陽變陰而成〈姤〉，此爲〈乾〉宮一世卦；二爻由陽變陰成〈遯〉，此爲二世卦；三爻由陽變陰成〈否〉，此爲三世卦；四爻由陽變陰成〈觀〉，此爲四世卦；五爻由陽變陰成〈剝〉，此爲五世卦（以上各爻經變化後，即不再回復）；所變之爻止於此，上爻則不可變。此即「所屬七卦自下而上以次受變，變至五爻則上爻不可復變」一語之意涵。

「上爻爲本宮之主，故第六卦從五爻返至四爻，變而復主卦之畫，謂之『游魂』」者，以〈乾〉宮爲例，其上九不變（爲〈乾宮〉之主），而由五爻返下變四爻，上卦成〈離〉火，其象爲「明」；下卦爲〈坤〉，其象爲「地」；明入地中而成〈晉〉，象徵〈乾〉道復行，此即京房所言「陰陽返復，進退不居，精粹氣純，是爲游魂」〔註214〕之指涉也。

「第七卦則內（下）卦皆復主卦之畫，謂之『歸魂』」者，以〈乾〉宮爲例，依京氏之說，即「游魂」歷程既畢，乃繼而往下，一舉將〈晉〉下卦三爻由全陰變爲全陽〔註215〕，即回歸〈乾〉宮本位，而成〈大有〉。

其餘各宮卦亦皆仿此模式，成其變化。茲將其圖式臚列於下，以供參考。

## 八宮世應圖

| 兌 | 離 | 巽 | 坤 | 艮 | 坎 | 震 | 乾 | ←八宮<br>↓世應 |
|---|---|---|---|---|---|---|---|---|
| 困 | 旅 | 小畜 | 復 | 賁 | 節 | 豫 | 姤 | 一世<br>宮卦初爻變<br>（不再回復） |

於內，動而健，剛中而應」（九五爻應六二爻）……等。

〔註214〕參見〔漢〕京房撰，〔漢〕陸績注，〔明〕范欽訂：《京氏易傳》，卷上，頁4。

〔註215〕案：此所言「全陰變爲全陽」者，乃針對下卦三爻爲全陰之「游魂」卦；倘若「游魂」卦下卦三爻爲「陰、陰、陽」，則其「歸魂」卦下卦三爻即成「陽、陽、陰」之型式，餘仿此。

| | | | | | | | | |
|---|---|---|---|---|---|---|---|---|
| 萃 | 鼎 | 家人 | 臨 | 大畜 | 屯 | 解 | 遯 | 二世<br>宮卦二爻變<br>（不再回復） |
| 咸 | 未濟 | 益 | 泰 | 損 | 既濟 | 恒 | 否 | 三世<br>宮卦三爻變<br>（不再回復） |
| 蹇 | 蒙 | 无妄 | 大壯 | 睽 | 革 | 升 | 觀 | 四世<br>宮卦四爻變<br>（不再回復） |
| 謙 | 渙 | 噬嗑 | 夬 | 履 | 豐 | 井 | 剝 | 五世<br>宮卦五爻變<br>（不再回復） |
| 小過 | 訟 | 頤 | 需 | 中孚 | 明夷 | 大過 | 晉 | 游魂<br>五世卦五爻<br>返下變四爻 |
| 歸妹 | 同人 | 蠱 | 比 | 漸 | 師 | 隨 | 大有 | 歸魂<br>存游魂上卦<br>而下卦全變 |

　　至於宗羲謂「主卦以上爻爲世，其次五卦以變爻爲世，遊魂以四爻爲世，歸魂以三爻爲世」〔註216〕者，意指除宮卦上爻外，變爻乃成就「世卦」、「游魂」、「歸魂」之關鍵；此觀上述之〈乾〉宮說例，以及覈於上圖，即可明矣。

　　宗羲謂「飛伏」者，「世爻所在，見者爲飛，不見者爲伏」〔註217〕，斯以見、不見爲「飛伏」之義，亦稱簡當。蓋依京房之意，「飛」者，「世之所位，而陰陽之肆者」；「伏」者，「以隱顯佐神明者」〔註218〕。竊以爲，「肆」者，當蘊涵開闊性思維，即「非定於一式」，此或對〈乾〉九五爻「飛龍在天」一語之詮釋推衍〔註219〕；至若「隱顯」，則爲陰陽之質性。然則，「飛伏」乃

---

〔註216〕參見〔清〕黃宗羲撰：《易學象數論》，卷一，葉37。
〔註217〕同前註。
〔註218〕參見〔漢〕京房撰，〔漢〕陸績注，〔明〕范欽訂：《京氏易傳》，卷下，頁30。
〔註219〕案：對此，唐李鼎祚於《周易集解》中引荀爽語，謂「飛者，喻无所居」（釋〈乾・象辭〉），意即「飛」爲居無定所、不受約束。

京房用以闡發陰陽互動之關係，爲「世應」理論之變化應用。宗羲又曰：

> 見者即世爻之納甲，不見者八主卦取相反之納甲，五變卦取主卦之納甲，遊歸二卦取從變之納甲。〔註220〕

所謂「見者即世爻之納甲」，即以干支繫之於世爻，如〈中孚〉（游魂卦），取其六四爻，而繫之辛未；〈小過〉（游魂卦），取其九四爻，而繫之庚午；〈无妄〉（四世卦），取其九四爻，而繫之壬午；〈漸〉（歸魂卦），取其九三爻，而繫之丙申。所謂「不見者八主卦取相反之納甲」，八宮卦中，〈乾〉與〈坤〉反、〈震〉與〈巽〉反、〈坎〉與〈離〉反、〈艮〉與〈兌〉反，此取「旁通」之義。「五變卦取主卦之納甲」者，即變在一世取主卦一爻，變在二世取主卦二爻，餘仿此。「遊歸二卦取從變之納甲」者，以〈乾〉宮爲例，其「游魂」〈晉〉從〈剝〉而變，則取〈剝〉六四爻納甲爲「伏」；「歸魂」〈大有〉從〈晉〉而變，則取〈晉〉下三爻納甲爲「伏」；餘仿此。

竊以京房之「飛伏」理論，可從「爻」、「卦」分說〔註221〕。「爻」之飛伏者，八宮世卦所當之爻，各與其本宮純卦之爻爲飛伏，如〈遯〉（二世卦）六二爻與本宮〈乾〉九二爻爲飛伏；〈夬〉（五世卦）九五爻與本宮〈坤〉六五爻爲飛伏；餘皆仿此。「卦」之飛伏者，八宮之歸魂卦與其本宮三世卦之內卦爲飛伏，如〈大有〉與本宮〈坤〉；八宮之游魂卦與本宮五世卦之外卦爲飛伏，如〈明夷〉與本宮〈震〉；八宮之四、五世卦與別宮卦（除本宮外之七宮）之外卦爲飛伏，如〈觀〉（四世卦）與〈巽〉宮，〈井〉（五世卦）與〈坎〉宮；八宮之一、二、三世卦與別宮卦（除本宮外之七宮）之內卦爲飛伏，如〈姤〉（一世卦）與〈巽〉宮，〈解〉（二世卦）與〈坎〉宮，〈恒〉（三世卦）與〈巽〉宮；八宮卦旁通爲飛伏，即宗羲所言者，如〈乾〉與〈坤〉、〈震〉與〈巽〉、〈坎〉與〈離〉、〈艮〉與〈兌〉也。

「月建」爲京房依其八宮世應理論所作之推衍，宗羲總其要曰：

> 以爻直月，從世起建，布於六位（惟〈乾〉、〈坎〉從初爻起）。〈乾〉起甲子，〈坤〉起甲午，一卦凡六月。〔註222〕

---

〔註220〕參見〔清〕黃宗羲撰：《易學象數論》，卷一，葉37。案：「遊歸」二字，《四庫》本作「遊準」；今據《廣雅》本改。

〔註221〕案：筆者嘗據京房「飛伏」說之內容，製成一表，並依此圖表歸納出「飛伏」說所蘊涵之四種互動模式，見於拙著《周易爻變思想研究》（新北：花木蘭文化出版社，2012年9月），頁40～41。

〔註222〕參見〔清〕黃宗羲撰：《易學象數論》，卷一，葉37～38。案：請合參宗羲「京

依其意，「月建」乃以爻計月，一月一爻，卦體六爻依序始終，而六月成。其法則以八宮世爻起建，茲略述如下：

（1）八宮主卦——〈乾〉起甲子、〈震〉起丙子、〈坎〉起戊寅、〈艮〉起庚寅（以上爲陽宮卦），〈坤〉起甲午、〈巽〉起辛丑、〈離〉起戊申、〈兌〉起乙卯（以上爲陰宮卦）〔註223〕；其中，唯〈乾〉、〈坎〉二卦以初爻起建，餘則皆爲上爻〔註224〕。蓋八宮主卦本應以上爻起建，此「主卦以上爻爲世」之義；然〈乾〉（以甲子起建）、〈坎〉（以戊寅起建）二宮卦，分別與其一世卦〈姤〉（以庚午起建）、〈節〉（以甲申起建），於干支之序皆有六位（六爻）之差，若〈乾〉、〈坎〉以上爻起建，則不合於干支之序，此宗羲稱「惟〈乾〉、〈坎〉從初爻起」之所由也。

（2）八宮世卦——八宮之一世卦、二世卦、三世卦、四世卦、五世卦，皆分別以初爻、二爻、三爻、四爻、五爻起建，此「五卦以變爻爲世」之義。以〈乾〉宮爲例，其一世卦〈姤〉以初爻（庚午）起建，二世卦〈遯〉以二爻（辛未）起建，三世卦〈否〉以三爻（壬申）起建，四世卦〈觀〉以四爻（癸酉）起建，五世卦〈剝〉以五爻（甲戌）起建；其干支皆依序順行，以「天易」、「人易」、「地易」爲陽故也。

（3）八宮游歸——八宮之游魂、歸魂二卦，皆分別以四爻、三爻起建，此「遊魂以四爻爲世，歸魂以三爻爲世」之義。以〈坤〉宮爲例，其游魂卦〈需〉以四爻（甲辰）起建、歸魂卦〈比〉以三爻（癸卯）起建，二者干支依序逆行，以「鬼易」爲陰故也。此外，〈比〉之所以從「癸卯」起建者，依「隔八」原則，自二世卦〈臨〉以丙申（二爻）起建〔註225〕，歷三世卦〈泰〉以丁酉起建，……五世卦〈夬〉以己亥（五爻）起建，其下依序應接庚子（上爻）、辛丑（初爻）、壬寅（二爻），至「癸卯」（三爻）而其數「八」；且〈比〉以三爻起建，故從「癸卯」續之。其餘宮卦之游、歸起建，亦皆仿此。

---

氏月見圖」（葉41～42）。

〔註223〕案：〈乾〉宮卦以甲子（水爲坎爲陽）起建，〈坤〉宮卦以甲午（火爲離爲陰）起建，乃本諸「陰從午，陽從子，子午分行；子左行，午右行」及「〈乾〉、〈坤〉者，陰陽之根本；〈坎〉（子）、〈離〉（午）者，陰陽之性命」等原則而立說（參《京氏易傳》，卷下，頁27）。錄

〔註224〕參見〔清〕黃宗羲撰：《易學象數論》，卷一，「京氏月建圖」，葉41～42。案：然宗羲「京氏月建圖」於八宮卦中，獨缺〈兌〉，或爲抄錄時遺漏也。

〔註225〕案：〈比〉以三爻起建，其上應爲二爻起建，以示接續，故「隔八」之數從〈臨〉（二世卦）起算；餘皆準此。

筆者據《京氏易傳》及陸績（187～219）之注說，將京房八宮月建之內容，臚列成下圖：

## 八宮六十四卦月建圖

| 兌<br>乙卯-庚申 | 離<br>戊申-癸丑 | 巽<br>辛丑-丙午 | 坤<br>甲午-己亥 | 艮<br>庚寅-乙未 | 坎<br>戊寅-癸未 | 震<br>丙子-辛巳 | 乾<br>甲子-己巳 | 八宮 |
|---|---|---|---|---|---|---|---|---|
| 困<br>丙辰-辛酉 | 旅<br>己酉-甲寅 | 小畜<br>壬寅-丁未 | 復<br>乙未-庚子 | 賁<br>辛卯-丙申 | 節<br>甲申-己丑 | 豫<br>丁丑-壬午 | 姤<br>庚午-乙亥 | 一世 |
| 萃<br>戊寅-癸未 | 鼎<br>庚戌-乙卯 | 家人<br>癸卯-戊申 | 臨<br>丙申-辛丑 | 大畜<br>壬辰-丁酉 | 屯<br>乙酉-庚寅 | 解<br>戊寅-癸未 | 遯<br>辛未-丙子 | 二世 |
| 咸<br>戊午-癸亥 | 未濟<br>辛亥-丙辰 | 益<br>甲辰-己酉 | 泰<br>丁酉-壬寅 | 損<br>癸巳-戊戌 | 既濟<br>丙戌-辛卯 | 恒<br>己卯-甲申 | 否<br>壬申-丁丑 | 三世 |
| 蹇<br>己未-甲子 | 蒙<br>壬子-丁巳 | 无妄<br>乙巳-庚戌 | 大壯<br>戊戌-癸卯 | 睽<br>甲午-己亥 | 革<br>丁亥-壬辰 | 升<br>庚辰-乙酉 | 觀<br>癸酉-戊寅 | 四世 |
| 謙<br>庚申-乙丑 | 渙<br>癸丑-戊午 | 噬嗑<br>丙午-辛亥 | 夬<br>己亥-甲辰 | 履<br>乙未-庚子 | 豐<br>戊子-癸巳 | 井<br>辛巳-丙戌 | 剝<br>戊戌-己卯 | 五世 |
| 小過<br>乙丑-庚午 | 訟<br>戊午-癸亥 | 頤<br>辛亥-丙辰 | 需<br>甲辰-己酉 | 中孚<br>庚子-乙巳 | 明夷<br>癸巳-戊戌 | 大過<br>丙戌-辛卯 | 晉<br>己卯-甲申 | 游魂 |
| 歸妹<br>甲子-己巳 | 同人<br>丁巳-壬戌 | 蠱<br>庚戌-乙卯 | 比<br>癸卯-戊申 | 漸<br>己亥-甲辰 | 師<br>壬辰-丁酉 | 隨<br>乙酉-庚寅 | 大有<br>戊寅-癸未 | 歸魂 |

圖中〈兌〉宮二世卦〈萃〉之起建，京氏顯然有誤！依世卦之序，應以「丁巳」起建，至「壬戌」而六位成；宗羲作「京氏月建圖」，即有見於此而逕改之〔註226〕。

「積算」亦為京房自八宮世應理論推衍而來；宗羲概括此說之大要，其言曰：

> 以爻直日，從建所止起日，如〈姤〉上九乙亥，即以乙亥起，上九
> 為一日，終而復始，一卦凡百有八十日也。〔註227〕

依其意，「積算」乃以日論卦，每卦皆自上爻起算，一爻為一日，周而復始，而成一百八十日；其序世爻、干支之原則，亦同於「月建」之法。以〈乾〉

---

〔註226〕參見〔清〕黃宗羲撰：《易學象數論》，卷一，「京氏月建圖」，葉41～42。
〔註227〕同前註，葉38。

宮爲例，〈乾〉起於己巳而終於戊辰〔註228〕，依「月建」之法，其干支亦須歷六爻之位，即起算（己巳）下接庚午、辛未、壬申、癸酉、甲戌，故〈姤〉（一世卦）以「乙亥」起算而終於丙戌；〈坎〉宮主卦與其一世卦〈節〉，亦準此例。其餘八宮世卦、游魂、歸魂之「積算」，其原則與月建無異；至於〈萃〉卦，其積算應循月建之例，改爲壬戌至辛酉。

以此觀之，宗羲於京氏「月建」、「積算」理論，既能入其肯綮、總其旨要，則對當世「術家以月爲直符、日爲傳符，指六爻所見之支當之」〔註229〕者，自能駁其謬而斷其非。

又謂京氏「鬼爲繫爻，財爲制爻，天地爲義爻（天地即父母也），福德爲寶爻（福德即子孫也），同氣爲專爻（兄弟爻也）」〔註230〕之語，即術家藉以定其六親之說也。然彼等術家之定「身爻」，皆以世爻（主卦及五世卦）地支爲判（不涉天干），將十二地支分二（各爲六），前六支以子（陽）爲首（初爻）、巳（陰）爲尾（上爻），後六支以午（陽）爲首（初爻）、亥（陰）爲尾（上爻），首從首、尾從尾，而各配以六爻；即以「子午」身居初爻（陽）、「丑未」身居二爻（陰）、「寅申」身居三爻（陽）、「卯酉」身居四爻（陰）、「辰戌」身居五（陽）、「巳亥」身居上（陰）；而京氏無定身爻之例。蓋京氏釋〈乾〉之卦例，曰：

> 水配位爲福德（甲子水是〈乾〉之子孫），木入金鄉居寶貝（甲寅木是〈乾〉之財），土臨內象爲父母（甲辰土是〈乾〉之父母），火來四上嫌相敵（壬午火是〈乾〉之官鬼），金入金鄉木漸微（壬申金同位傷木），宗廟上建戌亥〈乾〉本位（戌亥〈乾〉之位）。〔註231〕

宗羲以京氏此論水、木、土、火、金五者，即寓初爻、二爻、三爻、四爻、五爻之義；至於陸績注「壬申金同位」與「宗廟上建戌亥〈乾〉本位」之語，宗羲以前者指「〈乾〉之兄弟」，後者則謂「上爻壬戌土」〔註232〕。然則，若依術家所言，則〈乾〉五爻爲身爻，〈乾〉上爻復爲父母（與三爻同）〔註233〕，

---

〔註228〕案：有關「積算」之干支始終，皆明載於《京氏易傳》，此不再臚列。

〔註229〕參見〔清〕黃宗羲撰：《易學象數論》，卷一，葉38。

〔註230〕參見〔漢〕京房撰，〔漢〕陸績注，〔明〕范欽訂：《京氏易傳》，卷下，頁28。

〔註231〕同前註，卷上，頁2。

〔註232〕參見〔清〕黃宗羲撰：《易學象數論》，卷一，葉38。案：稱「兄弟」者，以五爻壬申與〈乾〉本宮之五行皆屬金，故名。

〔註233〕案：三爻甲辰與上爻壬戌皆屬土，土生〈乾〉本宮之金，故謂之「父母」。

其倫序亂矣！故宗羲稱京氏無以爻定身之言者，以世爻即身爻，倘於世爻之外復有身爻，亦已贅矣！此外，京氏嘗言：「龍德十一月，在子、在坎卦，左行；虎刑五月，午在離卦，右行。」〔註234〕此依月建之法，即龍德起於「子」（〈坎〉），左行至四月在「巳」，「虎刑」（五月）繼之；而虎刑起建於「午」（〈離〉），右行至十月在「亥」，龍德（十一月）繼之。故宗羲指當世術家「見子即爲龍德，見午即爲虎刑」〔註235〕，蓋失之遠矣！

　　至於京氏「卦位」、「五星」、「二十八宿」及「盈虛」諸說，宗羲以爲皆當世術家之所無也。所謂「卦位」者，京氏將元士、大夫、三公、諸侯、天子、宗廟等，依序配與初爻、二爻、三爻、四爻、五爻、上爻，藉以詮釋《易》卦六爻之義；而此理論與《易緯・乾鑿度》所謂「元士」、「大夫」、「公」、「諸侯」、「天子」、「宗廟」〔註236〕之說法相類，蓋皆本於《繫辭傳》「爻有等，故曰物」（《下繫》）及「列貴賤者存乎位」（《上繫》）之語。「五星」、「二十八宿」之說，則皆從世爻入卦，以定其吉凶。「盈虛」者，宗羲謂「盈則三十有六，虛則二十有八，內外卦各分其半，以其五行所屬起世爻，巡於六位，視與爻之納甲相生剋，定其吉凶」〔註237〕，此以氣候盈虛、五行生剋，以定吉凶，乃京氏之卦例，所謂「五行，正則吉，極則凶」〔註238〕，即寓此義。以歸魂卦〈大有〉（〈乾〉宮）爲例，分三十六候，其內卦爲初爻甲子屬水、二爻甲寅屬木、三爻甲辰屬土（以上同於〈乾〉宮內卦），外卦（〈離〉）四爻己酉屬金、五爻己未屬土、上爻己巳屬火；其中，九三爻甲辰爲世爻，其五行屬土，覈之其它五爻之五行，則生剋、吉凶明矣。

### 4・辨諸家之「卦氣」說

　　夫以「卦氣」占驗，乃漢代象數《易》學之一大特色。蓋「卦氣」一詞，不見於先秦文獻中，至《漢書・古永傳》、《易緯・稽覽圖》始見〔註239〕。《新

---

〔註234〕參見〔漢〕京房撰，〔漢〕陸績注，〔明〕范欽訂：《京氏易傳》，卷下，頁28。

〔註235〕參見〔清〕黃宗羲撰：《易學象數論》，卷一，葉39。

〔註236〕參見〔日〕安居香山、中村璋八輯：《緯書集成》（石家莊：河北人民出版社，1994年），頁20～21。

〔註237〕參見〔清〕黃宗羲撰：《易學象數論》，卷一，葉39。案：據《京氏易傳》（天一閣刊本）所載，各卦氣候盈者多三十六；唯〈恆〉分氣候爲「三十八」，此恐爲抄錄之誤，當作「二十八」也。故宗羲直言「盈則三十有六」。

〔註238〕參見〔漢〕京房撰，〔漢〕陸績注，〔明〕范欽訂：《京氏易傳》，卷上，頁10。

〔註239〕案：谷永嘗言：「王者躬行道德，承順天地，博愛仁恕，恩及行葦。籍稅取民，不過常法；宮室車服，不逾制度。事節財足，黎庶和睦，則卦氣理效，五徵

唐書》則載有唐僧一行（683～727）所撰《卦議》之大要，謂「十二月卦出
於《孟氏章句》，其說《易》本於氣，而後以人事明之。京氏又以卦爻配期
之日，〈坎〉、〈離〉、〈震〉、〈兌〉，其用事自分、至之首，皆得八十分日之七
十三。〔……〕。當據孟氏，自多至初，〈中孚〉用事〔……〕。〈坎〉、〈震〉、
〈離〉、〈兌〉，二十四氣，次主一爻，其初則二至、二分也」〔註240〕，故《四
庫》館臣指《稽覽圖》「首言『卦氣起〈中孚〉』〔……〕，蓋即孟喜、京房之
學所自出。漢世大儒言《易》者，悉本於此，最爲近古」〔註241〕。又清儒
惠棟撰有《易漢學》一書，其文首列孟喜（長卿）之「卦氣圖說」，並附有
「卦氣七十二候圖」，謂其乃「（宋）李溉所傳卦氣圖也，其說原於《易緯》」
（參《四庫》本，卷一）。

　　總此，故「卦氣」理論，前人多推西漢孟喜爲開宗；惟近人對「卦氣」
之起源，或稱殷墟卜辭有之，或指《尚書・堯典》可見，或言子夏之時即有，
或謂《周髀算經》已錄，或以《繫辭傳》、《說卦》、《帛書周易》證之，雖各
有主張、持論不一，而以「卦氣」源於先秦時期，則無異焉！雖有梁韋弦先
生（1953～）力護傳統之說、獨排眾議，然猶未能易此學術氛圍也〔註242〕。
竊以爲，就學說之形成而論，「卦氣」源於先秦，固非虛造；就具體理論而言，
「卦氣」始於孟喜，益爲有據〔註243〕。故與其爭辯於「無果」之卦氣起始，
無如正視其於後世之用；誠如孫師劍秋先生所言，吾人對待「卦氣」說，宜

時序，百姓壽考，宿中蕃滋，符瑞並降，以昭保右。」（參《漢書補注》，卷
八十五，葉15）《易緯・稽覽圖》則載：「甲子卦氣起〈中孚〉。」鄭玄注云：
「卦氣，陽氣也。」（參《緯書集成》，頁122）

〔註240〕　參見〔宋〕歐陽脩、宋祁撰：《新唐書》（北京：中華書局，1997年），卷二
十七上，葉598～599。案：「孟氏」即指孟喜；而唐僧一行所撰《卦議》之
大要，乃現存孟喜「卦氣」理論之唯一史料。

〔註241〕　參見〔清〕紀昀等編：《四庫全書總目》，卷六，「經部六・易類六」，頁70。

〔註242〕　參見孫師劍秋撰：《易理新論》（臺北：中華文化教育學會，2007年），「〈論
卦氣的起源及其意義〉」，頁75～76。案：梁韋弦先生以爲，「漢易卦氣學說」
之主要來源，乃「秦漢間發展形成」，「以天人感應論和陰陽五行災異說爲理
論支撐，以曆法和易卦結合爲形式」之「數術體系」（參《易學考論》，頁120）；
又謂卦氣乃「西漢孟喜、京房等象數學家建構的以占驗人事吉凶爲宗旨的占
筮體系」（同上，頁125）。

〔註243〕　案：近人屈萬里先生即指「卦氣之說，出於孟喜」（參《先秦漢魏易例述評》，
頁82），徐復觀先生亦謂「卦氣說，實由孟喜立其基幹，更無可疑」（參《徐
復觀論經學史二種》，頁68）；斯二先生所論皆本於《新唐書》所載唐僧一行
《卦議》之大要。

還原至漢代，知其於當代所造成之影響，以及對後代天文曆法學產生之作用，方為正確之態度〔註 244〕。

宗羲之論「卦氣」，但稱「《易緯》有卦氣之法，京房精於其學」〔註 245〕。宗羲此未言及孟喜者，豈不知其有「卦氣」之說耶？非也。宗羲既熟諳《二十一史》，則於《新唐書》所載孟喜「卦氣」之論，自當知悉，而所以未言及者，或以其說出於僧人所錄，有所不取；或以其內容簡略〔註 246〕，未如《易緯》之詳也。

蓋「卦氣」者，以二十四節氣依序分屬於〈坎〉、〈震〉、〈離〉、〈兌〉四卦，每卦從六節氣；其餘六十卦，則起自〈中孚〉，歷〈復〉、〈屯〉、〈謙〉……，終於〈頤〉。夫卦有六爻，每爻主一日，則此六十卦凡主三百六十日；所餘五又四分之一日，每日分為八十分，凡積四百二十分，將其均於六十卦，每卦又得七分。總此合數，則每卦有六日七分矣。此外，復於此六十卦中別置〈復〉、〈臨〉、〈泰〉、〈大壯〉、〈夬〉、〈乾〉、〈姤〉、〈遯〉、〈否〉、〈觀〉、〈剝〉、〈坤〉等十二卦，稱之為「辟卦」（或「消息卦」），並將六十卦依序分屬之（十二辟卦）；其中，〈復〉、〈臨〉、〈泰〉、〈大壯〉、〈夬〉、〈乾〉六者為「息卦」（自〈坤〉而來），謂之「太陽」，其所屬之卦曰「少陽」；〈姤〉、〈遯〉、〈否〉、〈觀〉、〈剝〉、〈坤〉六者為「消卦」（自〈乾〉而來），謂之「太陰」，其所屬之卦曰「少陰」。此「十二辟卦」，每爻各主一候，故凡主七十二候，以配二十四節氣、以均一年之期；即一氣主三候，一候則約主五日也〔註 247〕。茲將「卦氣」之說，以圖表方式臚列於下：

---

〔註 244〕參見孫師劍秋撰：《易理新論》，「〈論卦氣的起源及其意義〉」，頁 77。

〔註 245〕參見〔清〕黃宗羲撰：《易學象數論》，卷二，葉 1。

〔註 246〕案：梁韋弦先生於「卦氣」說，用力頗深，多所考證；然亦不免謂「從孟氏遺說中看不出孟氏有以十二月卦獨立統一的系統」（參《漢易卦氣學研究》，頁 17），且「沒有具體列出十二消息卦之名」（同上，頁 13），亦無「明確的六日七分的提法」（同上，頁 6）。竊觀《卦議》所載孟氏「卦氣」大要，實未述及六十卦（除四正卦外）與七十二候之具體關係，倘無輔以《易緯》、《京氏易傳》與《新唐書‧曆志》（卷二十八上，葉 640～642）之推衍，以及李溉所傳「卦氣七十二候圖」（朱震《漢上易傳》、惠棟《易漢學》皆引以為說），則學者於孟喜之「卦氣」理論架構，恐多止於臆測，而未能得其旨矣！

〔註 247〕案：此可參考《呂氏春秋‧十二紀》、《淮南子‧天文訓》及《禮記‧月令》所載。

| 六日七分圖 | （十二辟卦主七十二候） | | |
|---|---|---|---|
| 〈坎〉初六[冬至] 十一月中 | 〈復〉 | 六四丘蚓結<br>六五麋角解 | 〈中孚〉公 六日七分 |
| | | 上六水泉動 | 〈復〉辟 十二日十四分 |
| 九二小寒 十二月節 | 〈臨〉 | 初九雁北鄉 | 〈屯〉侯 十八日二一分 |
| | | 九二鵲始巢 | 〈謙〉大夫 二十四日二十八分 |
| 六三大寒 十二月中 | | 六三雉雊 | 〈睽〉卿 三十日三十五分 |
| | | 六四雞乳<br>六五征鳥厲疾 | 〈升〉公 三十六日四十二分 |
| | | 上六水澤腹堅 | 〈臨〉辟 四十二日四十九分 |
| 六四立春 正月節 | 〈泰〉 | 初九東風解凍 | 〈小過〉侯 四十八日五十六分 |
| | | 九二蟄蟲始振 | 〈蒙〉大夫 五十四日六十二分 |
| 九五雨水 正月中 | | 九三魚上冰 | 〈益〉卿 六十日七十分 |
| | | 六四獺祭魚<br>六五鴻雁來 | 〈漸〉公 六十六日七十七分 |
| | | 上六草木萌動 | 〈泰〉辟 七十三日四分 |
| 上六驚蟄 二月節 | 〈大壯〉 | 初九桃始華 | 〈需〉侯 七十九日一十一分 |
| | | 九二倉庚鳴 | 〈隨〉大夫 八十五日十八分 |
| 〈震〉初九[春分] 二月中 | | 九三鷹化爲鳩 | 〈晉〉卿 九十一日二十五分 |
| | | 九四玄鳥至<br>六五雷乃發聲 | 〈解〉公 九十七日三十二分 |
| | | 上六始電 | 〈大壯〉辟 一百三日三十九分 |
| 六二清明 三月節 | 〈夬〉 | 初九桐始華 | 〈豫〉侯 一百九日四十六分 |
| | | 九二田鼠化爲鴽 | 〈訟〉大夫 一百十五日五十三分 |
| 六三穀雨 三月中 | | 九三虹始見 | 〈蠱〉卿 一百二十一日六十分 |
| | | 九四萍始生<br>九五鳴鳩拂其羽 | 〈革〉公 一百二十七日六十七分 |
| | | 上六戴勝降於桑 | 〈夬〉辟 一百三十三日七十四分 |
| 九四立夏 四月節 | 〈乾〉 | 初九螻蟈鳴 | 〈旅〉侯 一百四十日一分 |
| | | 九二丘蚓出 | 〈師〉大夫 一百四十六日八分 |
| 六五小滿 四月中 | | 九三王瓜生 | 〈比〉卿 一百五十二日十五分 |
| | | 九四苦菜秀<br>九五靡草死 | 〈小畜〉公 一百五十八日二十二分 |
| | | 上九麥秋至 | 〈乾〉辟 一百六十四日二十九分 |
| 上六芒種 五月節 | 〈姤〉 | 初六螳螂生 | 〈大有〉侯 一百七十日三十六分 |
| | | 九二鵙始鳴 | 〈家人〉大夫一百七十六日四十三分 |
| | | 九三反舌無聲 | 〈井〉卿 一百八十二日五十分 |

| | | | | |
|---|---|---|---|---|
| 〈離〉初九夏至 五月中 | | 九四鹿角解<br>九五蜩始鳴 | 〈咸〉公 | 一百八十八日五十七分 |
| | | 上九半夏生 | 〈姤〉辟 | 一百九十四日六十四分 |
| 六二小暑 六月節 | 〈遯〉 | 初六溫風至 | 〈鼎〉侯 | 二百日七十一分 |
| | | 六二蟋蟀居壁 | 〈豐〉大夫 | 二百六日七十八分 |
| 九三大暑 六月中 | | 九三鷹學習 | 〈渙〉卿 | 二百一十三日五分 |
| | | 九四腐草化爲螢<br>九五土潤溽暑 | 〈履〉公 | 二百一十九日十二分 |
| | | 上九大雨時行 | 〈遯〉辟 | 二百二十五日十九分 |
| 九四立秋 七月節 | 〈否〉 | 初六涼風至 | 〈恒〉侯 | 二百三十一日二十六分 |
| | | 六二白露降 | 〈節〉大夫 | 二百三十七日十二分 |
| | | 六三寒蟬鳴 | 〈同人〉卿 | 二百四十三日四十分 |
| 六五處暑 七月中 | | 九四鷹祭鳥<br>九五天地始肅 | 〈損〉公 | 二百四十九日四十七分 |
| | | 上九禾乃登 | 〈否〉辟 | 二百五十五日五十四分 |
| 上九白露 八月節 | 〈觀〉 | 初六鴻雁來 | 〈巽〉侯 | 二百六十一日六十一分 |
| | | 六二玄鳥歸 | 〈萃〉大夫 | 二百六十七日六十八分 |
| | | 六三羣鳥養羞 | 〈大畜〉卿 | 二百七十三日七十五分 |
| 〈兌〉初九秋分 八月中 | | 六四雷始收聲<br>九五蟄蟲坏戶 | 〈賁〉公 | 二百八十日二分 |
| | | 上九水始涸 | 〈觀〉辟 | 二百八十六日九分 |
| 九二寒露 九月節 | 〈剝〉 | 初六鴻雁來賓 | 〈歸妹〉侯 | 二百九十二日十六分 |
| | | 六二雀入大水爲蛤 | 〈无妄〉大夫 | 二百九十八日二十三分 |
| | | 六三菊有黃華 | 〈明夷〉卿 | 三百四日三十分 |
| 六三霜降 九月中 | | 六四豺祭獸<br>六五草木黃落 | 〈困〉公 | 三百一十日三十七分 |
| | | 上九蟄蟲咸俯 | 〈剝〉辟 | 三百一十六日四十四分 |
| 九四立冬 十月節 | 〈坤〉 | 初六水始氷 | 〈艮〉侯 | 三百二十二日五十一分 |
| | | 六二地始凍 | 〈既濟〉大夫 | 三百二十八日五十八分 |
| | | 六三雉入水化蜃 | 〈噬嗑〉卿 | 三百三十四日六十五分 |
| 九五小雪 十月中 | | 六四虹藏不見<br>六五天氣騰地氣降 | 〈大過〉公 | 三百四十日七十二分 |
| | | 上六閉塞而成冬 | 〈坤〉辟 | 三百四十六日七十九分 |
| 上六大雪 十一月節 | 〈復〉 | 初九鶡鳥不鳴 | 〈未濟〉侯 | 三百五十三日六分 |
| | | 六二虎始交 | 〈蹇〉大夫 | 三百五十九日十三分 |
| | | 六三荔挺出 | 〈頤〉卿 | 三百六十五日二十分 |

孔穎達（574～648）於「反復其道，七日來復」（〈復・彖辭〉）下疏云：

> 剝卦陽氣之盡，在於九月之末。十月純〈坤〉用事，坤卦有六日七
> 分。坤卦之盡，則復卦陽來，是從〈剝〉盡至陽氣來復，隔〈坤〉
> 之一卦六日七分，舉成數言之，故輔嗣言凡七日也。〔註248〕

此「舉成數言之，故輔嗣言凡七日」之語，洵爲孔氏一己之論；蓋王弼於
「反復其道，七日來復」下注云：「陽氣始剝盡，至來〈復〉時，凡七日。」
〔註249〕未嘗述及卦氣之六日七分。故宗羲對孔氏此說，頗爲不然，乃駁之
曰：

> 以十二辟卦言之，〈剝〉之至〈復〉，所隔惟〈坤〉六爻，其一爻當
> 一候，一候得五日五分六分分之五，六爻得三十日三十五分，非七
> 日也。以六十卦言之，一卦六日七分，〈剝〉之至〈復〉，中隔〈艮〉、
> 〈既濟〉、〈噬嗑〉、〈大過〉、〈坤〉、〈未濟〉、〈蹇〉、〈頤〉、〈中孚〉
> 九卦，計五十四日六十三分，非一卦也。〔註250〕

依宗羲之意，孔氏之疏，其謬者有二：一者，辟卦以爻計候、以候計日，不
得以一卦六日七分之法羼之，是以自〈剝〉至〈復〉，其隔僅〈坤〉六爻（候），
凡三十日三十五分，非七日也；二者，六日七分之法，雖以卦爻計日，然所
依者爲六十卦之序，非辟卦之序，故從〈剝〉至〈復〉，中經〈艮〉、〈既濟〉
……等九卦，非所稱僅〈坤〉一卦也。宗羲指孔氏牽合二者，誠不合《易》
之「七日來復」。然則，「七日來復」者，何謂耶？宗羲釋云：

> 取卦之反易爲義，反〈剝〉爲〈復〉，所歷七爻，以一日爲一爻，故
> 曰「反復其道」；「反復」即反覆也，與卦氣何與？〔註251〕

言下之意，「七日來復」者，取〈剝〉、〈復〉爲覆卦之義；以爻數敘之，自
〈剝〉上爻起，歷〈復〉上爻、五爻、四爻……，終於〈復〉初爻，凡七爻，
一爻一日，是爲「七日」〔註252〕，殆無涉於卦氣之說也。又曰：「即使孔氏
之疏能合卦氣，則《易》之辭無乃爲卦氣圖說乎？爲卦氣之法者，必戲耶？

---

〔註248〕參見〔魏〕王弼注，〔唐〕孔穎達疏，〔清〕阮元校勘：《周易正義》，《十三
　　　　經注疏》，卷三，頁65。
〔註249〕同前註。
〔註250〕參見〔清〕黃宗羲撰：《易學象數論》，卷二，葉2。案：所謂「一候得五日
　　　　五分六分分之五」者，爲精算之數；即以七十二候均於一年（三百六十五又
　　　　四分之一日）所得之數也。
〔註251〕同前註。
〔註252〕案：此參宗羲於〈原象〉所論〈剝〉、〈復〉二卦，即可知矣。

文王耶？」〔註253〕其批駁之意、揶揄之情，已然流露！雖然，宗羲既稱「七日來復」與卦氣無涉，則其以一爻一日爲計者，所據爲何？若以《易》卦三百八十四爻爲數，則一年豈不成三百八十四日耶？若以六十卦爲數，則年僅三百六十日耳！況此又近乎六日七分、卦氣之說。此外，以覆卦往來釋「七日來復」，則〈屯〉與〈蒙〉、〈需〉與〈訟〉……等，當皆可準此之說；然「七日」之數，其序爲何？亦未明其例。蓋〈蠱〉卦辭「元亨，利涉大川；先甲三日，後甲三日」及〈巽〉九五爻「先庚三日，後庚三日，吉」之語，或以卦言，或以爻說，而皆以七日爲吉，則「七」者，或古人之「吉」數（寓循環之義）〔註254〕，故〈震〉、〈既濟〉之六二爻皆謂「勿逐，七日得」；即〈復〉卦辭「反復其道，七日來復。利有攸往」者，亦當循此爲論也。

宗羲以爲，「卦氣」論起於「六日七分」說之後；而「六日七分」之說有三：一者，焦贛之法；二者，魏伯陽之法；三者，京房之法。茲分述於下〔註255〕：

（1）焦贛之法——

自〈乾〉至〈未濟〉，依《易》書本序，以一卦直一日，〈乾〉直甲子，〈坤〉直乙丑，至〈未濟〉直癸亥，盡六十日，六周而三百六十日。四正卦則直二分二至（〈坎〉冬至，〈離〉夏至，〈震〉春分，〈兌〉秋分），不在六十卦輪直之列。

（2）魏伯陽之法——

以〈乾〉、〈坤〉、〈坎〉、〈離〉四卦爲橐籥；餘六十卦依《序卦》，一爻直一時，一月有三百六十時，足其數者。又以十二辟卦，每卦管領一時。

（3）京房之法——

---

〔註253〕參見〔清〕黃宗羲撰：《易學象數論》，卷二，葉2。

〔註254〕案：王國維嘗言：「余覽古器物銘，而得古之所以名日者凡四，曰初吉，曰既生霸，曰既望，曰既死霸；因悟古者蓋分一月之日爲四分：一曰『初吉』，謂自一日至七八日也；二曰『既生霸』，謂自八九日以降至十四五日也。……凡初吉、既生霸、既望、既死霸，各有七日或八日。」（《觀堂集林》卷一，「生霸死霸考」，頁 21～22）據此，則古人以一至七日爲「吉」（八日則或已至既生霸，故不取），繼而以此爲循環之數，亦非空穴：蓋〈小畜〉上九爻「月幾望，君子征凶」之語，以及〈復·象辭〉釋「反復其道，七日來復」爲「天行也」，或可爲參。

〔註255〕參見〔清〕黃宗羲撰：《易學象數論》，卷二，葉3。案：唐僧一行於《卦議》所載孟氏「卦氣」大要，實無明述「六日七分」之說。

〈乾〉起甲子，〈坤〉起甲午，每卦直六月。〔註256〕

故宗羲乃謂「六日七分者，六日既盡，七分便爲來日之始，非必取足八十分，而自爲一日」〔註257〕；宋儒以其餘算（七分）歸於一卦，或以之（七分）置閏，而謂一卦直七日、一卦直六日者，皆「失其意矣」〔註258〕！

夫先儒之論卦氣，或謂冬至不起於〈中孚〉；所以然者，蓋以「〈中孚〉爲大雪之終，氣至冬至而始盡，故繫於冬至之下。〈中孚〉之於冬至，於象、於名，兩無當也」〔註259〕；對此，宗羲則引揚雄「陽氣藏於黃宮，信無不在其中」〔註260〕之語，而謂「〈中孚〉之直冬至者，顧以其名耳」〔註261〕，然揚氏所傳之卦義，亦「未免穿鑿附會，未嘗爲《易》之篤論也」〔註262〕。蓋宗羲以爲，彼據《序卦》爲六十卦之序者，甲子起於〈乾〉，癸亥終於〈節〉；以〈中孚〉、〈小過〉、〈既濟〉、〈未濟〉分屬於〈坎〉（冬至）、〈離〉（夏至）、〈震〉（春分）、〈兌〉（秋分）四卦者，則甲子仍起於〈中孚〉，此亦古法也。

至宋，邵雍以六日七分之法施於「先天圖」，乃黜冬至起於〈中孚〉之說，而更之以〈復〉（夏至起於〈姤〉），且將主二十四節氣之〈坎〉、〈離〉、〈震〉〈兌〉，易爲〈乾〉、〈坤〉、〈坎〉、〈離〉，是爲「圓圖」之卦氣；復以方圖〈乾〉、〈兌〉、〈離〉、〈震〉，各重之爲六十四卦，凡二百五十六卦，以之算大運、小運，是爲「皇極」之學〔註263〕。（元）張理（仲純）亦作冬至起於〈復〉，以〈泰〉（居東北）爲正月、〈乾〉（居東南）爲四月、〈否〉（居西南）爲七月、〈坤〉（居西北）爲十月，是爲「方圖」之卦氣；復以陰陽相類，依序並列，六陽居南，六陰居北，陽自下而升，陰自上而降，廣「辟卦」

---

〔註256〕案：此京房「月建」、「積算」之說（以月建而論，一卦六月：以積算而論，一爻一日，周而復始）；而宗羲以之言「六日七分」。

〔註257〕參見〔清〕黃宗羲撰：《易學象數論》，卷二，葉3。

〔註258〕同前註。

〔註259〕同前註，葉2。

〔註260〕同前註。

〔註261〕同前註。

〔註262〕同前註，葉5。

〔註263〕同前註。案：胡渭以爲，邵雍《圓圖》「惟明丹道，不主占候，固不必一一求合於卦氣也。其極數知來之學，全在加一倍法，與此圖無涉。至於《方圖》，則內外疊作四層，意在明十六卦兩隅尖射之巧妙，難用分卦直日法。」（參《易圖明辨》，頁169）然則，胡氏之持見，蓋與宗羲迥異也。又案：「二百五十六卦」一語，《四庫》本作「一百五十六卦」，恐爲抄錄之誤，今逕改。

之法〔註264〕。

　　以此觀之，諸家之論卦氣，皆各抒己意，實無一定之理也。宗羲以爲，六十卦之排比，唯《序卦》可據，然其陳義不能通於「六日七分」之說，故漢儒乃別求其義於卦名，於是乎有冬至起於〈中孚〉之論；而宋儒則以奇偶之升降、消長立說，於《易》文可據之四時、方位，皆反之不受。然則，「宋儒之畫，漢儒之義，猶二五之爲十也。孰分其優劣哉」〔註265〕！近人屈萬里先生嘗評諸家之論卦氣，即云：「卦氣六十卦之序，所以顛到經卦之序者，不過爲附會卦名、齊同卦畫而已。使其說果有當乎《易》旨，則作《易》者何不即以卦氣之序爲序，而必待漢人竄亂舊章哉！」〔註266〕又謂「有清一代，樸學昌明，闢宋人『先天』、『後天』、《河圖》、《洛書》之說；既已廓而清之，而獨於卦氣之術，尚多篤信之者，何其不知類也」〔註267〕？至若「張惠言《虞氏易候》，復以象數釋七十二候，益多穿鑿」〔註268〕矣！

### （四）論卦變、互體之說

#### 1・駁「以卦爻生換」之卦變說

　　夫卦變之說，蓋起於〈否・彖辭〉「大往小來」及〈泰・彖辭〉「小往大來」二語。雖然，宗羲以爲，《易》六十四卦中，〈乾〉、〈坤〉、〈頤〉、〈大過〉、〈坎〉、〈離〉、〈中孚〉、〈小過〉等八卦，固不可反對者（非「覆卦」），則反其奇偶（陰陽）以相配（即「旁通」），故爻亦隨卦而變，於是乎有在此則吉、在彼則凶，在彼則當位、在此則不當位之論；其二十八對「覆卦」，亦依此理而往來、對應，諸如行有无妄之守（〈无妄〉）、反有天衢之用（〈大畜〉），時有豐亨之遇（〈豐〉）、反有羈旅之凶（〈旅〉），此謂之「卦變」〔註269〕。然則，依宗羲之意，「卦變」者，乃以卦爻之義爲據，執其兩端（陰陽往來）論之，而非以此卦生彼卦、此爻換彼爻也。

　　朱子嘗言：「近略考卦變，以《彖辭》考之，說卦變者凡十九卦，蓋言成卦之由。凡《彖辭》不取成卦之由，則不言所變之爻。」〔註270〕此朱子

---

〔註264〕同前註，葉4～5。

〔註265〕同前註，葉5。

〔註266〕參見屈萬里撰：《先秦漢魏易例述評》，頁95。

〔註267〕同前註，頁98

〔註268〕同前註，頁95。

〔註269〕參見〔清〕黃宗羲撰：《易學象數論》，卷二，葉12。

〔註270〕參見〔宋〕黎靖德編：《朱子語類》，卷67，「易三」，頁1667。

之「卦變」也。然宗羲引《繫辭傳》「爻者，言乎變者也」（《上繫》）之語，而駁之曰：「《易》中何卦不言變？辭有隱顯，而理無不寓；即證之《象辭》，亦非止十九卦也。」〔註271〕綜其所論，如「〈訟〉『剛來而得中』，以〈需〉之反對觀之，彼得正又居中，此但得中不能得正。〈泰〉、〈否〉之「往來」，所謂『反其類』。〈隨〉『剛來而下柔』，〈蠱〉剛上而柔下，二卦反對」等〔註272〕，此朱子「十九卦」之屬，而皆以「反對」（覆卦）爲義；「〈小畜〉『密雲不雨』，反對爲〈履〉。〈履〉下之〈兌〉，澤氣成雲，故曰『密雲』；〈兌〉變而〈巽〉，風以散之，故曰『不雨』。〈大有〉『應乎天而時行』，方其〈同人〉在二之時，應乎天也，今時行而居其位。〈謙〉『地道卑而上行』，地道指〈坤〉，〈豫〉在下卦爲卑，〈謙〉在上卦爲上行。〔……〕〈明夷〉『初登於天』言〈晉〉，『後入於地』言〈明夷〉。〔……〕」〔註273〕等，皆出乎朱子「十九卦」之外者，而亦以「反對」爲義。至於〈乾〉、〈坤〉、〈頤〉、〈大過〉、〈坎〉、〈離〉、〈中孚〉、〈小過〉等，則反其奇偶以配之，如「〈中孚〉上爻之『翰音』，反對即爲〈小過〉初爻之『飛鳥』；〈頤〉之『口實』由〈大過〉之兌，〈大過〉『士夫』、『老夫』由〈頤〉之〈艮〉、〈震〉；此《序卦》之不可易也」〔註274〕。

宗羲以爲，「卦變」之法，虞仲翔（翻）、蜀才等，亦已發其端矣！蓋虞翻嘗以「〈師〉二上之五得位」〔註275〕釋〈比〉，蜀才亦有「此（〈比〉）本〈師〉卦。案：六五降二，九二升五」〔註276〕之語。至李挺之，其所傳變卦反對圖可謂獨得其眞；然又與六十四卦相生圖並出，致有擇焉不精之弊〔註277〕！其

〔註271〕參見〔清〕黃宗羲撰：《易學象數論》，卷二，葉12。
〔註272〕同前註，葉12～13。
〔註273〕同前註，葉14。
〔註274〕同前註，葉15。案：「〈頤〉之『口實』由〈大過〉之兌，〈大過〉『士夫』、『老夫』由〈頤〉之〈艮〉、〈震〉」，乃取《說卦》釋八卦之義，如〈兌〉爲「口」、〈艮〉爲「少男」、〈震〉爲「長男」之類。
〔註275〕參見〔唐〕李鼎祚輯：《周易集解》（臺北：臺灣商務印書館，1996年），卷三，頁61。
〔註276〕同前註，頁62。
〔註277〕案：胡渭於宗羲此論，頗有同感，乃附之曰：「李挺之言卦變，莫善於反對，莫不善於相生。」（參《易圖明辨》，卷九，頁210）又指「李氏《反對圖》首列〈乾〉、〈坤〉二卦爲《易》之門，則諸卦宜皆出於〈乾〉、〈坤〉；而乃〈乾〉、〈坤〉下生之卦，一陰生自〈姤〉，一陽生自〈復〉，二陰生自〈遯〉，二陽生自〈臨〉，三陰生自〈否〉，三陽生自〈泰〉，何其紛糾之甚也」（參《易圖明

後，來知德（1526～1604）以此說「卦變」，而以反對者爲「綜」、奇偶相反者爲「錯」；殊不知奇偶相反之中，已寓「反對」之義矣〔註278〕！儘管如此，宗羲以「反對」言卦變，亦有可議者也。茲陳述於下：

其一：宗羲謂「〈臨〉『至於八月』，〈觀〉二陽在上，〈臨〉二陽在下，自〈臨〉至〈觀〉歷八爻，故言『八月』。〈復〉「七日來復」，〈剝〉一陽在上，〈復〉一陽在下，自〈剝〉至〈復〉歷七爻，故言『七日』」〔註279〕。此解〈臨〉與〈觀〉、〈剝〉與〈復〉，皆以爻數爲義；前者爲一爻一月，後者則一爻一日。然則，爻之以「月」、以「日」，豈不隨其所解之卦而定，斯亦怪矣！

其二：宗羲所舉論者，或取於《象辭》，或取於卦辭，或取於爻辭，或取於《說卦》，或取於象，或取於爻數，其例亦無統矣！例如，其論〈損〉、〈益〉二卦，謂「由〈損〉觀之，似以三爻益上爻；由〈益〉觀之，似以四爻益初爻」〔註280〕；以「似」爲言，亦可窺其不確之虞，況乎以爻之升降、往來分論二卦耶！蓋〈損〉、〈益〉二卦，其卦辭皆云「利有攸往」，若以此覈之「反對」爲義，則又有齟齬之處矣。

其三：宗羲之論卦變，以爻辭反對取義者，亦以特定之爻論說。例如，其謂「時有豐亨之遇、反有羈旅之凶」（前舉之例），前者取義於〈豐〉初九「遇其配主」，後者取義於〈旅〉上九「喪牛于易」；然〈豐〉之上六爲「凶」，〈旅〉之初六爲「災」，二者亦爲反對，而無反義；覈之卦辭，則〈豐〉爲「亨」、〈旅〉爲「小亨」，亦無反義之實。它如〈師〉九二爻爲「吉」，〈比〉九五爻亦爲「吉」，此宗羲未舉之例也。

---

辨》，卷九，頁204）。

〔註278〕參見〔清〕黃宗羲撰：《易學象數論》，卷二，葉15。案：清儒張惠言嘗指宗羲之前，以「反對」言卦變者，除明儒來知德外，宋儒薛溫（當作「薛溫其」）已開其端（參《張惠言易學十書》，頁1021）；清儒江永（慎修，1681～1762）於《羣經補義》中則詳載：「宋時有薛溫其者，說此卦（〈蹇〉）云：『諸卦皆指內爲來、外爲往，則此往得中，謂五也。〈蹇〉、〈解〉相循，覆視〈蹇〉則爲〈解〉，九二得中，則曰其來復吉，乃得中也。往者得中，中在外也；來復得中，中在內也』。按：此說正得反卦取義之意；惜未徧推諸他卦！宋熙寧間，蜀人房審權《易義海》已收之，宋諸儒亦未有從之者，何也？」（參《四庫》本《羣經補義》，卷一，〈周易補義〉，「卦變考」）

〔註279〕同前註，葉14。

〔註280〕同前註。

其四：宗羲既以「反對」取義，然其所取之「義」，或正、或反，難以依循。例如，其謂「〈中孚〉上爻之『翰音』，反對即爲〈小過〉初爻之『飛鳥』」（前舉之例），此取其「正」義之例（二者皆「凶」）；「〈歸妹〉『征凶，位不當也』，〈漸〉之二五皆當位，至〈歸妹〉皆不當」〔註281〕，此取其「反」義之例也。

夫《易》道屢遷，「不可爲典要」（《繫辭下傳》），其用於「卦變」之說，亦屬得當；而宗羲「奈何諸儒之爲卦變，紛然雜出而不能歸一」〔註282〕之歎，若覈其「反對」取義之法，則又難以融通矣〔註283〕！劉蕺山即謂凡卦「皆自變而來」、「皆從本卦取義，並不謂從卦變來也」〔註284〕；則宗羲以「反對」取義之法，實有別於其師矣。清儒張惠言嘗指以「反對」論卦變者，乃爲「臆說」〔註285〕；清儒焦循（里堂，1763～1820）則云：「凡《傳》稱內外、剛柔、往來、上下，皆指旁通。以爲卦變，非也；以爲反對，亦非也。」〔註286〕又言「一陰一陽之謂道，反對之卦，不能一陰一陽，即不能合於道，故必旁通以爲道焉」〔註287〕！蓋「旁通」二字，本諸〈乾・文言〉「六爻發揮，旁通情也」之語；至其理論則源於虞翻之《易》例，而焦氏推衍其說、定之以法，用以解《易》也。夫熊十力嘗謂「清儒治漢《易》，而不欲蹈術數家之術，思就經文別有創發者，焦循其人也」，然「焦氏之《易》，穿鑿至纖巧」〔註288〕；斯論誠得其情也。

竊以爲，《象傳》於卦體之陰陽互動（卦變），其型式有三：一者，上、下卦爻之陰陽互動；二者，陰、陽爻之自體運動；三者，上、下卦之互動〔註289〕。蓋《象傳》所載之剛柔相推、自體運動及卦體變化，旨在闡發陰陽變化之積極性與多元性；其本質雖屬「用」之範疇，然整體思維則蘊涵「生

---

〔註281〕同前註。

〔註282〕同前註，葉15。

〔註283〕案：胡渭稱宗羲「以反對言之，則無不可通」（參《易圖明辨》，卷九，頁194），恐亦有所不察也。

〔註284〕參見戴璉璋、吳光主編：《劉宗周全集》，第一冊，「《周易古文鈔・上》」，頁24。

〔註285〕參見〔清〕張惠言撰：《易圖條辨》，收入《張惠言易學十書》，頁1022。

〔註286〕參見〔清〕焦循撰，李一忻點校：《易圖略》（北京：九州出版社，2003年），頁131。

〔註287〕同前註，頁98。

〔註288〕參見熊十力撰：《讀經示要》，頁590。

〔註289〕參拙著：《周易爻變思想研究》，頁31～35。

成」概念，且與後儒卦變生卦之理論，有其根本之差異也。

### 2·論諸家之「卦變」說

宗羲謂「古之言卦變者，莫備于虞仲翔，後人不過踵事增華耳」〔註290〕；故於諸家卦變之說，首論虞翻，次以李挺之（980～1045）、朱升、蘇軾（1037～1101）、朱熹等，而皆能洞其法式、窺其得失。茲將宗羲所論諸家之說，臚列於下：

### （1）虞　翻

**a·一陰一陽之卦各六，皆自〈復〉、〈姤〉而變。**

皆起自初爻，逐爻往上變。例如，〈復〉初爻往二爻，變爲〈師〉，至上爻而成〈剝〉；〈姤〉初爻往二爻，變爲〈同人〉，至上爻而成〈夬〉。

**b·二陰二陽之卦各九，皆自〈臨〉、〈遯〉而變。**

其自初爻起變者各四卦，自二爻起變者亦各四卦；前者自初爻往三、四、五、上爻，依序而變，後者自二爻往三、四、五、上爻，依序而變。例如，〈臨〉初爻往三爻，變爲〈升〉，至上爻而成〈蒙〉；二爻往三爻，變爲〈明夷〉，至上爻而成〈頤〉。〈遯〉仿此之例。

**c·三陰三陽之卦各十，皆自〈否〉、〈泰〉而變。**

其自初爻起變、二爻起變、三爻起變者，皆各三卦。初爻起變者，自初爻往四、五、上爻，依序而變；二爻起變者，自二爻往四、五、上爻，依序而變；三爻起變者，自三爻往四、五、上爻，依序而變。例如，〈泰〉初爻往四爻，變爲〈恆〉，至上爻而成〈蠱〉；二爻往四爻，變爲〈豐〉，至上爻而成〈賁〉；三爻往四爻，變爲〈歸妹〉，至上爻而成〈損〉。〈否〉準此之例。

**d·四陰四陽之卦各九，皆自〈大壯〉、〈觀〉而變。**

其自初爻起變、二爻起變、三爻起變者、四爻起變者，皆各二卦。初爻起變者，自初爻往五、上爻，依序而變；二爻起變者，自二爻往五、上爻，依序而變；三爻起變者，自三爻往五、上爻，依序而變；四爻起變者，自四爻往五、上爻，依序而變。例如，〈大壯〉初爻往五爻，變爲〈大過〉，至上爻而成〈鼎〉；二爻往五爻，變爲〈革〉，至上爻而成〈離〉；三爻往五爻，變爲〈兌〉，至上爻而成〈睽〉；四爻往五爻，變爲〈需〉，至上爻而成〈大畜〉。〈觀〉準此之例。所謂「四陰四陽」，即二陰二陽之卦，其同於〈臨〉、〈遯〉

---

〔註290〕參見〔清〕黃宗羲撰：《易學象數論》，卷二，葉15。

而變者，分別爲〈頤〉、〈屯〉、〈蒙〉、〈坎〉，以及〈大過〉〈鼎〉、〈革〉、離；而所以另起〈大壯〉、〈觀〉爲卦變者，宗羲審其用〈臨〉、〈遯〉生卦，則主變者須二爻皆動，餘卦方可變盡也。

 e·〈中孚〉、〈小過〉爲變例之卦；〈乾〉、〈坤〉爲生卦之原，皆不在數中〔註291〕。

 宗羲以爲，〈中孚〉所以爲變例之卦者，以其若從二陰之卦，則〈遯〉之二陰皆易位；若從四陽之卦，則〈大壯〉三、四爻一時俱上。至於〈小過〉，其若從二陽之卦，則〈臨〉之二陽皆易位；若從四陰之卦，則〈觀〉三、四爻一時俱上。蓋主變之卦，以一爻升降者，至此而盡，故爲變例；猶反對之卦，至〈乾〉、〈坤〉、〈坎〉、〈離〉、〈頤〉、〈大過〉、〈中孚〉、〈小過〉而亦盡也〔註292〕。

 然則，虞氏「卦變」之法，蓋以兩爻相易主變之卦，動者止一爻；而其主變之卦，則爲消息卦（〈夬〉、〈剝〉除外），故宗羲稱其「卦變脈絡，分明如此」〔註293〕。雖然，宗羲以上舉四陰四陽卦變之例，其與二陰二陽畢竟相錯，則其主變之卦爲〈臨〉、〈遯〉耶？〈大壯〉、〈觀〉耶？抑二者兼有之乎？〔註294〕此外，虞氏以〈无妄〉變自〈遯〉，然〈遯〉初爻、三爻皆在內卦，不合〈无妄·彖辭〉「剛自外來」之義；以〈晉〉變自〈觀〉，然〈觀〉四爻、五爻皆在外卦，不合〈晉·彖辭〉「柔進而上行」之義；以〈睽〉變自〈大壯〉，然〈大壯〉三爻、上爻相易，柔爲下行，亦不合〈睽·彖辭〉「柔進而上行」之義；以〈蹇〉變自〈觀〉，然〈觀〉三爻、上爻相易，不爲得中，故不合〈晉·彖辭〉「往得中」之義。凡此，皆虞氏之短也。

 竊以爲，虞氏卦變之例，除宗羲所論之外，其以〈坎〉或卦變自〈觀〉，或來自〈乾〉二五之〈坤〉；〈離〉或卦變自〈遯〉，或來自〈坤〉二五之〈乾〉；〈大過〉或卦變自〈大壯〉，或來自〈兌〉；〈睽〉或卦變自〈大壯〉，或來自〈无妄〉；〈旅〉或卦變自〈否〉，或來自〈賁〉；〈豐〉或卦變自〈泰〉，或來

---

〔註291〕案：虞翻解〈剝〉，謂「陰消〈乾〉」；解〈復〉，謂「陽息〈坤〉」；解〈泰〉，謂「陽息〈坤〉」；解〈否〉，謂「陰消〈乾〉」。然則，〈剝〉、〈否〉二卦爲〈坤〉消所成，〈復〉、〈泰〉二卦爲〈乾〉息所生；蓋皆以「陽（乾）息」、「陰（坤）消」爲解卦之原則、依據也。

〔註292〕參見〔清〕黃宗羲撰：《易學象數論》，卷二，葉16。

〔註293〕同前註，葉16。

〔註294〕同前註。

自〈噬嗑〉；〈頤〉或卦變自〈晉〉，或來自〈臨〉；〈復〉或卦變自〈豫〉，或來自〈乾〉息；此兼有二種卦變型態者計八卦。又有互爲「卦變」者，如解〈小畜〉，謂「與〈豫〉旁通；〈豫〉四之〈坤〉初爲〈復〉」〔註295〕；解〈豫〉，謂「〈復〉初之四」〔註296〕。然則，虞氏卦變之體例，確有模稜兩可之處也。

### （2）李挺之

a・凡卦五陰一陽者，皆自〈復〉來；五陽一陰者，皆自〈姤〉來。

此同於虞氏之例，皆起自初爻，逐爻往上變，〈復〉一爻五變而成〈師〉、〈謙〉、〈豫〉、〈比〉、〈剝〉等五卦；〈姤〉一爻五變而成〈同人〉、〈履〉、〈小畜〉、〈大有〉、〈夬〉等五卦。

b・四陰二陽者，皆自〈臨〉來；四陽二陰者，皆自〈遯〉來。

〈臨〉五復五變，而成〈明夷〉、〈震〉、〈屯〉、〈頤〉（以上爲第一復，自二爻起變）、〈升〉、〈解〉、〈坎〉、〈蒙〉（以上爲第二復，自三爻起變）、〈小過〉、〈萃〉、〈觀〉（以上爲第三復，自四爻起變）、〈蹇〉、〈晉〉（以上二卦爲第四復，自五爻起變）、〈艮〉（此卦爲第五復，上爻起變）等十四卦；〈遯〉五復五變，而成〈訟〉、〈巽〉、〈鼎〉、〈大過〉（以上爲第一復，自二爻起變）、〈无妄〉、〈家人〉、〈離〉、〈革〉（以上爲第二復，自三爻起變）、〈中孚〉、〈大畜〉、〈大壯〉（以上爲第三復，自四爻起變）、〈睽〉、〈需〉（以上二卦爲第四復，自五爻起變）、〈兌〉（此卦爲第五復，上爻起變）等十四卦。

c・三陰三陽者，皆自〈泰〉來；三陽三陰者，皆自〈否〉來。

〈泰〉三復三變，而成〈歸妹〉、〈節〉、〈損〉（以上爲第一復，自三爻起變）、〈豐〉、〈既濟〉、〈賁〉（以上爲第二復，自四爻起變，同時二爻變）、〈恒〉、〈井〉、〈蠱〉（以上爲第三復，亦自四爻起變，同時初爻變）等九卦；〈否〉三復三變，而成〈漸〉、〈旅〉、〈咸〉（以上爲第一復，自三爻起變）、〈渙〉、〈未濟〉、〈困〉（以上爲第二復，自四爻起變，同時二爻變）、〈益〉、〈噬嗑〉、〈隨〉（以上爲第三復，亦自四爻起變，同時初爻變）等九卦。

宗羲以爲，李氏卦變之法「不以〈觀〉、〈壯〉四陰四陽之卦爲主變，可以無虞氏重出之失矣」〔註297〕；雖然，其〈臨〉、〈遯〉卦變之法，自第二變

---

〔註295〕參見〔唐〕李鼎祚輯：《周易集解》，卷一，頁66。
〔註296〕同前註，頁96。
〔註297〕參見〔清〕黃宗羲撰：《易學象數論》，卷二，葉17。

以後，主變之卦兩爻皆動（如〈臨〉初、四爻皆變，而爲〈解〉），此於「《彖傳》亦莫知適從，又不如虞氏動以一爻之有定法」〔註298〕也。

### （3）朱 升

#### a・自十辟卦所變者

蓋十二辟卦中，唯〈乾〉、〈坤〉二卦無變，故爲十卦；爲內、外體之卦變法。一陽在內體，有〈師〉、〈謙〉二卦，皆從〈復〉變；一陽在外體，有〈豫〉、〈比〉二卦，皆從〈剝〉變。一陰在內體，有〈同人〉、〈履〉二卦，皆自〈姤〉變；一陰在外體，有〈小畜〉、〈大有〉二卦，皆自〈夬〉變。二陽在內體，有〈升〉、〈明夷〉二卦，皆自〈臨〉變；二陽在外體，有〈晉〉、〈萃〉二卦，皆自〈觀〉變。二陰在外體，有〈需〉、〈大畜〉二卦，皆自〈大壯〉變；二陰在內體，有〈无妄〉、〈訟〉，皆自〈遯〉。二陽在內體、一陽在外體，有〈恆〉、〈井〉、〈蠱〉、〈豐〉、〈既濟〉、〈賁〉、〈歸妹〉、〈節〉、〈損〉等九卦，皆自〈泰〉變；二陰在內體、一陰在外體，有〈益〉、〈噬嗑〉、〈隨〉、〈渙〉、〈未濟〉、〈困〉、〈漸〉、〈旅〉〈咸〉等九卦，皆自〈否〉變。

#### b・自六子卦所變者

同爲內、外體之卦變法。二陽分在內外，不處〈震〉之主爻者（指初、四爻），有〈蹇〉、〈蒙〉二卦，皆自〈震〉變；不處〈坎〉之主爻者（指二、五爻），有〈小過〉、〈頤〉二卦，皆自〈坎〉變；不處〈艮〉之主爻者（指三、上爻），有〈解〉、〈屯〉二卦，皆自〈艮〉變。二陰分在內外，不處〈巽〉之主爻者（指初、四爻），有〈睽〉、〈革〉二卦，皆自〈巽〉變；不處〈離〉之主爻者（指二、五爻），有〈中孚〉、〈大過〉二卦，皆自〈離〉變；不處〈兌〉之主爻者（指三、上爻），有〈家人〉、〈鼎〉，皆自〈兌〉變。

以此觀之，朱升卦變之法，其自辟卦變者，以一爻爲升降；其自六子卦變者，則以兩爻升降。就此而論，尚不失卦變規律；然其卦例中，除三陰、三陽各生九卦外，餘皆主變之卦多而所生之卦少，無怪乎宗羲謂此卦變之法「何其頭緒之紛紜」〔註299〕也。

---

〔註298〕同前註，葉18。案：胡渭亦言李氏於〈姤〉、〈復〉以一爻主變，猶有定法，若〈遯〉、〈臨〉、〈否〉、〈泰〉，則兩爻俱動，或獨升，或同升，主變者非一，紛然而無統紀矣！〔……〕。今乃謂〈震〉、〈坎〉、〈艮〉生於〈臨〉，〈巽〉、〈離〉、〈兌〉生於〈遯〉，有是理乎」？甚而直指其《六十四卦相生圖》爲「贅肬」也（參《易圖明辨》，卷九，頁210）。

〔註299〕同前註，葉19。

### （4）蘇　軾

　　宗羲指東坡言剛柔相易，皆本諸〈乾〉、〈坤〉二卦〔註300〕；而程子亦專以〈乾〉〈坤〉言卦變。蓋此卦變之法，皆本諸蜀才「此本〈乾〉卦」〔註301〕、「此本〈坤〉卦」〔註302〕之語，故荀爽解〈謙〉爲「〈乾〉來之〈坤〉」〔註303〕，宗羲乃謂「非創論也」〔註304〕。此卦變之法於三陰三陽之卦，此往彼來，固然可見；其它則來者不知何來，往者不知何往。例如，〈无妄·彖辭〉言「剛自外來」，而〈无妄〉之外卦（〈乾〉）未嘗損一剛，乃云「自外而來」〔註305〕，不已背乎？故朱子曰：「程子專以〈乾〉、〈坤〉言變卦，然只是上下兩體皆變者可通。若只一體變者，則不通。」〔註306〕宗羲以爲，朱子此說已深中其病矣！然若與虞翻以下鑿空爲說者相較，程子之論爲獨優也〔註307〕。對此，清儒張惠言則云：「程、蘇之言變，蓋皆空象往來，非有爻可指；其病在空虛、滑突。朱子及梨洲之言，尚未切中。」〔註308〕

　　竊以爲，東坡卦變之法，乃藉〈乾〉、〈坤〉之相化，梳理陰陽往來及時間之脈動、空間之轉移；然以下〈坤〉「來」〔註309〕化上〈乾〉之修辭，恐淆亂《易》卦「上往下來」、「內往外來」之基本認知。至於宗羲此稱朱子已深中程子卦變之弊，或以此遂謂《易學象數論》正文與〈自序〉之間「不協調」，乃肇端於刊印（先後）與流傳（分合）之異〔註310〕。蓋宗羲於《易學象數論·

---

〔註300〕同前註。案：蘇軾嘗言：「凡三子之卦有言『剛來』者，明此本〈坤〉也，而〈乾〉來化之。〔……〕。凡三女之卦有言『柔來』者，明此本〈乾〉也，而〈坤〉來化之。」（參《四庫》本《東坡易傳》，卷三，釋〈賁·象〉）。

〔註301〕參見〔唐〕李鼎祚輯：《周易集解》，卷五，頁112。

〔註302〕同前註，卷四，頁75。

〔註303〕同前註，頁92。

〔註304〕參見〔清〕黃宗羲撰：《易學象數論》，卷二，葉19。

〔註305〕同前註。案：「自外而來」者，指〈乾〉來化其下卦〈坤〉之初六；然外卦（〈乾〉）三陽未損，則以內卦（〈震〉）一陽爲「自外而來」者，斯謬矣！

〔註306〕參見〔宋〕黎靖德編：《朱子語類》，卷67，「易三」，頁1667。

〔註307〕參見〔清〕黃宗羲撰：《易學象數論》，卷二，葉19。

〔註308〕參見〔清〕張惠言撰：《易圖條辨》，收入《張惠言易學十書》，頁1021。

〔註309〕案：三子、三女相值之卦，凡十有八，而東坡獨取〈蠱〉、〈賁〉、〈咸〉、〈恆〉、〈損〉〈益〉等六卦，以闡〈乾〉、〈坤〉相化（參《四庫》本《東坡易傳》，卷三，釋〈賁·象〉）；其中，〈咸·象辭〉「柔上而剛下」，依東坡之說，即以〈坤〉（柔）「來」化〈乾〉（剛）矣。

〔註310〕參見司徒琳撰：〈黃宗羲《象數論》與清初官方易學的變化〉，收入《國際易學研究》（北京：華夏出版社，1997年），第三輯，頁226。

自序》中嘗云：

> 逮伊川作《易傳》，收其昆侖旁薄者，散之於六十四卦中，理到語精，《易》道於是而大定矣。其時康節上接种放、穆修、李之才之傳，而創《河圖》先天之說，是亦不過一家之學耳。晦庵作《本義》，加之於開卷，讀《易》者從之。後世頒之於學官，初猶兼《易傳》並行，久而止行《本義》，於是經生學士信以爲羲、文、周、孔，其道不同〔……〕。自科舉之學一定，世不敢復議〔……〕。晦翁曰：「談《易》者譬之燭籠，添得一條骨子，則障了一路光明，若能盡去其障，使之統體光明，豈不更好？」斯言是也；奈何添入康節之學，使之統體皆障乎！世儒過視象數，以爲絕學，故爲所欺。余一一疏通之，知其於《易》本了無干涉，而後反求之程傳，或亦廓清之一端也。〔註311〕

依宗羲所言，程子於「廓清」《易》道，其功甚偉；反之，朱子乃「使之統體皆障」。則乍看之下，宗羲於「正文」、〈自序〉之間，其論朱子、程子，似有「不協調」；然仔細推敲，實無齟齬之處。蓋依宗羲之學術性格，其所批判者「事」也，非「人」也；此從其於書中所辨諸例，即可窺知。宗羲既以離《易》之象數爲批判主體，則雖本義理之程子，其《易傳》中苟有悖於《易》道之論，亦能隨文辨之，而不予飾焉！反之，朱子雖爲宗羲於〈自序〉中猛烈攻詰，然於《易》學有辨謬之功者，亦不吝於隨文讚譽，它如前文宗羲之辨《龍圖序》，謂「宜乎朱子以爲假」。且〈自序〉猶書之「大綱」，「正文」則如「細目」；「大綱」所述不及「細目」，亦撰作之常。此外，凡書之撰，文成而後有序、有跋，文、序之間本有先後〔註312〕；是以刊印之有前後、流傳之有分合，亦不足怪也。然若稱此即爲《象數論》正文與〈自序〉「不協調」之肇因，則恐有待商榷矣！竊觀《象數論》正文與〈自序〉間眞有扦格者，當爲宗羲駁王弼之象論，此於後文述之。

### （5）朱 熹

a．一陰一陽之卦各六，來自〈復〉、〈姤〉。

---

〔註311〕 參見沈善洪主編：《黃宗羲全集》，第九冊，《易學象數論‧自序》，頁1～2。

〔註312〕 案：宗羲嘗言其《象數論》成（康熙十一年），欲請魯韋庵先生作序；然先生曰：「不可，某於象數未之能學也。夫胸中未明了而徒文之辭者，此今日之文也。」（參見《黃宗羲全集》第十冊，「前翰林院庶吉士韋庵魯先生墓誌銘」，頁340）則其序文之撰，必後於正文也。

ｂ‧二陰二陽之卦各十有五，來自〈臨〉、〈遯〉。

ｃ‧三陰三陽之卦各二十，來自〈否〉、〈泰〉。

ｄ‧四陰四陽之卦各十有五，來自〈大壯〉、〈觀〉。

ｅ‧五陰五陽之卦各六，來自〈夬〉、〈剝〉。

　　此一陰一陽亦同於虞氏之例；雖然，其與五陰五陽相重出（皆同）。二陰二陽與四陰四陽多重出（〈家人〉、〈益〉除外）。三陰三陽者〈泰〉與〈否〉，彼此相重出（皆同）。然則，除〈乾〉、〈坤〉之外，其為卦者凡百二十有四，已不勝其煩矣！蓋《易》之上下往來，皆以一爻升降；既有重出，則每卦必有二來者；然若從其一，亦必舍其一矣〔註313〕！且就朱子所謂一來者，尚有兩爻俱動；若合其二來，則動者已四爻矣〔註314〕。觀諸儒之卦變，其自〈復〉、〈姤〉、〈臨〉、〈遯〉、〈否〉、〈泰〉、〈大壯〉、〈觀〉、〈夬〉、〈剝〉而來者，皆以一爻變而為別卦，斯脈絡可尋，是以定為主變也。故宗羲以為，若「一卦之中，頭緒紛然，爻爻各操其柄，則彼卦之體已不復存，猶復可認其自某所而來乎」〔註315〕？

　　以此觀之，朱子雖為此卦變之法，然亦自知其不可用矣！此觀其所解《彖辭》十九卦，乃盡棄主變之卦，而以比鄰兩爻互換為變者，即可窺知。例如，〈訟〉來自〈遯〉（二、三爻互換）、〈泰〉來自〈歸妹〉（三、四爻互換）；〈漸〉來自〈渙〉（二、三爻互換）、〈旅〉（四、五爻互換）；〈隨〉來自〈困〉（初、二爻互換）、〈噬嗑〉（五、上爻互換）、〈未濟〉（初與二、五與上互換），〈蠱〉來自〈賁〉（初、二爻互換）、〈井〉（五、上爻互換）、〈既濟〉（初與二、五與上互換）……等（以上見《周易本義》）。其十九卦中，主變者卻有二十七卦；或來自一卦，或來自兩卦，或來自三卦。然則，朱子卦變之例，殊無法式可循也；且其於《彖傳》所不及言者，卦變之例亦闕如，是以宗羲指其「《彖辭》之所不及，以為無用乎？不應同一卦變在一卦中，其可以附會《彖辭》者，從而取之；其不可以附會《彖辭》者，從而置之」〔註316〕。

　　此外，所謂「往」者，自內往外；「來」者，自外來內；「上」者，上卦

〔註313〕參見〔清〕黃宗羲撰：《易學象數論》，卷二，葉19～20。

〔註314〕案：其卦變自〈未濟〉（如〈隨〉）、〈既濟〉（如〈蠱〉）、〈家人〉（如〈睽〉）者，四爻皆同時變化，此不僅較虞翻複雜，亦愈趨偏離《彖傳》之旨矣。

〔註315〕參見〔清〕黃宗羲撰：《易學象數論》，卷二，葉20。

〔註316〕同前註，葉21。

或外卦;「下」者,下卦或內卦;四者合之,即《彖傳》「往來上下」之義也。然朱子卦變之例,以《彖傳》覈之,其比鄰兩爻互換之法,有同在內卦而謂之「往」者,有同在外卦而謂之「來」者,有同在上卦而謂之「下」者,有同在下卦而謂之「上」者,洵失《彖傳》底蘊。故宗羲乃有「即欲附會之,而有所不能」〔註317〕之諷!又以其卦變之法,「兩者俱爲無當,宜乎其說之不能歸一也」〔註318〕。

### 3・駁《易》無互體之說

《左傳・莊公二十二年》載:「周史有以《周易》見陳侯者,陳侯使筮之,遇〈觀〉之〈否〉,曰:『是謂「觀國之光,利用賓于王」。』此其代陳有國乎?不在此,其在異國;非此其身,在其子孫。光,遠而自他有耀者也。〈坤〉,土也;〈巽〉,風也;〈乾〉,天也。風爲天於土上,山也。」〔註319〕晉杜預(222~285)注:「〈巽〉變爲〈乾〉,故曰『風爲天』。自二至四有〈艮〉象;〈艮〉爲山。」〔註320〕宗羲稱此爲「互體說《易》之始,漢、晉相承」〔註321〕。竊以爲,「互體」之說,當從「內涵」與「稱名」起論;前者即《左傳》所載之例,後者則爲京房之說也。

夫京房嘗謂〈大過〉「互體象乾」(二~四爻、三~五爻皆〈乾〉象)、〈中孚〉「互體見〈艮〉」(三~五爻爲〈艮〉象)、〈无妄〉「內互(二~四爻)見〈艮〉,止於純陽;外互(三~五爻)見〈巽〉,順於陽道」(以上見於《京氏易傳》卷上、卷中);宋王應麟(1223~1296)引京房語,謂「二至四爲互體,三至五爲約象」(《困學紀聞》卷一),「約象」即京氏所言「外互」。然則,「互體」(互卦)之名,當始於京氏也。

「互體」者,取卦中二三四爻爲下卦(內互)、三四五爻爲上卦(外互),復成一體,爲解卦之法也。雖然,歷來學者於「互體」之論,或以爲《易》本有之,或指其爲《易》之所無,可謂兩極矣。對此,宗羲乃分論諸說,並抒己見;其中,據經傳以駁《易》無「互體」說者,誠可見其究《易》之功

---

〔註317〕同前註,葉22。案:附會「之」者,指《彖傳》也。

〔註318〕同前註。案:所謂「兩者」,即前面所言「其可以附會《彖辭》者,從而取之;其不可以附會《彖辭》者,從而置之」之事也。

〔註319〕參見〔周〕左丘明傳,〔晉〕杜預注,〔唐〕孔穎達疏,〔清〕阮元校勘:《春秋左傳正義》(臺北:藝文印書館,1997年),卷九,頁163~164。

〔註320〕同前註,頁164。

〔註321〕參見〔清〕黃宗羲撰:《易學象數論》,卷二,葉43。

也。茲將諸說大要及宗羲之論，陳述於下：

其一：王弼黜「互體」不用；鍾會（225～264）亦言《易》無「互體」，宗羲遂引晉荀凱（204～274）「《春秋》之說經者，去聖人未遠，其相傳必有自。苟非證之經文，而見其違背，未嘗可以臆棄」〔註322〕之語難之。

其二：王弼云：「爻苟合順，何必〈坤〉乃爲牛？義苟應健，何必〈乾〉乃爲馬？」〔註323〕宗羲則駁之曰：

> 以言二體無〈乾〉、〈坤〉，而有牛馬，不當更求其故。不知《易》中之象無一字虛設，牛馬既爲〈乾〉、〈坤〉之物，則有牛馬必有〈乾〉、〈坤〉。求之二體而無者，求之互體而有矣。若棄互體，是聖人有虛設之象也。〔註324〕

蓋王弼嘗言：「立象以盡意，而象可忘；重畫以盡情，而畫可忘也。」〔註325〕又謂「互體不足，遂及卦變；變又不足，推致五行。一失其原，巧愈彌甚。〔……〕。忘象以求其意，義斯見矣」〔註326〕；其推義黜象之志，於焉可見。然象有殊分、畫有殊情，清儒皮錫瑞即言「平心論之，說《易》不可盡掃象數〔……〕。《易》之言象詳於《說卦》，〈乾〉爲馬、〈坤〉爲牛及〈乾〉爲天、〈坤〉爲地之類是也」〔註327〕，故宗羲據《說卦》而論「互體」者，以〈乾〉、〈坤〉之象既爲聖人所立，其義自然隨之而附，豈可視之如無物耶？況乎《易》本卜筮之書，故《左傳》所載互體之法，亦本聖人「以前民用」之意，焉能忽其取象之妙哉？至若今人鄭吉雄先生謂漢儒過信「象數」，附會陰陽五行、天文曆法，以至爲強行增益卦爻變化，而「創互體」之變例〔註328〕，恐有違實之虞矣！

其三：或曰：「〈遯〉無〈坤〉，六二稱牛；〈明夷〉無〈乾〉，六二稱馬。以互體求之，亦無〈乾〉、〈坤〉，誠如輔嗣有虛設之牛馬也。」〔註329〕宗羲以

---

〔註322〕同前註。

〔註323〕參見〔魏〕王弼撰，樓宇烈校釋：《王弼集校釋》（北京：中華書局，1999年），「明象」，頁609。

〔註324〕參見〔清〕黃宗羲撰：《易學象數論》，卷二，葉43。

〔註325〕參見〔魏〕王弼撰，樓宇烈校釋：《王弼集校釋》，「明象」，頁609。

〔註326〕同前註。

〔註327〕參見〔清〕皮錫瑞撰：《經學通論》（臺北：臺灣商務印書館，1989年），頁34。

〔註328〕參見鄭吉雄撰：《易圖象與易詮釋》（臺北：國立臺灣大學出版中心，2004年），頁96。

〔註329〕參見〔清〕黃宗羲撰：《易學象數論》，卷二，葉43。

爲不然，乃云：

> 〈遯〉之稱牛以〈艮〉，〈艮〉剛在上，猶牛革在外，稱牛革不稱牛
> 也。〈明夷〉之稱馬，以互體之〈坎〉；〈坎〉於馬爲美脊、爲亟心，
> 馬之壯者也。〔註330〕

此取〈艮〉一剛在上比之牛革，可謂妙矣！而據《說卦》「其於馬也，爲美脊，
爲亟心」以證〈明夷〉「互體」之〈坎〉，亦顯其會通之能。

其四：或曰：「『雜物撰德，辨是與非，非其中爻不備。』先儒以此爲互
體之據。然下文不及互體，何也？」〔註331〕對此，宗羲釋云：

> 卦無〈乾〉、〈坤〉，而有牛馬，非「雜物」乎？卦無〈艮〉、〈兌〉，
> 而言止說，非「撰德」乎？「雜物撰德」即是互體，無待於下文也。
> 〔註332〕

此據《說卦》所載卦象、卦德，而覈之《繫辭傳》「若夫雜物撰德，辯是與非，
則非其中爻不備」（《下繫》）者，殊可見其融《易》之功矣。

雖然，宗羲於《易學象數論·自序》中嘗云：

> 有魏王輔嗣，出而注《易》，得意忘象，得意忘言；日時歲月，五氣
> 相推，悉皆擯落，多所不關，庶幾潦水盡而寒潭清矣。顧論者謂其
> 以《老》、《莊》解《易》，試讀其《注》，簡當而無浮意，何曾籠落
> 元旨？故能遠歷於唐，發爲《正義》，其廓清之功不可泯也。〔註333〕

然則，王弼「得意忘象」之《易》學觀，顯然爲宗羲所讚譽，且概括於「庶
幾潦水盡而寒潭清」一語；又「得意忘象」及援用《老》、《莊》，同爲其注
《易》之整體特色，故所謂「廓清之功不可泯」者，其所指亦當涵蓋「得意
忘象」。今觀宗羲於此駁王弼黜「互體」之象、《說卦》之象，焉能自圓其說
歟？夫〈自序〉成於正文之後，則宗羲此齟齬之失，恐因未察而致之也。

此外，宗羲藉洪邁（容齋，1123～1202）「〈師〉之長子，〈謙〉、〈蠱〉
之大川，〈蹇〉之重險之類」〔註334〕之語，而謂「苟非互體，終不可通。象

---

〔註330〕同前註。
〔註331〕同前註。
〔註332〕同前註，葉44。
〔註333〕參見沈善洪主編：《黃宗羲全集》，第九冊，《易學象數論·自序》，頁1。案：
「元旨」，或作「玄旨」。
〔註334〕參見〔清〕黃宗羲撰：《易學象數論》，卷二，葉44。案：此爲宗羲綜述洪氏
之說。

之無虛設亦明矣」〔註335〕，則或有可議者。蓋依洪氏之意，《易》卦爻辭言「大川」者，其卦體（含「互體」）必有〈坎〉（水）、〈兌〉（澤）之象；然考之〈同人〉、〈頤〉、〈益〉諸卦，則二者皆無也。此外，〈坎〉爲〈蹇〉之上體，以互體求之，則居〈未濟〉下體；二者（〈蹇〉、〈未濟〉）皆爲一〈坎〉，何來「重險」之義耶？至於〈師〉言「長子」者（六五爻），洪氏以互體〈震〉（長男）象解之，雖理無扞格，亦非必然。夫古之從師者皆爲男，既有「弟子」輿尸，則「長子」帥師，殊不足怪；況乎「長子」者，或喻統御者，非必《說卦》倫序之謂也。

　　竊以「互體」者，乃筮者求應於占筮本卦不得，遂變通採以它法，以爲解卦之資，非必《易》卦皆準此法以爲用，此觀《左傳》所載僅此一例，即可窺知；而彼等以卦爻辭覈之卦象，必二者皆合應者，始信「互體」之例，亦已過矣！

　　其後說互體（互卦）者，或於一卦之中互爲兩卦、於互卦中復藏兩卦；或以卦體六爻爲「太極」、卦體上下爲「兩儀」、合二互體爲「四象」、顛倒卦體上下及互體爲「八卦」，並「包體」爲變，如〈乾〉包〈坤〉爲損䷨、益䷩，〈坤〉包〈乾〉則爲咸䷞、恒䷟，……餘皆仿此，致一卦相包得三十二卦，八卦相包則得二百五十六卦矣〔註336〕。或亦以一卦變八卦，然有正有伏、有互有參，例如〈需〉，以〈乾〉下〈坎〉上爲「正」、〈乾〉變爲〈坤〉、〈坎〉變爲〈離〉爲「伏」（〈晉〉）；自二至四爻爲〈兌〉（下）、三至五爻爲〈離〉（上），是爲「互」（〈睽〉），反此互體爲〈兌〉上〈離〉下，是爲「參」（〈革〉）。甚而以「先天圓圖互體立卦，左右各二卦互一卦，六十四卦互成十六卦，又以十六卦互之成四卦而止」〔註337〕者，如下圖：

〔註335〕同前註。
〔註336〕同前註。案：此爲林栗（黃中）「包體」之說；如〈乾〉分別包八經卦爲十六卦（每包一卦成二卦），八經卦分別包〈乾〉又得十六卦，則一卦相包得三十二卦，八卦相包則得二百五十六卦矣。雖然，此包體之卦多有重複者，如〈坎〉包〈乾〉得二〈大過〉，〈兌〉包〈乾〉得二〈夬〉，〈巽〉包〈乾〉得二〈姤〉等，餘亦仿此。
〔註337〕同前註，葉44～45。

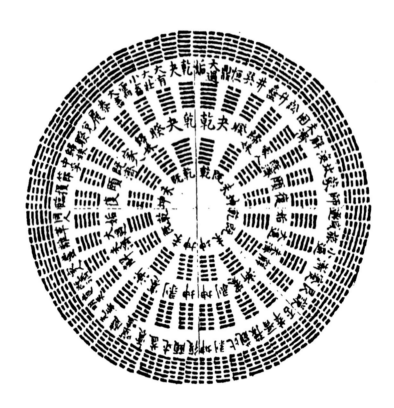

　　蓋此圖爲吳澄（草盧，1249～1333）互卦先天圖之法；其謂「昔言互體者，不過以六畫之四畫互二卦而已，未詳其法象之精也。今以先天圖觀之，互體所成十六卦，皆隔八而得，縮四而一，〔……〕又合十六卦互體，只成四卦，〈乾〉、〈坤〉、〈既〉、〈未濟〉也」〔註338〕。所謂「隔八而得」者，最外層以隔八卦爲數，其後兩卦（九、十）之互體即爲中層之卦名，如〈睽〉與〈歸妹〉（與〈乾〉、〈夬〉隔八）之互體皆爲〈既濟〉，即中層之卦名，餘仿此，計得互體三十二卦；「縮四而一」者，最外層四卦縮爲內層一卦，如〈乾〉、〈夬〉、〈大有〉、〈大壯〉四卦（最外層）之互體爲〈乾〉、〈夬〉（中層），〈乾〉、〈夬〉之互體則皆爲〈乾〉（內層），餘準此，凡得互體十六卦；「合十六卦互體，只成四卦」者，內層雖爲十六卦，而重複者皆各有四卦，故實爲〈乾〉、〈坤〉、〈既〉、〈未濟〉四卦耳。吳氏復以卦之本體居中者二爻與五爻，互體則以三爻爲內卦之中、四爻爲外卦之中，以此釋「中爻」之義。

　　雖然，此諸家於「互體」之說，推衍漫言，似是而非，故宗羲直指彼

等「僞說滋蔓，互卦之稂莠也。若因此而并去互卦，無乃懲噎而廢食乎」〔註339〕？其力護聖人設象之情，於茲可見矣！

### （五）辨蓍、占之法

#### 1‧論諸家「蓍法」之失

《繫辭上傳》載：「大衍之數五十，其用四十有九。分而爲二，以象兩；掛一以象三；揲之以四，以象四時；歸奇於扐，以象閏。五歲再閏，故再扐而後掛。〔……〕〈乾〉之策，二百一十有六；〈坤〉之策，百四十有四。凡三百有六十，當期之日。二篇之策，萬有一千五百二十，當萬物之數也。是故四營而成《易》，十有八變而成卦。」〔註340〕宗羲之論蓍法，發端於此也。其云：

> 揲蓍之法，「其用四十有九」者，策數四十九，無所謂虛一反於櫝中也。「分而爲二，以象兩」者，信手中分，由靜而之動，動靜兩端也。「掛一以象三」者，或左或右，隨取一策（孔氏取左，朱子取右），橫於案上，不必在左手小指之間，方名爲「掛一」。變中凡三掛，故曰「象三」，非蒙上「象兩」而爲三也。「揲之以四，以象四時」者，先取左手之策，四四爲數，一策一時也。「歸奇於扐，以象閏」者，四數之餘，不一則二，不三則四，謂之殘奇；「扐」是指間扐物之處，歸此殘奇於扐。「閏」者，月之餘日；「奇」者，揲之餘策，故「象」之也。「五歲再閏，故再扐而後掛」者，次取右手之策，四四爲數，并於前之正策；其餘策，左三則右一，左二則右二，左一則右三，左四則右四，亦歸之於扐，是爲「再扐」，猶再閏也。其言「五歲」者，四十八策中分爲兩，除殘奇以外，每手正策大約以二十爲率，四策一歲，則二十策爲五歲也，以明扐之相去如此，非必眞如五歲之中有兩閏，以齊氣朔也；此爲第一變。別置餘策，取見存正策，或四十、或四十四，信手中分，復掛一爲二，揲四、歸奇如前法；此爲再變。并其餘策，取見存正策，或四十、或三十六、或三十二，信手中分，復掛一爲三，揲四、歸奇如前法；此爲三變。并其餘策，取正策以四而一，得九爲老陽，得六爲老陰，得

---

〔註339〕同前註，葉45。
〔註340〕參見〔魏〕王弼注，〔唐〕孔穎達疏，〔清〕阮元校勘：《周易正義》，卷七，頁152～153。

七爲少陽，得八爲少陰；老變而少不變，始成一爻。故十八變而成

六爻也。〔註341〕

觀宗羲之釋「大衍之數」章，審析持論，多有見地。例如，謂「掛一」者，

「或左或右，隨取一策，橫於案上，不必在左手小指之間」，此爲活用「筮

法」而不拘泥古說也〔註342〕；釋「五歲」之義，以正策（餘策不論）分置

兩手，每手所持之策約爲二十，「四策一歲，則二十策爲五歲也」，是說亦能

合揲蓍理序，堪稱允當。雖然，其解「象三」，以爲「變中凡三掛」，「非蒙

上象兩而爲三」者，或有可議者。蓋依「大衍之數」章所載，所謂「象兩」、

「象三」、「象四時」、「象閏」者，乃藉揲蓍過程呈顯《易》卦六爻之生成，

故「兩」與「三」、「四時」與「閏」，當分別象徵空間、時間，非止於「數」

之概念；即「兩」象天地（乾坤），「三」象天人地（三才），此觀爻題以初、

上爲名，即可窺知矣。

宗羲既闡「蓍法」之義，於諸家之失，遂繼而論之；所以然者，蓋彼等

於蓍法「雖是，而所以釋經文者則多不合」〔註343〕故也。茲將諸家蓍法大要

及宗羲之論，略述如下：

（1）虞翻謂「奇，所掛一策；扐，所揲之餘」〔註344〕；對此，宗羲以掛

奇之舉在揲餘安置之前。倘依虞說，則當言「歸扐於奇」也；況乎「掛」、「餘」

截然兩事，湊之何義？故「掛與掛合，餘與餘合，不相雜也」〔註345〕。

（2）孔穎達以餘策三多爲老陰、三少爲老陽、兩少一多爲少陰、兩多

一少爲少陽〔註346〕。宗羲則指《繫辭傳》所載「〈乾〉之策，二百一十有六；

〈坤〉之策，百四十有四」，乃以正策定陰、陽、老、少（餘策不用），孔氏

捨此而用餘策，實有悖於經文也〔註347〕；且蓍之用者四十九，去其餘策，

〔註341〕參見〔清〕黃宗羲撰：《易學象數論》，卷二，葉55～56。

〔註342〕案：如朱子釋「掛一」，即將此一策「掛于左手之小指間」（見《周易本義·
　　　　筮儀》）。

〔註343〕參見〔清〕黃宗羲撰：《易學象數論》，卷二，葉56。

〔註344〕參見〔唐〕李鼎祚輯：《周易集解》，卷十四，頁337。

〔註345〕參見〔清〕黃宗羲撰：《易學象數論》，卷二，葉56。

〔註346〕參見〔魏〕王弼注，〔唐〕孔穎達疏，〔清〕阮元校勘：《周易正義》，卷七，
　　　　頁154～155。案：「三多」者，謂初得九，第二、第三俱得八；「三少」者，
　　　　初得五，第二、第三俱得四；「兩少一多」者，初與二、三之間，或有四、有
　　　　五、有八，或有二個四、一個九；「兩多一少」者，三揲之間，或有九、有八、
　　　　有四，或有二個八、一個五。

〔註347〕參見〔清〕黃宗羲撰：《易學象數論》，卷二，葉56。

但有九（老陽）、六（老陰）、七（少陽）、八（少陰）四者之策耳！故又曰：

> 若三多、三少之數，則加乎四十九，減乎四十九，無不可得，亦可
> 不顧九六七八策數，而以之定老少耶？惟餘策不用，故初變爲四、
> 爲八，再變、三變爲三、爲七，各不相妨。今必準餘策而以掛一雜
> 於其間，連掛則初變之五、九爲有餘，除掛則再變、三變之三、七
> 爲不足，無乃違「揲四」之義乎？〔註348〕

然則，孔氏以餘策（含掛一）爲老陽（十三策）、老陰（二十五策）、少陽（二
十一策）、少陰（十七策），對應於據正策爲老陽（三十六策）、老陰（二十
四策）、少陽（二十八策）、少陰（三十二策）者，其合數雖爲四十九（如十
三加三十六），然前者以四除之，或爲有餘（如初變之五、九），或爲不足（如
再變、三變之三、七），此非惟有違「揲四」之義，其與正策成九、六、七、
八相較，亦大異其趣；況乎「〈乾〉之策，二百一十有六；〈坤〉之策，百四
十有四」，若依孔氏之法，則〈乾〉之策未及八十，〈坤〉之策反逾百四十有
四，豈不怪哉？

（3）或以餘策多少分八卦之象者；或以餘策爲「徑」、正策爲「圍」，
奇之象圓、偶之象方者。宗羲以爲，若依前者所言，則六變即可而成卦（一
變一爻），其悖「十有八變而成卦」之義甚明；而後者以徑一得圍三（奇之
象圓），雖頗近似，然以徑二得圍二（偶之象方），則不可通矣！此皆執餘策
之病也〔註349〕。

（4）郭忠孝（兼山先生，？～1128）謂伊川揲蓍法「凡揲蓍第一變必掛
一者，謂不掛一則無變，所餘皆得五也。惟掛一則所餘非五則九，故能變。第
二、第三雖不掛，亦有四、八之變，蓋不必掛也」〔註350〕。宗羲乃據朱子所
言「三變皆掛，可爲老陽者十二，可爲老陰者四，可爲少陰者二十八，可爲少
陽者二十。若後兩變不卦，則老陽、少陰皆二十七，少陽九，老陰一而已，深
有害於成卦變爻之法」〔註351〕，而謂「後兩變之不可不掛審矣」〔註352〕，並

〔註348〕同前註，葉57。
〔註349〕同前註。
〔註350〕同前註，葉58。
〔註351〕同前註。案：此謂「三變皆掛，可爲老陽者十二，可爲老陰者四，可爲少陰
　　　者二十八，可爲少陽者二十」者，蓋爲朱子引蔡元定之語也；蔡元定嘗曰：「三
　　　揲之變，老陽老陰之數本皆八，合之得十六，陰陽以老爲動，而陰性本靜，
　　　故以四歸于老陽，此老陰之數所以四，老陽之數所以十二也。少陽少陰之數
　　　本皆二十四，合之四十八，陰陽以少爲靜，而陽性本動，故以四歸於少陰，

推求其故，後兩變不掛及以掛爲奇者，皆相因爲論也。又以歷法合參著法，另備一說，其云：「堯典曰：『朞三百有六旬有六日。』十二月，月三十日，正三百六十日矣。又除小月六日，是爲歲有餘十二日。〈乾〉、〈坤〉十二爻，凡十有二掛。此閏數在當期之外者也。」〔註353〕

（5）宋・莊綽（季裕）引唐・張轅著法，謂「第一揲，餘一、二足滿五，餘三、四足滿九；第二、第三揲，餘一、二足滿四，餘三、四足滿八。皆揲左不揲右。四、五爲少，八、九爲多。三多，老陰交分；三少，老陽重分；兩少一多，少陰拆分；兩多一少，少陽單分」〔註354〕。元・張理於揲法襲伊川之說，即初變掛一、後二變不掛；於「揲左不揲右」，則從張轅、莊綽二家；並稱「左餘一而右承之以三，左餘三而右承之以一者，成其爲奇之陽也；左餘二而右承之以六，左餘四而右承之以四者，成其爲偶之陰也」〔註355〕。然宗羲指莊綽之「餘二足五」、「餘三足九」，張理之「餘二承六」，皆不可通；以四揲之外，方有餘策（殘奇），五、六之數，尚須一揲，故不可謂之「殘奇」〔註356〕。然則，不可遷就於左揲者，亦已明矣！

（6）明・季彭山（本）疑《繫辭傳》所言「大衍之數五十，其用四十有九」者，其「九」字當爲「八」之誤，故「止用四十八策，虛二以爲陰陽之母。分二、掛一、揲四、歸奇，三變皆同。除掛一外，左一則右必二，左二則右必一，左三則右必四，左四則右必三。由諸家之法，於陰陽老少得其均」；對此，宗羲則直斥其「明改經文，無所依據」〔註357〕也。

綜（4）～（6）之說，蓋起於陰陽老少之不均也。宗羲以爲，「後兩變不掛，老陰之變一；三變皆掛，老陰之變，亦止四而已」〔註358〕，故陰陽老少「無所俟乎均也」〔註359〕。又曰：

---

此少陽之數所以二十，而少陰之數所以二十八也。」（參《易學啓蒙》卷三）
〔註352〕同前註，葉59。
〔註353〕同前註。
〔註354〕同前註，葉59～60。案：「三多，老陰交分」，宗羲作「三多，老陽交分」，恐爲抄錄之誤（參《經義考》第一冊，卷十八，頁413）。所謂「交」（✕）、「重」（▭）、「拆」（--）、「單」（━）者，分別爲「老陰」、「老陽」、「少陰」、「少陽」之代稱；朱子「筮儀」即以此爲說。
〔註355〕同前註，葉60。
〔註356〕同前註。
〔註357〕同前註。
〔註358〕同前註，葉59。
〔註359〕同前註，葉60。

　　成卦之法在陰陽，不在老少；以古法論之，陰陽各三十二，九六常少，七八常多，七八所成之卦與九六所成之卦，無以異也。爻之變不變，在老少；六爻之中，占者一爻，則一變而足，七、八居其五，九、六居其一，乃可謂之均也。若變者與不變者相均，將擾擾何所適從乎？〔註360〕

依宗羲之意，老陽（九）、老陰（六）各積六爻之策，合之三百有六十；少陽（七）、少陰（八）各積六爻之策，合之亦三百有六十；此「成卦之法，在陰陽，不在老少」也。至於「爻之變不變，在老少」者，老陽（九）、老陰（六）爲變，少陽（七）、少陰（八）不變，此本蓍法之義；故六爻之中，變者一爻（九或六），不變者五爻（七或八），即足均以爲占，何賴三爻變、三爻不變，乃可謂之「均」乎？故彼等輕改古法，以均老、少者，亦未通蓍法之旨矣。

　　**2‧論諸家「占法」之失**

　　宗羲以《啓蒙》、王氏、豐南禺三家，爲「占法」之論述對象；並於評議中證以《左》、《國》筮例，以矯諸家之失。茲將其大要臚列於下：

　　**（1）《啓蒙》占法五**

　　　　一爻變——以本卦變爻辭占。

　　　　二爻變——以本卦二變爻辭占，以上爻爲主。

　　　　三爻變——占本卦及之卦之象辭，而以本卦爲貞、之卦爲悔；前十

　　　　　　　　　卦主貞，後十卦主悔（凡三爻變者，每卦有二十卦）。

　　　　四爻變——以之卦二不變爻占，以下爻爲主。

　　　　五爻變——以之卦不變爻占。

　　　　六爻變——〈乾〉、〈坤〉占二用，餘卦占之卦象辭。

　　　　六爻皆不變——占本卦象辭，而以内卦爲貞、外卦爲悔。〔註361〕

　　宗羲以「周公爻辭本爲九、六之變者設，非爲七、八之不變者設。《周易》不用七、八，豈有七、八而冒用九、六之辭哉」〔註362〕！然則，《啓蒙》

---

〔註360〕同前註，葉60～61。

〔註361〕同前註，葉61。案：文中「象辭」者，皆指「卦辭」而言，非《象傳》之謂也。

〔註362〕同前註，葉63。案：清代以前，《易》學家多以「卦辭」爲周文王所作，「爻辭」爲周公（或文王）所作；然考之卦爻辭，即有「王用享于西山」、「箕子之明夷」（箕子因奴城事在文王羑里之後）、「康侯用錫馬蕃庶」（康侯爲武王

以「之卦不變爻占」者，失其旨矣！又謂「象與爻各自為書，象不取足於爻，爻不取足於象。《易》果為卜筮而作，未有爻時，象不可占，豈文王為未成之書耶」〔註363〕？依其意，夫以占辭平分於卦、爻者，亦謬矣！此外，宗羲指《啟蒙》以「三爻變」專占「本卦及之卦之象（卦）辭」者，乃「不知凡所遇之卦，不論一爻變至六爻變，象辭無不可引用」〔註364〕，並舉《左傳》孔成子筮立君「遇屯之比」（〈昭公七年〉）之例，稱「此一爻變者，而史占〈屯〉象之『元亨』」〔註365〕；又據《左傳》所載穆姜「遇〈艮〉之隨」（〈襄公9年〉），而謂「此五爻變者，而稱〈隨〉象之辭，亦明矣」〔註366〕。

## （2）王氏占法

一爻變──本卦爻為貞，之卦爻為悔，二爻兼用。

二爻變──以初變爻為貞、次變爻為悔，作兩節消息之。

三爻變──以先變為貞，後二變為悔。

四爻變、五爻變、六爻變──皆以先變爻為貞、後變爻為悔，作四五六節消息之。六爻皆不變──則占象辭；象辭為七、八不變者設也。〔註367〕

蓋王氏雖不從《啟蒙》以「不變爻」占，然宗羲謂其「作四五六節消息」者，亦「雜而無紀」〔註368〕矣。

## （3）豐南禺占法

夫豐氏謂「以六畫言，則內為貞，外為悔；以三畫言，則下為貞，上為悔。〔……〕故六畫則決之外卦，三畫則決之於上爻」〔註369〕。其法如下：

---

之弟）之載，故此說非可據也。竊以《周易》爻辭之初型，乃卜史從大量筮辭中，藉由分析、篩選（是否應驗）所陸續編輯而成；其占筮方法雖與龜卜不同，其型式則與卜辭（事、兆、人、時）相類；後經賢君聖人之巫思審度，乃去其「人」、「時」，而變單一事件為普遍事理（即今所見爻辭）。故宗羲稱周公作爻辭者，蓋亦承前人之說；其師劉蕺山即嘗謂「文王本伏羲畫卦而為之繫《彖辭》，周公又繫《爻辭》而得名也」（參《劉宗周全集》，第一冊，「《周易古文鈔》上」，頁35）。

〔註363〕同前註。案：此謂「象」者，亦指「卦辭」。

〔註364〕同前註，葉64。案：「象辭」者，仍指「卦辭」而言。

〔註365〕同前註。案：此取「本卦」卦辭；「象」者，亦指「卦辭」。

〔註366〕同前註，葉64。案：此取「之卦」卦辭；「象」者，「卦」也。

〔註367〕同前註，葉61。案：文中「象辭」者，亦皆指「卦辭」。

〔註368〕同前註。

〔註369〕同前註，葉62。

初、二兩爻變——以二決之。

三爻變者——如初、四、五，以最上一爻（五）決之；如二、三、四，則以四決之，而參之以二，所謂「二與四，同功而異位也」；如二、三、五，則以五決之，而參之以三，所謂「三與五，同功而異位也」。

四爻變者——如初、三、四、上，以最上一爻（上）決之；如初、二、三、四，亦以四決之，而參之以二，所謂「二與四，同功而異位也」；如初、二、三、五，則以五決之，而參之以三，所謂「三與五，同功而異位也」。

五爻變者——如初、二、三、四、五，以五決之，而參之以三，所謂「三與五同功而異位也」；如初、二、三、四、上，則以上爻決之，而參之以初，蓋上下相應，亦若「二四」（同功）、「三五」（同功）之例也。

六爻皆變——乾坤占二用，餘占之卦之貞悔（大象）。

六爻皆靜——占本卦之貞悔（大象）。〔註370〕

以此觀之，豐氏之法亦不從《啓蒙》以「不變爻」爲占；然「二四同功」、「三五同功」、「初上相應」之論，宗羲指其「亦強以辭入於占，不可爲例」〔註371〕也。

宗羲既論三家之失，乃繼而佐以《左》、《國》筮例，以證其「占法」無彼等之弊；並稱《左傳》無變爻之例者（指二爻變、四爻變），亦「未嘗不可見」〔註372〕也。其占法如下：

一爻變者——既占本卦變爻，亦占之卦對爻：蓋未有有貞而無悔者。

《左傳·僖公15年》載晉獻公筮嫁伯姬於秦，「遇〈歸妹〉之〈睽〉」，史蘇既引〈歸妹〉上爻「士刲羊」、「女承筐」，又引〈睽〉上爻「張之弧」〔註373〕，故宗羲以此爲證。

---

〔註370〕同前註，葉62～63。

〔註371〕同前註，葉63。

〔註372〕同前註。

〔註373〕參見〔周〕左丘明傳，〔晉〕杜預注，〔唐〕孔穎達疏，〔清〕阮元校勘：《春秋左傳正義》，卷十四，頁232～233。案：〈睽〉上九爻辭載：「睽孤，〔……〕，先張之弧，後說之弧。」其中「睽孤」有乖離之象，而「先張之弧，後說之弧」又與〈歸妹〉（嫁女）結合，故云「寇張之弧」（上古有搶婚儀式）。

二爻變者——以下爻爲貞、上爻爲悔。(《左傳》無此例)

三爻變者——以變末一爻爲主，本卦爲貞，之卦爲悔。(此唯《國語》一例)

《國語・周語下》載晉筮立成公，「遇〈乾〉之〈否〉，曰：『配而不終，君三出焉。』」〔註374〕；宗羲以「終」指〈乾〉九三爻之「終日」，而〈否〉六三爻言「包羞」，故謂「配而不終」也。

四爻變者——以變末一爻爲主，本卦爲貞，之卦爲悔。(《左傳》無此例)

五爻變者——亦以變末一爻爲主，本卦爲貞，之卦爲悔。

《左傳・襄公9年》載穆姜「遇〈艮〉之隨」〔註375〕。宗羲以爲，〈艮〉上九爻「敦艮」，既有止義，而〈隨〉上六爻有「拘係之，乃從維之」之語，故穆姜謂「必死於此，弗得出矣」〔註376〕！

六爻變者——皆以上爻爲主，兩卦爲貞悔。

六爻不變者——以初爲貞、上爲悔。

《左傳・成公十六》載晉伐楚之筮，其卦遇〈復〉(六爻不變)，史曰：「南國蹙，射其元王，中厥目。國蹙、王傷，不敗何待？」〔註377〕宗羲遂以晉居「貞」、楚居「悔」，而謂〈復〉初九爻「元吉」者，晉實當之；〈復〉上六爻「用行師，終有大敗，以其國君凶」者，楚實當之〔註378〕。雖然，覈以《國語》所載晉人之筮，或「得〈泰〉之八」〔註379〕，或「得貞〈屯〉、悔〈豫〉，皆八」〔註380〕，亦皆六爻不變之例；然前者解以〈泰〉卦辭「小往大來」，後

---

〔註374〕參見〔吳〕韋昭注：《國語》(上海：上海古籍出版社，1998年)，卷三，頁99。

〔註375〕參見〔周〕左丘明傳，〔晉〕杜預注，〔唐〕孔穎達疏，〔清〕阮元校勘：《春秋左傳正義》，卷三十，頁526。

〔註376〕同前註，頁527。

〔註377〕同前註，卷二十八，頁475。

〔註378〕參見〔清〕黃宗羲撰：《易學象數論》，卷二，葉65。

〔註379〕參見〔吳〕韋昭注：《國語》，卷十，頁365。案：「八」者，注云：「爻無爲也。」即六爻不變之意。江藩於《國朝漢學師承記》中載惠棟引京房筮法，謂「一爻變者爲九六，二爻以上變爲八」爲《左》、《國》占筮之通例，故「晉公子得貞〈屯〉、悔〈豫〉皆八，乃三爻變，不稱〈屯〉之〈豫〉，而稱八」。其意將二卦並爲一卦，蓋已失眞，而「三爻變」之說，亦無所據也；此外，「二爻以上變爲八」之說法，亦有待商榷！例如，「〈乾〉之〈坤〉」(《左傳・昭公二十九年》)，此爲六爻皆變(用九)，而不言「八」；「〈乾〉之〈否〉」(《國語・周語下》)，此三爻變，亦不言「八」也。

〔註380〕同前註，頁362。

者亦分別以〈屯〉卦辭「元亨利貞，勿用有攸往，利建侯」、〈豫〉卦辭「利建侯、行師」爲釋。然則，宗羲此「六爻不變者，以初爲貞、上爲悔」之說，誠有可議者；況乎以「不變之爻」〔註381〕爲占，不亦蹈《啓蒙》之失，而自違所論耶？

此外，以「占法」論《左》、《國》筮例，則可；若視《左》、《國》所載筮例，即《繫辭傳》「大衍之數」章揲蓍法所成，則不可也〔註382〕。蓋春秋時人於《周易》之占筮，往往雜糅卦爻象（包括「本卦」與「之卦」）及「之卦」卦爻辭，並時以類比詮釋〔註383〕，故明儒逯中立（1589進士）乃云：「今觀《春秋》、《左氏傳》及《國語》所載，往往於畫象取義，非顓以辭也；顓以辭，則所該者有限也。」〔註384〕對此，趙汝楳亦謂「善占者，既得卦矣，必先察其人之素履，與居位之當否遭時之險夷；又考所筮之邪正，以定占之吉凶」〔註385〕。

## （六）論《易》卦之象

宗羲謂「聖人以象示人，有八卦之象、六畫之象、象形之象、爻位之象、反對之象、方位之象、互體之象，七者而象窮矣」〔註386〕，後儒乃以僞象雜入，反致七象不明；又卦之六爻必有總象以爲綱紀，其後始有分爻之象以爲脈絡，學者若略總象而詳分象，則「象先」之旨晦矣！〔註387〕而劉牧（長民）《易數索隱圖》雖談「總象」，然又雜以納甲、動爻、卦變、先天等，以是不免有穿鑿附會之弊，故宗羲遂別著之以爲「象學」〔註388〕。近人郭彧撰有《周易圖象集解》一書，其於六十四卦之「象解」，有以宗羲〈原象〉所解貫串全篇者，然所列多僅爲原文或以附和宗羲爲務；其有稍作評述者，

〔註381〕案：既言「六爻不變」，則初九、上六爲「不變之爻」者明矣。
〔註382〕案：歷來頗多治《易》者，於未掌握確切史料前，習將《左》、《國》筮例與《繫辭傳》「大衍之數」章所載揲蓍法，視爲同出一系；然於論證過程中，卻多有假設與齟齬難通之處。
〔註383〕案：《左傳·宣公六年》「〈豐〉之〈離〉」，伯廖謂「無德而貪」；〈閔公二年〉「〈大有〉之〈乾〉」，占言「同復于父，敬如君所」等，皆類比詮釋之例。
〔註384〕參見〔明〕逯中立：《周易篛記》（《四庫全書·經部·易類》），「卷首」，葉6。
〔註385〕參見〔宋〕趙汝楳：《易雅》（《四庫全書·經部·易類》），「占釋」，葉29。
〔註386〕參見〔清〕黃宗羲撰：《易學象數論》，卷三，「原象」，葉1。
〔註387〕同前註。
〔註388〕同前註。

唯〈井〉、〈困〉、〈家人〉、〈既濟〉與〈未濟〉（二卦並論）耳〔註389〕！雖然，其於宗羲所解之卦亦能覈其因襲之處（如〈困〉、〈家人〉），則或可稍補其闕也。竊觀宗羲之《易》「象」學，固宗聖人所「示」，然亦有出其外以說及謬解經文底蘊者。茲將其《易》象之論，歸納於下（各舉二～三例）〔註390〕：

## 1‧全卦之象

 〈需〉

> 需爲飲食。農者，飲食所自出也。「需郊」、「需沙」、「需泥」、「需穴」皆農事也。「血」即「洫」字；「需血」者，致力於溝洫，由是而歲功成矣。故得「酒食」以「速客」。古者穴居，農事興而「出穴」，農事畢而「入穴」，此四、上之義也。

依宗羲之意，全卦爲「農事」之象。蓋以古者穴居，農事興則出於穴，農事畢則入於穴，頗能成其通論全卦之象；雖然，〈需〉爲「雲上於天」，即「密雲不雨」之象，若此時「致力於溝洫」，不免有匆促之虞，豈其爲古者農作之習耶！此外，以「需」爲「飲食」，則「需于酒食」（六四爻），重言矣；以「需」爲「致力」（致力於溝洫），則「需于酒食」又何其謬哉！再者，以「需穴」（農事）概括「需于血，出自穴」，亦有斷章之嫌；若此，則「需血」、「出穴」無以分矣。或謂「需」爲「壖」，指其爲公田以外之隙地，以就宗羲「農事」之說〔註391〕；然依爻辭「需于郊」、「需于沙」、「需于泥」之語法，「需」字當爲動詞，非名詞（壖）也。竊以〈需〉者，待也，〈乾〉處〈坎〉險（密雲）之下，不可躁進，必待時而動，其於農事，亦準此而無違！況乎此卦非必以喻「農事」，其或行軍駐紮之象。夫觀爻辭所以「用恆」、「小有言」、「致寇至」、「酒食」者，以駐紮之地有別故也；而多能「吉」者，以能察時審情、伺機而動，此卦辭稱「利涉大川」之意。

 〈比〉

> 王者巡狩，諸侯來朝，皆畋獵講武，故五爻皆諸侯也。上之爲「无

〔註389〕參見郭彧撰：《周易圖象集解》，頁1～107。

〔註390〕參見〔清〕黃宗羲撰：《易學象數論》，卷三，「原象」，葉1～28。

〔註391〕參見王永嘉、陳敦偉合撰：《《易學象數論》述評》，《寧波師院學報》（社會科學版），1985年，第2期，頁50。

首」者，處在荒服，遠於教化，非梗化也。

此以爻喻「諸侯」，或藉京房、《易緯》卦位之論；然「五爻皆諸侯」者，實有悖於《繫辭傳》「爻有等」（《下繫》）之說，且五爻「諸侯」合上爻「處在荒服」者，六爻已備，則「王者」居何爻耶？夫以全卦而言，〈比〉爲「地上有水」之象，水附於地者，親也、近也，故內卦「比之自內」（六二爻），喻王者安民，此「邑人不誡」（九五爻）而能「吉」者；外卦言「外比之」（六四爻），蓋諸侯來朝，王（九五爻）以畋獵饋之，以廣親比之義，故云「顯比」。至於「无首」（上六爻）者，爲「不親」之戒；倘如宗羲所言，是「處在荒服，遠於教化，非梗化也」，則當不致於「凶」。然則，此卦由內而外、由親而疏，乃親民安邦之象也。

### 2‧內外之象

▤ 〈師〉

> 天子六師，將皆命卿，故六爻皆軍將也。將不從中制六五者，中軍之佐而非天子。內卦爲行軍之象，故曰「師出」、曰「在師中」。外卦爲養兵之象，「左次」者在闒左而不發；「田有禽」者，農隙講武；「開國承家」者，兵民不分也。

此以「六爻皆軍將」，如〈比〉之例，亦有違「爻有等」之旨；況乎既指內卦（〈坎〉）爲「行軍之象」、外卦（〈坤〉）爲「養兵之象」，則「兵」、「民」已在爻中，此從其「農隙講武」、「兵民不分」之語，即可窺知矣！再者，〈師〉爲「地中有水」之象，藏〈坎〉險（兵）於〈坤〉地（農），固屬合義。然則，謂〈師〉爲「兵民合一」之象，則可；若視其「六爻皆軍將」，則不宜也。

▤ 〈蹇〉

> 蹇卦內〈艮〉爲山城象也，外〈坎〉爲谿隍象也。世道之壞，起於人心。當蹇難之時，機械爭勝，天下皆「往」而不「來」，靡然降服；唯君子反身修德，固守名教，有干城之象，亦如燕盡降齊城，獨莒、即墨不肯下耳。

此以〈坎〉爲「谿隍」之象，以配〈艮〉之「山城」，實屬巧妙；然其「天

下皆『往』而不『來』」之說，顯與經文每以「往」、「來」並湊者，有所不合。至於舉「田單復國」〔註392〕之事牽合「干城之象」，宗羲以「史」解《易》之跡〔註393〕，於茲見矣；而「固守名教」、「燕盡降齊城，獨莒、即墨不肯下耳」之語，或可窺其固守名節、伺機復明之志；類此寓政治思想於〈原象〉論者，亦可見諸〈旅〉、〈渙〉、〈遯〉、〈小過〉等卦〔註394〕。

### 3‧分爻之象

 〈姤〉

象辭「勿用取女」，六爻皆以此為象。女登車而「金柅」見「繫」，是為不吉。嫁娶之家，必宴會賓客，而「庖中無魚」，「臀肉無膚」，「瓜」尚在「杞」，羊餘惟「角」，則不成禮矣。其為牝雞索家，不

---

〔註392〕 參見〔漢〕司馬遷撰，〔唐〕司馬貞、〔唐〕張守節、〔宋〕裴駰等三家注：《史記》（北京：中華書局，1997年），頁2453～2455。案：原文：「燕既盡降齊城，唯獨莒、即墨不下。〔……〕頃之，燕昭王卒，惠王立，與樂毅有隙。田單聞之，乃縱反間於燕，宣言曰：『齊王已死，城之不拔者二耳。樂毅畏誅而不敢歸，〔……〕』。〔……〕齊人追亡逐北，所過城邑，皆畔燕而歸田單。〔……〕乃迎襄王於莒，入臨菑而聽政。襄王封田單，號曰『安平君』。」

〔註393〕 案：《四庫》館臣以李光（1078～1159）、楊萬里（1127～1206）之參證史事，為「六宗」之一（參《四庫全書總目‧易類序》），則「以史解易」始乎二人？曰「不然」。鄭玄於〈乾〉上九「亢龍有悔」下即注云：「堯之末年，四凶在朝，是以有悔，未大凶也。」（參《四庫》本《周易鄭康成注》，葉1）又注〈臨〉云：「斗建丑而用事，殷之正月也。當文王之時，紂為无道，故于是卦為殷家著興衰之戒，以見周改殷正之數。云〈臨〉自周二月用事，訖其七月，至八月而遯卦受之，此終而復始，王命然矣。」（同上，葉8）此外，晉之干寶、唐之侯果（參《周易集解》）等，亦已呈現「以史解易」之思想；甚而李氏（鼎祚）案語中亦有此舉。

〔註394〕 案：宗羲「復明」之志，遲至《明夷待訪錄》書成逾三十年後，始為之消解（參本書論宗羲「治學」一節）；然前此之際，其「復明」之持念，固然存焉。是以宗羲於此籍文抒志，亦人情所在也。今人司徒琳有〈黃宗羲《象數論》與清初官方易學的變化〉（收入《國際易學研究》第三輯，頁235）一文，其謂近人以〈原象〉有「民族氣節」、「蔑視清統治」、「揭露了清殘暴統治」之指涉（王永嘉、陳敦偉合撰之《《易學象數論》述評》即持此論），然所舉五例，覈其上下之文，或參照一般卦解，或深思其意旨，皆「說不通或過于勉強」。竊以為，「說不通或過于勉強」者，存乎取卦、詮解、用詞及切入角度之殊耳！苟能深察宗羲所處世局及其以「象」解卦與經文、一般卦解之異（如以「運數在天」釋〈旅〉之「焚巢」、「喪牛」，而謂「中四爻之得失，何足芥蒂乎」），則或不致有此斷評也。

待言也。

夫以卦辭「勿用取女」爲象，初不知此「象」何貌？惟續覽之，乃知其意矣；雖然，所謂「象」者，象徵也，當辨而可識、名之可言，故「勿用取女」者，於義甚明，於「象」則晦矣！此外，既謂「羊餘惟『角』」，則「羊餘」之前，固有羊也；是以稱「其爲牝雞索家，不待言也」者，不亦怪哉！況乎以「羊餘惟角」解「羝其角」（上九爻），乃一家之言，亦非必然也。

 〈同人〉

> 象言大同，爻則天下爲家，各親其親、各子其子之事也。故同必以族：家庭爲一族，宗黨爲一族，山林爲一族，城市爲一族，軍旅爲一族，田野爲一族。其事同，則其心不得不同。離事以爲同，而後謂之君子。

此所謂「大同」者，非卦辭本有。夫宗羲以「家庭」、「宗黨」、「山林」、「城市」、「軍旅」、「田野」等六族，比於六爻之象，固合於〈同人〉名義，然究其爻旨，實以「家族」（初爻）、「宗黨」（二爻）開端，繼以征戰之事貫串其間（自三爻至上爻）。故所謂「山林」、「城市」、「田野」之說，以物（地域）言之，則可；若以喻人（族類），則不宜也。然則，〈同人〉者，軍民合同之象也。

### 4・重畫之象

〓〓〓〈遯〉　〓〓〓〈大壯〉

> 〈遯〉爲重畫之〈巽〉，〈壯〉爲重畫之〈兌〉。〈巽〉之象爲「雞」，故初之「遯尾」，雄雞自斷其尾者也。上之「蜚遯」，風雨如晦，雞鳴不已，鼓翼而飛者也。〈兌〉之象爲「羊」，統一卦而言之，皆有羊象焉。初者，羊之足趾也；羊以角觸，而趾用其力，故曰「壯于趾」。

觀歷來「重畫」之名，其義固有不同，而多指「重卦」而言，如王弼「重畫以盡情，而畫可忘」之語（《周易略例》）。至若宗羲「重畫」之類者，如宋儒丁易東（1268 進士）引朱子語，謂「〈大壯〉乃重畫之〈兌〉」〔註395〕。然

---

〔註395〕參見〔宋〕丁易東：《易象義》（《四庫全書・經部・易類》），卷五，葉 14 左。

則，宗羲「重畫」之說，實有所承也。夫〈遯〉、〈大壯〉爲反對之卦，其重卦〈巽〉、〈兌〉（此二卦爲經卦），亦爲反對，故宗羲並舉以說象。

雖然，〈遯〉本無「雞」象，而宗羲以重卦之〈巽〉論之，或欲藉「風雨如晦，雞鳴不已，鼓翼而飛」之說，以寓其抗清之志不泯也；再者，以「雄雞自斷其尾」釋「遯尾」（初六爻），則其釋「遯」爲「斷」矣！若此，則「蜚遯」〔註396〕，能「鼓翼而飛」者，豈不謬哉？且「係遯」、「好遯」、「嘉遯」諸爻，又當何解？至謂「雄雞」能「自斷其尾」者，其物種之習乎？抑受外力之激，亦不可知矣！

☷☱〈臨〉 ☶☷〈觀〉

> 〈臨〉似夾畫之〈震〉，〈觀〉似夾畫之〈艮〉。〈震〉爲雷，八月雷始收聲，則非〈震〉之時矣，故曰「有凶」。〈艮〉爲鬼門，又爲宮闕，地上有木，而爲鬼門宮闕者，天子宗廟之象，故有「盥」、「薦」之事。〈臨〉本體爲澤，加〈坤〉其上，是澤之厚者，故水深而「甘」。
>
> 〈觀〉本體爲風，加〈坤〉其下，是風之培者，故能化及「童」、「女」。

竊以「夾」、「重」有別。夾者，夾其兩端以包之也；重者，重六爻爲三爻也。宗羲此稱「〈臨〉似夾畫之〈震〉，〈觀〉似夾畫之〈艮〉」，然其法同於前述「〈遯〉爲重畫之〈巽〉，〈壯〉爲重畫之〈兌〉」之例；則「夾」、「重」之義混同矣！李光地（1642～1718）即謂「〈觀〉以重畫之卦論之，有〈艮〉門闕之象」〔註397〕。夫宗羲嘗謂「自〈臨〉至〈觀〉歷八爻，故言『八月』」〔註398〕，以釋〈臨〉卦辭「至于八月」之義；此則以重畫之〈震〉解「至于八月」之象，其解卦之法，謂之「因地制宜」耶？抑隨其所欲耶？亦不可知矣！而以〈臨〉爲〈坤〉體在上、澤體在下，爲「澤之厚」者，其象或可通，然謂「水深」而「甘」，恐非必然；況乎經文作「甘臨，无攸利」（六三爻），其不爲宗羲所稱「甘」者，審矣！至以重畫之〈艮〉爲「鬼門」、「宮闕」釋「盥」、「薦」二者，雖能合象，然〈觀〉卦辭作「盥而不薦」，非盡如宗羲所

---

〔註396〕案：「蜚」字，通行本作「肥」；或借爲「飛」，如《淮南子·師道訓》「遯而能飛，吉莫大焉」、《後漢書·張衡傳》「利飛遯以保名」。

〔註397〕參見〔清〕李光地撰：《周易觀象》（《四庫全書·經部·易類》），卷四，葉15。

〔註398〕參見〔清〕黃宗羲撰：《易學象數論》，卷二，葉14。案：以一爻一月爲計，乃反對取義之例。

稱「故有『盬』、『薦』之事」也。

## 5‧夾畫之象

䷙〈大畜〉

> 〈大畜〉以畜牧爲義。下三爻皆取象於馬，以「〈乾〉爲馬」也。「有
> 屬，利巳」，馬而病屬，不可行者也。二之「說輹」，罒駕之馬也；
> 唯三爲「良馬」〔註 399〕，則知初、二皆不良〔註 400〕矣。三至上有
> 〈離〉象，故四爲「童牛」。〈艮〉爲黔喙，故五爲「豕牙」。〈艮〉
> 象「門闕」，是豕在牢、牛在宮者也。〈艮〉「爲徑路」，路在天上，
> 則爲天衢。「何天衢」者，其天駟與。

此以〈大畜〉三至上爻爲〈離〉，即筆者於上所言，夾兩端（三爻、上爻）
以包之（四爻、五爻）也；而此解《易》之法，或脫胎於前人。蓋虞翻解〈大
畜〉六五爻，謂「三至上，體〈頤〉象」〔註 401〕；唐‧侯（行）果解〈賁〉
六二爻，亦謂「自三至上，有〈頤〉之象」〔註 402〕。然則，以二陽包二陰之
象解，或作〈頤〉，或作〈離〉（三畫），亦無定則。儘管如此，宗羲以卦體下
三爻取象於馬，並謂初爻、二爻之馬「皆不良」，唯九三爻爲「良馬」，實得
象旨，殊無可議者；而以〈大畜〉六四爻「童牛」，乃取象於夾畫之〈離〉，
亦合卦辭「畜牝牛」（〈離〉）之義也。

䷽〈小過〉

> 〈小過〉爲生陽之成，有嫗卵之象焉。〔……〕〈小過〉「飛鳥」之音，
> 即翰音也。中二陽爲鳥之腹背，下二陰爲左翼，上二陰爲右翼，有
> 東飛之象。大道不行，鳥獸之卵胎既不可俯闚，飛而害之者至矣。
> 故初爲「飛鳥」之「凶」；三之「或戕」，四之「往屬」，五爲矰繳，
> 上爲網罟，人世之險，一至於此。

夫〈小過〉固以夾左（翼）右（翼）兩端以包中二爻（腹背）取象，而
陰陽、剛柔已在其中矣！三、四爻爲「鳥之腹背」，爲陽、爲剛；初、二爻爲

---

〔註 399〕案：「良」字，《四庫》本作「艮」，此據《廣雅》本逕改。
〔註 400〕案：同上。
〔註 401〕參見〔唐〕李鼎祚輯：《周易集解》，卷六，頁 140。
〔註 402〕同前註，卷五，頁 121。

「左翼」，爲陰、爲柔；五、上爻爲「右翼」，亦爲陰、爲柔；此取象之妙者也。至其以「鳥獸之卵胎既不可俯闚，飛而害之者至」，而謂「大道不行」；又稱「人世之險，一至於此」，此或與其政治持念有關。

蓋〈小過〉於經、傳所釋，或爲「亨，利貞。可小事，不可大事。飛鳥遺之音，不宜上，宜下，大吉」（卦辭），或爲「過以利貞，與時行也」（彖辭），或爲「君子以行過乎恭、喪過乎哀、用過乎儉」（象辭），然皆無「大道不行」、「人世之險」之意；甚而程子之解上六爻「飛鳥離之，凶，是謂災眚」，乃謂「其違理過常，如飛鳥之迅速，所以凶也。〔……〕。災者天殃，眚者人爲，既過之極，豈唯人眚，天災亦至，其凶可知，天理人事皆然也」〔註403〕。以此觀之，宗羲此攙「大道不行」、「人世之險」於取象中，或欲合爻象之「凶」、「戕」、「厲」、「繒繳」、「網罟」等，以寓異族統治下百姓之愁苦、惶恐與無助（包括自身）；此從其明亡後，一如驚弓之鳥，屢嘗徙居流離之苦、九死一生之劫，即可窺知矣。

### 6・義理之象

 〈訟〉

> 訟與獄異，此亦一是非，彼亦一是非，皆訟也。初之「小有言」，枝葉之辯也；二不能自持其說；三唯諾，無別白；四如漢儒堅守師說；五如孟子之闢楊墨；上則小言破道。直待得不見自家有是、世間有非，斯無訟矣。

此通卦咸以義理分論六爻，故稱之爲「義理之象」。然細觀所言，實寓其學術傾向與主張，如「漢儒堅守師說」、「孟子之闢楊墨」，固亦「以史解《易》」之例，合之則成《孟子師說》也；不然，〈訟〉九四爻「安貞，吉」，其於漢儒何與？九五爻「訟，元吉」，又與孟子何干？餘如「枝葉之辯」、「不能自持其說」、「小言破道」等，亦皆學術論辨之事；而終「訟」之法，乃祛除「門戶之見」，此其「直待得不見自家有是、世間有非，斯無訟」之意也。

儘管如此，全祖望嘗謂宗羲之不免餘議者有二：其一，黨人之習氣未盡，致「門戶」之見深入而不可猝去；其二，文人之習氣未盡，不免以正誼明道之餘技猶留連於「枝葉」。此二者，「先生殆亦不自知，時時流露，然其實爲

〔註403〕參見〔宋〕程頤撰：《易程傳》（臺北：世界書局，2001年），頁277。

德性心術之累不少。苟起先生而問之，亦必不以吾言為謬」〔註404〕；錢穆先生指宗羲之可議者，「尚有一種講學家習氣，尊傳統，爭門戶，正與謝山所舉黨人之習、文人之習二者，同為不脫明末學人面目。故梨洲當日與並世學人爭學術異同，頗有過甚之處」〔註405〕。則宗羲「直待得不見自家有是、世間有非」之語，豈止於學術之持念，而終不能落實於行止耶？斯亦不可知也。

〈恆〉

> 蘇子瞻曰：「自其變者而觀之，則天地曾不能以一瞬；自其不變者而觀之，則物與我皆無盡也。」人但知男女、飲食之為恆事，盡力與造化相搏。造化以至變者為恆，人以其求恆者受變。苟知乾坤成毀，不離俄頃，則恆久之道得矣。故爻多以飲食、男女為象。

宗羲首藉東坡〈前赤壁賦〉「蘇子答問」，以釋〈恆〉有變、不變二貌，端看人之取向耳；次以「飲食、男女」取象，通論全卦之「恆」義，亦可成說也。雖然，〈恆〉以「浚恆」（初爻）、「不恆其德」（三爻）、「田无禽」（四爻）、「恆其德」（五爻）、「振恆」（上爻）為文，所指涉者，主於心志（男女不同），輔以形物；此參〈恆‧象辭〉「君子以立不易方」之語，當可明矣。

### 7‧天文之象

〈乾〉

> 東方蒼龍七宿：角、亢、氐、房、心、尾、箕。子丑月，黃昏蒼龍入地，故曰「潛」。寅卯月，角宿昏見天淵之分，故曰「在淵」。辰巳月，蒼龍昏見天田星下，故曰「見龍在田」。午未月，龍星昏中於天，故曰「在天」。申酉月，大火西流，龍將入地，故曰「夕惕」。戌亥月，平旦龍見於東北，晝晦其形，故曰「亢」。魏獻子問龍於蔡墨，蔡墨曰：「《周易》有之，在〈乾〉之〈姤〉。」云云。若不朝夕

---

〔註404〕參見〔清〕全祖望撰：《鮚埼亭集外編》，收入《清代詩文集彙編》，第303冊，卷44，「答諸生問南雷學術帖子」，葉14〜15。案：全祖望又引慈溪鄭平子（溱）之語曰：「梨洲門戶之見太重。故其人一墮門戶，必不肯原之，此乃其生平習氣。」（參《鮚埼亭集外編》，卷29，「汰存錄跋」，葉19）

〔註405〕參見錢穆撰：《中國近三百年學術史》（北京：商務印書館，1997年），頁39。

見，誰能物之？龍非星也，豈得朝夕見乎？

依宗羲之意，〈乾〉六爻皆以星宿取象。蓋明儒徐體乾（行健，1523 進士）嘗云：「《左氏》言《周易》，實以星爲龍矣。龍非星，豈得朝夕見乎？〔……〕杓建子丑，龍亦旋于子丑之下，隱而未見，故曰『潛龍勿用』；杓建寅卯，龍亦躍于寅卯之方，實在天淵之分，故曰『或躍在淵』；杓建辰巳，龍亦見于辰巳之方，懸于天田星下，故曰『見龍在田』；杓建午未，龍適當中天之上，故曰『飛龍在天』；杓建申酉，龍夕惕于西南，故曰『夕惕若』；杓建戌亥，龍朝見于東北，晝晦其形，故曰『亢龍有悔』。」〔註406〕則宗羲此說，實有所承也〔註407〕。夫以十二地支分屬卦體六爻，上下交錯之以爲取象〔註408〕，即初爻爲子丑月、「蒼龍入地」（潛），二爻爲辰巳月、「蒼龍見天田星下」（在田），三爻爲申酉月、「龍將入地」（夕惕），四爻爲寅卯月、「見天淵之分」（在淵），五爻爲午未月、「龍星昏中於天」（在天）、上爻爲戌亥月、「龍見於東北，晝晦其形」（悔），固皆能合義；然《左傳‧昭公二十九年》載「秋，龍見于絳郊」〔註409〕，蔡墨亦謂「古者畜龍，故國有豢龍氏、有御龍氏」〔註410〕，又云：

> 龍，水物也，水官弃矣，故龍不生得。不然，《周易》有之：在〈乾〉
> 之〈姤〉曰「潛龍勿用」；其〈同人〉曰「見龍在田」；其〈大有〉
> 曰「飛龍在天」；其〈夬〉曰「亢龍有悔」；其〈坤〉曰「見群龍无
> 首，吉」；〈坤〉之〈剥〉曰「龍戰於野」。若不朝夕見，誰能物之？

〔註406〕參見〔清〕朱彝尊原著，業師林慶彰等編審，許維萍等點校：《經義考》，第二冊，頁 456～457。

〔註407〕案：近人汪學群於所撰《清初易學》中謂宗羲「以東方蒼龍七宿解釋乾卦各爻辭」，「對近人以龍星出入釋乾卦各爻辭，影響很大」（頁 334）；其說或有所據，然未能究本溯源，恐有失其真貌之虞矣！

〔註408〕案：此即出乎宗羲所謂「七象」之例。

〔註409〕參見〔周〕左丘明傳，〔晉〕杜預注，〔唐〕孔穎達疏，〔清〕阮元校勘：《春秋左傳正義》，卷五十三，頁922。

〔註410〕同前註。案：原文：「秋，龍見于絳郊。魏獻子問於蔡墨曰：『吾聞之：蟲莫知於龍，以其不生得也，謂之知，信乎？』對曰：『人實不知，非龍實知。古者畜龍，故國有豢龍氏，有御龍氏。』獻子曰：『是二氏者，吾亦聞之，而不知其故，是何謂也？』對曰：『昔有飂叔安，有裔子曰『董父』，實甚好龍，能求其耆欲以飲食之，龍多歸之；乃擾畜龍，以服事帝舜。帝賜之姓曰『董』，氏曰『豢龍』，封諸鬷川，鬷夷氏其後也。故帝舜氏世有畜龍。』」又案：引文中「不知其故」一語，十三經注疏本作「知其故」，恐誤！王叔岷先生於《左傳考校》（臺北：中研院文哲所籌備處，1998 年）一書中，即持此論。

〔註411〕

依史載「龍見于絳郊」、蔡墨對「龍」之論述（豢龍）與模繪（水物），則龍之爲物，確然存焉！雖「水官」棄之，不能「生得」，然棄之前，固可「朝夕見」而「物」之，且已記其行跡於《周易》，故稱「《周易》有之」。就此而論，宗羲謂「龍非星也，豈得朝夕見」者，或曲解蔡墨所言「若不朝夕見，誰能物之」之義，而以「朝夕可見」者星宿當之，乃順而推闡；此外，倘析言「朝夕」二字，則星宿於晝可見，亦難以服人矣！宗羲仲弟宗炎於《周易象辭》中嘗言：「龍，質陰而性陽，合而成體，散而成文，是離合无定也；能幽能明，能巨能細，是狀貌无常也；春分而登天，秋分而潛淵，是方位莫測也。天下之至物，无過于此。」（釋〈乾‧初九〉）又謂「『亢』者何？龍之頸也」、「潛、見、躍、飛，俱龍之實事，龍所實歷不可移動者，于此」（釋〈乾‧上九〉），此與宗羲之解，顯然有別矣！儘管如此，直以星宿運行詮解〈乾〉六爻，仍可備一說；唯若視其爲〈乾〉底蘊，則不宜也。

䷣〈明夷〉

　　〈明夷〉有日食之象。初在食限，去合朔尚遠，故曰「三日不食」；
　　二爲初虧，四爲食甚，五爲復圓，上爲入地。曰「左股」、「左腹」
　　者，日月俱東行，日遲月疾，其食也日在右，而月從左追及之，故
　　日食必先於左；若日在左，則與月不相及矣。

　　夫日往月來、晝盡夜起，此天地運行之常也，故《彖》、《象》皆謂〈明夷〉爲「明入地中」之象。宗羲此以「日食」取象，雖合於〈明夷〉之「晦」義，然「日食」之時短，「入地」之時長，二者不同；況乎日蝕猶處於「天」，其與「入地」之象，實有別矣！若以「日食」爲初至五爻之象，「入地」爲上爻之象，則或可存說也。

### 8‧律候之象

䷹〈兌〉

　　〈兌〉爲「正秋」之卦。下二〔註412〕爻，七月之象；中二爻，八月

之象；上二爻，九月之象。言「和」言「孚」者，陽氣猶盛也。秋
於五音爲「商」。「介」者，陰陽之介也。「剝」則陰欲剝陽，「引」
則陽欲避陰，衰落之候也。

《說卦》謂〈兌〉爲「正秋也」〔註413〕；而宗羲據以爲說。觀其將初與
二爻、三與四爻、五與上爻分屬於七、八、九月，並陰陽盛、衰、剝、避與
商音之論，以成其「秋」象者，雖有異於「卦氣」以〈兌〉初、二爻配八、
九月，三、四爻配九、十月，五、上爻配十、十一月，然沿漢儒以氣候論《易》
之跡，灼然可見矣！此亦外於「七象」者也。

**≣**〈既濟〉　　**≣**〈未濟〉

〈乾〉、〈坤〉分六陰、六陽而爲〈坎〉、〈離〉，〈坎〉、〈離〉合而爲
〈既濟〉、〈未濟〉。在六十四卦之中，一律一呂可以相配者，更無卦。
〈既濟〉初爲黃鐘；黃鐘，陽之始生，「曳輪」、「濡尾」象其初出之
貌。二爲大呂；陰爲陽侶，有婦女之義。三爲太簇；其分野幽州，
故云「鬼方」。四爲夾鐘；陽以陰爲夾，猶「衣」以「袽」爲夾也。
五爲姑洗；百物滌故就新，猶祭祀之齋戒也。上爲中呂；「濡其首」
者，首皆陽而爲陰所伏也。

〈未濟〉初爲林鐘，辟卦在〈遯〉；「濡尾」即遯尾濡。二爲蕤賓；
陰爲主，陽爲賓，既爲賓主，是「曳其輪」而未行也。三爲南呂；
四陰盛長，「未」可「濟」也。四爲夷則；夷，傷也，故有「伐鬼方」
之事。五爲應鐘；微陽應而將復，故有「君子之光」。上爲無射；射，
厭也，萬物之資陽氣，無有厭射，猶人之「飲酒」無厭射也。

所謂「〈乾〉、〈坤〉分六陰、六陽而爲〈坎〉、〈離〉」者，陰陽奇偶之配、
爻位之升降也；「〈坎〉、〈離〉合而爲〈既濟〉、〈未濟〉」者，卦體之上下往
來也。宗羲既藉陰陽往來論此二卦，則復以一律（陽）一呂（陰）相配擬之，
以成其分論六爻之象，亦順勢之舉矣。故〈既濟〉以黃鐘、太簇、姑洗分屬
初爻、三爻、五爻，皆陽也；以大呂、夾鐘、仲呂分屬二、四、上爻，皆陰
也。〈未濟〉以林鐘、南呂、應鐘分屬初爻、三爻、五爻，皆陰也；以蕤賓、

---

〔註412〕案：「二」字，《四庫》本作「三」，此據《廣雅》本逕改。
〔註413〕參見〔魏〕王弼注，〔唐〕孔穎達疏，〔清〕阮元校勘：《周易正義》，卷九，
頁184。

夷則、無射分屬二、四、上爻，皆陽也。此雖有別於「納音」之法，然亦非「七象」所本有。至其援辟卦以取象，遂謂〈未濟〉「濡其尾」（初爻）即〈遯〉之「遯尾」（初爻），乃兼採前人以「林鐘」爲六月、〈遯〉爲六月卦（採朱子說）之說，而出彼等之外。蓋宗羲以「辟卦配十二月，始於京房，然未嘗以之言律呂」〔註414〕；至明儒李文利之「十二月律呂卦氣圖」，始用辟卦配之〔註415〕。然則，宗羲於〈未濟〉初爻之取象，非惟會通前人之說，且能另闢一徑也。儘管如此，若就此而謂宗羲「釋〈既濟〉、〈未濟〉兩卦以十二律呂相配，并與卦爻辭相扣，亦是本義」〔註416〕，則恐有待商榷矣！

### 9・互體之象

 〈節〉

> 水澤何以謂之〈節〉也？百川注海，無澤以納之，則水利不興、旱澇爲患。內爻爲興居之節，互〈艮〉爲門戶。初、二兩陽，若人處其中。外爻爲飲食之節；「安」者，五味相和。自三至上，五以一陽處於三陰之中，〈坤〉之稼穡作「甘」也。自二至五有〈離〉象，火性炎上作苦，故上爲「苦」也。

此兼有互體、夾畫之象。前者取〈節〉之三、四、五爻爲〈艮〉象，所謂「互〈艮〉爲門戶」是也；後者即〈節〉「二至五有〈離〉象」是也。夫宗羲以「百川注海，無澤以納之，則水利不興、旱澇爲患」釋〈節〉象之義，實得卦旨矣。依其意，初、二兩陽（人）處「興居之節」（內），而顧守〈艮〉之「門戶」（外），一則可「安」（四爻）「飲食之節」，一則能「甘」（五爻）於「〈坤〉之稼穡」〔註417〕，亦取義之宜也；雖然，以〈節〉九五爻處三陰之

---

〔註414〕參見沈善洪主編：《黃宗羲全集》，第十冊，「答范國雯問喻春山律曆」，頁189。

〔註415〕同前註。案：近人郭彧指宗羲「（〈未濟〉）初爲林鐘，辟卦在〈遯〉」之解，乃本於宋儒楊甲所作之《卦爻律呂圖》（參《周易圖象集解》，頁107）；然據宗羲所言「至明儒李文利之『十二月律呂卦氣圖』，始用辟卦配之」，則郭氏於此之論定，或有商榷之處矣！

〔註416〕參見郭彧撰：《〈易學象數論〉芻議》，收入《浙東學術與中國實學——浙東學派與中國實學研討會論文集》（「中國實學研究會」主編，2005年），頁194。

〔註417〕案：宗羲此「〈坤〉之稼穡作『甘』」及後接「自二至五有〈離〉象，火性炎上作苦」之論，或取法於《尚書·洪範》所載「水曰潤下，火曰炎上，木曰曲直，金曰從革，土爰稼穡。潤下作鹹，炎上作苦，曲直作酸，從革作辛，稼穡作甘」（參《尚書正義》，卷十二，頁169）也。

中，遂謂有〈坤〉（土）「稼穡」之象，豈「甘」必成乎「稼穡」耶？況「五以一陽處於三陰之中」者，〈坎〉亦如是，而以「外三爻」取象，曰「人之治水」〔註418〕也。

夫山（互體〈艮〉）中之水（外三爻），不亦「泉」乎？不亦「雨」乎？泉、雨之爲「甘」，亦古籍所載〔註419〕；澤節之「水」（外三爻），不亦「甘」乎？所謂「甘水所多好與美人」〔註420〕。至於以夾畫（二至五爻）之〈離〉「火性炎上」，故上爻謂之「苦」者，則可存參也。

▤ 〈艮〉

〈艮〉「爲門闕」，兩〈艮〉爲重門，互〈坎〉爲月。重門不啓，明
月在庭，靜之至也。其爻言「輔」頰（五爻）不言口，言「身」（四
爻）不言腹，言「黍」、「限」（三爻）不言臍，有背面而立之象。四
陰拂布，狀背脅也。上一陽爲肩膊，中一陽爲脊背。

宗羲據《說卦》之說，以〈艮〉、〈坎〉分別「爲門闕」、「爲月」之象。
夫〈艮〉者，內外皆一陽（門栓）二陰（二扉），象「門闕」之重而未啓，故
曰「重門不啓」；以二、三、四爻爲互體之〈坎〉（內互），故云「明月在庭」；
明月即庭而重門未啓，是「靜之至」也。此外，以三（「限」）、四（「身」）、
五（「輔」）爻，不及「臍」、「腹」、「口」之語，而謂「有背面而立之象」，亦
得〈艮〉之旨矣！至若視四陰爲「背脅」、上九爲「肩膊」、九三爲「脊背」，
乃陰陽、剛柔之擬象，斯所謂「象形之象」者也。

### 10‧反對之象

▤ 〈泰〉　▤ 〈否〉

〈否〉、〈泰〉之「往來」，一歲之寒暑也。兩卦內爻同爲「拔茅」而
時異。〈泰〉之「拔茅」，言拔地而生也；野火燒不盡，春風吹又生，
〈包荒〉之象；「无平不陂，无往不復」者，薈蔚參差之貌。〈否〉

---

〔註418〕參見〔清〕黃宗羲撰：《易學象數論》，卷三，「原象」，葉13。

〔註419〕案：《詩經‧小雅》載：「琴瑟擊鼓，以御田祖，以祈甘雨。」（〈甫田〉）《荀
子》則有「其猶土也，深扣之而得甘泉」（〈堯問〉）之語。

〔註420〕參見〔秦〕呂不韋撰，陳奇猷校釋：《呂氏春秋校釋》（臺北：華正書局，1988
年），卷三，〈季春紀〉，「盡數」，頁137。

之「拔茅」，言隕落而根撥也；野有死麕，白茅包之，故「包承」、「包
羞」皆取用於茅也。當〈泰〉，則陰亦為美：在人民則不富以鄰，大
道為公也；在女則為帝乙之妹，不自有其貴也；在土則為城隍，可
以守禦也。當〈否〉，則陽亦無用：四之委於天命，五之憂亡，上之
望治，徒袖手旁觀耳。

依宗羲之意，〈否〉、〈泰〉為寒暑往來之象；前者為秋冬，後者為春夏，
故同為「拔茅」，而有「隕落而根撥」、「拔地而生」之異。至於視〈泰〉即「陰
亦為美」（外三爻）、〈否〉則「陽亦無用」（外三爻）者，或稍有可議也。蓋
「城」之「隍」固可「守禦」，而〈泰〉上爻為城「復」（覆）于隍，豈可為
「美」？謂〈否〉「五之憂亡，上之望治」，徒「袖手旁觀耳」，則「大人」之
「吉」（九五爻）、「傾」後之「喜」（上爻），又何能得之？況「其亡其亡！繫
于苞桑」（九五爻），乃告誡之辭，非「袖手」而「旁觀」之義也。

⚊⚊⚊ 〈剝〉 ⚊⚊⚊ 〈復〉

〈剝〉、〈復〉為本末。陽在木上為末，〈剝〉也；陽在木下為本，〈復〉
也。「七日」者，〈剝〉之上九為一日，反對之，即〈復〉之上六為
二日，去復遠，故「迷」；六五為三日，土再覆為「敦」，陰氣重也；
六四為四日，在七日之中，故云「中行」；六三為五日，「頻」者，
中道而又往之謂；六二為六日，與復相近，故「休」。初九為七日，
七日似遠，同一卦體，故云「不遠」。〈坤〉體本虛，任人來往，一
陽橫亙其下，有關之象。

夫〈艮〉為〈剝〉之上卦、〈震〉為〈復〉之下卦，皆有「木」之象〔註421〕，
故宗羲稱「陽在木上為末，〈剝〉也；陽在木下為本，〈復〉也」，誠有所據；
而解〈復〉卦辭「七日來復」，洵以爻數配日取象也。蓋既謂〈剝〉上九爻為
「一日」，則反對之〈復〉，其六爻依序由上而初，即為二日、三日……，終
於「七日」。雖然，《易》卦六爻自初而上，其進程本寅時觀，宗羲乃反初為
終，以上爻為二日、初爻為七日，斯有違《易》卦六爻演化之序矣。此外，
以爻數配日之法，固可圓其取象之說，然若覈之爻旨，亦聊備一說耳！例如，

〔註421〕案：《說卦》謂〈艮〉「其於木也，為堅多節」、〈震〉為「蒼筤竹」；則竹（亦
堅多節）亦木也。

謂上六爻（二日）「去復遠，故『迷』」、初九爻「七日似遠，同一卦體，故云
『不遠』」；同一卦體，上六爻（二日）稱「遠」故「迷」，初九爻（七日）「似
遠」而「不遠」，則以日、以爻，或迷或不遠，亦隨人取焉！至若稱「〈坤〉
體本虛，任人來往，一陽橫亙其下，有關之象」者，則可存參。

### 11・方位之象

▦ 〈漸〉

> 〈巽〉「爲長女」，〈艮〉爲門庭，女自外而歸男家之象。六禮必奠鴈，
> 放象言「女歸」，爻言「鴻漸」。鴻者，隨陽之鳥。〈艮〉、〈巽〉界於
> 子午。鴻之去來，應之地勢，北高南下。「干」者，水之涯；「磐」
> 者，岸之下；「陸」則及於岸，南方之象也。「木」者，林木之高；「陵」
> 者，邱陵之際；「逵」者，天際，北方之象也。

宗羲取《說卦》之義，指〈漸〉爲女歸男家之象，以應「女歸」（卦辭）、
「鴻漸」（爻辭）之載，殊可成說；而言「〈艮〉、〈巽〉界於子午」者，亦承
《說卦》「方位」之論，以合鴻鳥隨形而漸之性。蓋〈艮〉居東北、〈巽〉處
東南，則「北高南下」之勢成矣。夫南移、北歸，候鳥（鴻雁）之習也。「南
移」者，由北而南，既至南，則以覓食爲宗，故下三爻爲「干」（初爻）、「磐」
（二爻）、「陸」（三爻），此宗羲所謂「南方之象」也；「北歸」者，覓食既
成，由南而北，則林丘之景映於前，故上三爻爲「木」（四爻）、「陵」（五爻）、
「陸」（上爻），此宗羲所謂「北方之象」也。觀歷來治《易》者多解〈漸〉
「鴻漸于陸」（上九爻）之「陸」爲「逵」（大陵）；宗羲亦如是。雖然，若
覈之爻辭，上三爻乃鴻雁返歸北方之模繪，其勢當爲初高終低，即上九之「陸」
與九三之「陸」無異，皆高平之地；不然，所謂「其羽可用爲儀」（上九爻）
者，從何而來？豈能弋鴻於「天際」而得之哉？

▦ 〈豐〉

> 〈豐〉亦爲日食之象。初之「配主」，月也，在日食前、月之望，故
> 「雖旬无咎」，過旬則災。〈離〉，南方之卦：五、六月之交，日在午
> 未，日食於井、柳，則斗宿遠而得見。「日中見昧」〔註422〕，日食

---

〔註422〕案：「日中見昧」，《周易》通行本作「日中見沬」。

之既也；其應在大臣，故「折其右肱」。〈震〉，東方之卦，正、二月之交，日在亥戌，日食於室、壁，則斗柄之指午未者，遠而得見；卦中兩斗，異星也。「來章」，從固〔註423〕也。「闃其無人」〔註424〕，日入而人息也。

　　觀〈豐〉爻辭「日中見斗」云云，其爲「日食之象」者，固已明矣；而宗羲以「月」釋初爻之「配主」，亦合「食限」之義。《說卦》謂〈離〉爲「南方之卦」、〈震〉爲「東方」之卦，二者處〈豐〉之內、外，故宗羲援以取象。然則，宗羲之解〈豐〉，乃綜天文、內外、方位三者之象於一體，其會通之能，於焉可見；雖然，謂「其應在大臣，故『折其右肱』」，豈解「肱」爲股肱之臣耶？若是，則「折其右肱」者，損其大臣矣！此與爻辭言「无咎」（九三爻）者，顯有牴觸；斯亦不脫漢儒災應之說也。此外，解上爻「闃其無人」爲「日入而人息」，其去經文之義，亦遠矣！夫經文以「闃其无人，三歲不覿，凶」作結，則上爻爲「棄家潛逃」之象，固可推之；此參《左傳・宣公六年》所載伯廖「無德而貪，其在《周易》〈豐〉之〈離〉」〔註425〕一語，即可惑解。

　　綜觀宗羲論《易》之象，多可見其取法《象傳》、《說卦》之跡，此固合於所謂聖人「示象」之說；然不審於爻位之序、爻位之等、爻辭之義及吉凶之占，則恐流於說象而晦《易》之旨；況乎每有自違其說者哉！尤其解〈革〉九三爻「革言三就」，謂「黑濁之氣竭，黃白之氣竭，青白之氣竭，然後可鑄也」〔註426〕，非惟謬解經文之義，亦出乎所謂「七象」之列矣！餘如釋〈夬〉上六「无號」，言「羊善鳴，得草，故『無號』」〔註427〕，然既得草，而經文何以作「終有凶」？釋〈離〉象，謂「在天爲日，在地爲火。內卦，日也；外卦，火也」〔註428〕，則「火」時而在下（地），時而在上（外卦），「日」

---

〔註423〕案：「從固」者，復原之義；「從固」，《廣雅》本作「復圓」。

〔註424〕案：「闃其無人」四字，《四庫》本作「闃其無入」，茲逕改之。

〔註425〕參見〔周〕左丘明傳，〔晉〕杜預注，〔唐〕孔穎達疏，〔清〕阮元校勘：《春秋左傳正義》，卷二十二，頁377。

〔註426〕參見〔清〕黃宗羲撰：《易學象數論》，卷三，「原象」，葉21。案：宗炎於《周易象辭》中解「革言三就，有孚」，則謂「〈革〉之爲言，一而再，再而三，无不就矣！其誠信有不著者乎？故云『有孚』」（釋〈革・九三〉）；斯與其兄宗羲截然不同也。

〔註427〕同前註，葉19。

〔註428〕同前註，葉13。

亦仿之，豈天地、上下、內外不分耶？雖然，其於取象之精，亦有出前人之外者，如謂「凡《易》之言「牀」，皆指俎豆而言，非人所臥之牀」〔註429〕，此雖僅見於〈巽〉、〈剝〉二卦，殊可存說；引《周禮・秋官》「以圜土聚教罷民」〔註430〕之語，指其乃「先王之設刑官，所以輔教官之不逮，非欲以斬刈之」〔註431〕，而謂〈噬嗑〉「有圜土之象」〔註432〕，誠得卦辭「利用獄」之旨；釋〈无妄〉六三爻「或繫之牛，行人之得，邑人之災」，謂「三所『繫之牛』即〈大畜〉六四之「童牛」；在〈大畜〉居〈艮〉體爲『邑人』，在〈无妄〉居〈震〉體爲『行人』」〔註433〕，此活用反對以取象，亦堪稱絕妙也。

## 二、訂「數」學之失

### （一）訂《太玄》之失

夫揚雄（子雲）之《太玄》，乃仿《易》之作；然以其法式繁瑣、旨趣幽邃，故後世學者能盡窺其貌者，鮮矣！司馬光（1019～1086）即稱「先儒之解未能盡契子雲之志」〔註434〕。大抵而言，《太玄》以四畫爲「首」（《易》以六爻爲卦），由下而上，依序爲「家」、「部」、「州」、「方」；每畫有一（━）、二（━━）、三（━━━）之分，如〈戾〉☰☰ 以一方、一州、二部、三家爲「首」。將一（━）、二（━━）、三（━━━）錯於「家」、「部」、「州」、「方」，即成八十一首〔註435〕，每首下有九「贊」（《易》爲爻辭），合計七百二十九贊：「贊」下有「測」曰，其類《易》之「象」也。

---

〔註429〕同前註，葉25。

〔註430〕參見〔清〕孫詒讓撰，王文錦、陳玉霞點校：《周禮正義》（北京：中華書局，2000年），頁2745。

〔註431〕參見〔清〕黃宗羲撰：《易學象數論》，卷三，「原象」，葉9。案：《周禮・秋官》載：「凡圜土之刑人也，不虧體；其罰人也，不虧財。」（〈司厲〉）

〔註432〕同前註。

〔註433〕同前註，葉11。案：「〈大畜〉六四之『童牛』」一語，《四庫》本作「畜畜六四之『童牛』」；此據《廣雅》本逕改。

〔註434〕參見〔漢〕揚雄撰，〔宋〕司馬光集注：《太玄集注》（北京：中華書局，2005年），「續玄」，頁2。

〔註435〕案：「家」每首輒變，三首而復初；「部」三首一變，九首而復初；「州」九首一變，二十七首而復初；「方」二十七首一變，八十一首而復初。以數學公式言之，即三之四次方（$3^4$）。

　　《太玄》「首」皆以「卦氣」六日七分爲次序，合二贊爲一日，一贊爲晝，一贊爲夜，凡得三百六十四日半，此於歲法三百六十五又四分之一日，尙不及四分之三日，乃立〈踦〉、〈嬴〉二贊以補之；然若以兩贊一日爲計，則又過四分之一日矣！故蘇洵（1009～1066）謂「四分而加一，是四歲而加一日，千載之後，恐大冬之爲大夏也」；對此，宗羲以爲不然，其言曰：

> 《玄》之所以准日者，贊也，加一分於首，贊之不及如故，是失所
> 以立贊之意。既以〈踦〉、〈嬴〉名贊，不與他贊爲伍，則亦不援兩
> 贊一日之例，即以四分之三當之，無不可矣。第〈踦〉以虛而言，〈嬴〉
> 以盈而言，猶之所謂氣盈朔虛也。合氣嬴朔虛，十日有奇，則〈踦〉、
> 〈嬴〉當得二十餘贊。今以二贊僅寄其名，餘皆渾於七百二十九贊
> 之中，此則不可謂之合於曆也。〔註436〕

依其意，〈踦〉、〈嬴〉二贊「不與他贊爲伍」，故《太玄》以〈踦〉、〈嬴〉二贊補四分之三日，可不循「兩贊一日」之例，故不致有蘇氏（明允）所謂「千載之後，恐大冬之爲大夏」之事；況乎就「氣盈朔虛」而言，〈踦〉、〈嬴〉當得「二十餘贊」，亦非止於二贊耳！雖然，僅寄〈踦〉、〈嬴〉之名，而所得之贊「渾於七百二十九贊之中」，則不合於曆算也。此外，宗羲指蘇氏言「聖人以六日七分言《易》，而卦爻未嘗及之。雄以三百六十五日四之一言《玄》，而首、贊擬之，失其所以爲書之意」〔註437〕者，殊不知「六日七分」乃後世之說，《易》未嘗及之也；且子雲准曆以作《太玄》，苟不以此擬之，則何以撰是書耶？「故子雲之短不在局曆以失《玄》，在不能牽《玄》以入曆也」〔註438〕。又曰：

> 《玄》之〈中〉首，起『牛』一度。今未二千年，冬至在『箕』四
> 度，星之屬水者，已屬木矣：其從、違亦異。此《玄》失之較然者
> 也。〔註439〕

蓋《太玄》之〈中〉首，猶《易》之〈中孚〉，以卦氣而言，其初一（贊）「牽

---

〔註436〕參見〔清〕黃宗羲撰：《易學象數論》，卷四，葉1～2。
〔註437〕同前註，葉2。
〔註438〕同前註。
〔註439〕同前註。案：「牛」、「箕」皆星宿名。二十八星宿從屬於五行（土除外），角、亢、氐、房、心、尾、箕等七星屬木，其位在東：奎、婁、胃、昴、畢、觜、參等七星屬金，其位在西：井、鬼、柳、星、張、翼、軫等七星屬火，其位在南：斗、牛、女、虛、危、室、壁等七星屬水，其位在北。

牛」（五行屬水）初度，冬至氣應，陽氣始生，故曰「起『牛』一度」；《太玄》每首直四日半〔註440〕，起於「冬至」，終於「大雪」，然宗羲以其時未二千年，而冬至已在「箕」（五行屬木）四度，原星之爲水（牽牛）者，已轉爲木（箕）矣！

又《太玄》蓍法以五行配「首」，一水、二火、三木、四金、五土、六水、七火、八木、九金，終九首而復一（水）；占則或「星」、或「時」、或「數」、或「辭」〔註441〕。其於「星」者，與「首」同德（同屬性）則「從」，與「首」背德（不同屬性）則「違」。其於「時」者，冬至之筮，十月以前「首」爲「違」，冬至以後「首」爲「從」；夏至之筮，四月以前「首」爲「違」，夏至以後「首」爲「從」。然則，《太玄》於「星」、「時」之占，其「從」、「違」之義，指涉有別，此「從、違亦異」之謂也。故宗羲稱二者〔註442〕爲《太玄》「失之較然者」，誠有所據也。

夫《太玄》蓍法，以天、地之策各十八，合爲三十六策；地則虛三，故揲用三十三策（《易》用四十九策）。於三十三策之中取一策挂於左手之小指，中分其餘，以三揲之（「大衍之數」以四）。初揲之餘數，左一則右必一、左二則右必三、左三則右必二，即不二則五（正策則爲三十或二十七）；再揲（不挂）之餘數，左一則右必二、左二則右必一、左三則右必三，即不三則六也。并初揲與再揲之餘策（一芳），其數或六、或九、或十二，以三十三策減之，則正策或二十七、或二十四，或二十一；再除之（正策）以三，即得「九」、「八」、「七」之數。九爲三（⚏），八爲二（⚍），七爲一（⚊），以成其位（畫）也。依此之例，則八揲（二揲成一位）畢而四位（「首」）成矣。蘇氏（明允）嘗言：「一挂一扐之多，不過乎六。既六而其餘二十七者，可以爲九而不可以爲八、七；況夫不至於六哉？」〔註443〕觀其意，蓋將《太玄》之「挂」、「芳」（扐）比於《易》「再扐而後掛」之義，是曲解《太玄》之蓍法矣！無怪乎宗羲謂其（蘇洵）「以初揲爲一扐，故加一扐於《玄》，不知《玄》之以『挂』爲『芳』也。若準《易》之例，四位凡十六扐焉」〔註444〕。

宗羲於《太玄》蓍法，既通其旨要，故於諸家之謬解，乃繼而訂之；茲

〔註440〕案：《太玄》八十一首，當三百六十四日半，故每首爲四日半。
〔註441〕案：「數」爲九「贊」晝夜之數；「辭」即贊辭也。
〔註442〕案：即「星」之由水（牽牛）轉爲木（箕）及「從、違亦異」二者。
〔註443〕參見〔清〕黃宗羲撰：《易學象數論》，卷四，葉5。
〔註444〕同前註。

將其大要略述如下：

　　其一：王涯（約764～835）揲蓍法——

　　　　三十六策虛三挂一，中分左右，以三數左，置餘；以三數右，置餘。

　　　　合左右正策數之，爲三者七；而後一一數之，及八以爲二，及九以

　　　　爲三，不及八不及九，從三三之數，而以三七爲一。〔註445〕

　　宗羲以爲，初揲之後，其挂扐之數（含挂一），不三即六。三者，得正策
三十，三七之餘爲九；六者，得正策二十七，三七之餘則爲六；豈可得二十
九策而有「八」之餘策耶！然「王氏雖謬，不以餘策而論，猶爲未失其傳也」
〔註446〕。

　　其二：胡雙湖（一桂，1247～？）揲蓍法——

　　　　子雲之法，以餘一準七，餘二準八，餘三準九，只餘一二三，則七

　　　　八九自定矣。故曰：「餘七爲一，八爲二，九爲三。」只倒用一字，

　　　　故難解。若作餘一爲七、二爲八、三爲九，人無不曉矣。〔註447〕

　　若依胡氏所言，初揲有餘一、餘二、餘三，則連挂有餘四，而不得有餘
一；再揲連挂，餘三、餘六有之，餘一、餘二則不可得矣！此外，「三」固
「準九」，「六」亦「準九」，則與《太玄》四位（畫）皆三成之者，不亦悖
哉？故宗羲以胡氏「舍正策而論餘數，失之遠矣」〔註448〕！

　　其三：季彭山揲蓍法——

　　　　《太玄》揲法，注家多不能通其說〔……〕。其曰「挂一」，非謂

　　　　所用三十三策之中而挂其一也；所用三十三策之中而挂其一，則

　　　　歸餘者與七、八、九之數不合矣。故「挂一」者，十策之中而挂

　　　　其一也。是三十三策之中，分之爲三，而各挂一策，所用實止三

　　　　十策也。范叔明曰：「十取出一，名以爲芅。」謂之「芅」者，蓋

　　　　以識三十著之數也；如此，則當其中分左右也。止揲左策，以其

　　　　所餘者或一、或二、或三，以合於所虛之三、所挂之三，則得一

　　　　者爲七，得二者爲八，得三者爲九；而右策亦不必揲矣，故不再

　　　　扐也。〔註449〕

---

〔註445〕同前註，葉12。

〔註446〕同前註。

〔註447〕同前註，葉13。

〔註448〕同前註。

〔註449〕同前註，葉14。

宗羲指季氏「牽合餘數，故轉展愈誤也。揚子之虛三，老泉尚議之，又從而挂其三乎」〔註450〕？此外，季氏引晉·范望（叔明）「十取出一，名以為芳」之語，乃謂「芳者，蓋以識三十著之數也」，以成其餘策「得一者為七，得二者為八，得三者為九」之說；然宗羲反據范氏（叔明）之說以駁之，謂「芳」者，餘策，從餘策可以識正策之數也〔註451〕。以此觀之，季氏以范氏之語證「挂」之義，誠疏於所見；至於「挂三」、「止揲左策」之論，亦有違《太玄》「別一挂于左手之小指，中分其餘，以三搜之，并餘於芳」〔註452〕之著法矣！

## （二）正《乾鑿度》之誤

宗羲嘗言：「自緯學禁絕之後，其全書之見於今者，《乾鑿度》而已；而脫文誤字，蕪不可理。」〔註453〕乃反覆推求，得其術者有五：一曰「求所直部歲」，二曰「求主歲之卦」，三曰「求世軌」，四曰「求厄數軌意」，五曰「求五德終始」；其中，除「五德終始」之術外，餘皆有謬失之處。茲將此五術之大要及宗羲之釐正，臚列於下：

### 1·求所直部歲

夫《乾鑿度》推「甲寅」為元曆紀年之先〔註454〕，以「天元」、「地元」、「人元」為三部首，每部首各擁二十紀（皆起於甲子紀、終於乙酉紀），每紀七十六年（每部首有一千五百二十年），則自「天元」而「人元」，凡四千五百六十歲。其積算「天元」至「文王受命」之年，計二百七十五萬九千二百

---

〔註450〕同前註，葉14～15。

〔註451〕同前註，葉15。案：宗羲所據范氏（叔明）之言曰：「芳猶成也。合之為十，取一以識之為芳；中分其餘於左手之二，以三搜之，其所餘者，并之於左手兩指間，以識揲著之數也。凡一挂、再芳以成一方之位。」

〔註452〕參見〔漢〕揚雄撰，〔宋〕司馬光集注：《太玄集注》，頁193。

〔註453〕參見〔清〕黃宗羲撰：《易學象數論》，卷四，葉17。案：《四庫》館臣雖亦謂《乾鑿度》「原本文字斷闕，多有訛舛。謹依經史所引各文及旁采明錢叔寶舊本，互相校正」，然其「於《易》數有所發明，較他緯書獨為醇正」（參《四庫全書總目》提要）；又張惠言於《易緯略義·序》中云：「鄭康成氏，漢之大儒，博通古文，甄錄而為之注，則緯之出于聖門，而說經者之不可廢也審矣。〔……〕《乾鑿度》論乾坤消息，始於一變，而七進而九，一陰一陽，相并而合于十五，統于一元，正于六位，通天意，理人倫，明王度，蓋《易》之大義，條理畢貫，自諸儒莫能外之。」（參楊向奎編《清儒學案新編》，第七卷，「〈茗柯學案〉」，頁258），則《乾鑿度》之學術意義與價值，自不容抹煞也。

〔註454〕參見〔日〕安居香山、中村璋八輯：《緯書集成》，頁38。

八十歲〔註455〕，「入戊午部，二十九年伐崇侯，作靈臺，改正朔」〔註456〕。宗羲以爲，「戊午部之歲爲庚子，二十九年則爲戊辰」；且「以武王伐紂十三祀推之，時歲在己卯，則文王受命爲丁卯」，故「伐崇」、「改朔」乃受命後一年之事〔註457〕。以此觀之，鄭玄（康成）謂文王「受命後五年而爲此」〔註458〕者，失其實矣！

此外，鄭氏以《乾鑿度》「甲寅」爲天元歲首，遂謂「此法三部首而一元，一元而太歲復於甲寅」〔註459〕。對此，宗羲則稱，若以「甲寅」爲天元歲首，則「伐崇」爲戊午年，而非戊午部（紀）；然「戊午年文王尙在羑里，豈能伐崇哉」〔註460〕？故宗羲乃據孔穎達於《尙書・召誥》「越五日甲寅，位成」下所疏「周公攝政七年〔……〕。此年入戊午部五十六歲」〔註461〕之語，指時在乙未之年〔註462〕，「上距伐紂十七年、伐崇二十八年，其爲戊午部，而非戊午年，明矣。不得甲寅爲天元歲首」〔註463〕。然則，依宗羲之意，《乾鑿度》以「甲寅」爲天元歲首，蓋謬矣！故「定天元至壬子（作《象數論》之歲）二百七十六萬二千一百四十九歲，入『人元』庚子部五年」〔註464〕。

## 2・求主歲之卦

《乾鑿度》載：「積置部首歲數，加所入紀歲數，以三十二除之，餘不足者，以〈乾〉、〈坤〉始數，二卦而得一歲，末算即主歲之卦。」〔註465〕蓋主歲之「卦」，以《易》六十四卦爲序，即起於〈乾〉、〈坤〉，終於〈既濟〉、〈未濟〉；而主月之「爻」，則以「卦氣」六日七分之法爲序，即卦於六日七

〔註455〕案：宗羲以爲「二百八十」下脱一「五」字：孔穎達亦謂「當云二百八十五歲，以其篇已有入戊午部二十九年受錄之言，足以可明，故略其殘數，整言二百八十，而不言五也」（參《詩經・大雅・文王》「文王受命作周」下之疏語）。
〔註456〕參見〔日〕安居香山、中村璋八輯：《緯書集成》，頁40。
〔註457〕參見〔清〕黃宗羲撰：《易學象數論》，卷四，葉18。案：宗羲所謂戊午「部」者，其義同於《乾鑿度》所言之「紀」。
〔註458〕參見〔日〕安居香山、中村璋八輯：《緯書集成》，頁40。
〔註459〕同前註，頁39。
〔註460〕參見〔清〕黃宗羲撰：《易學象數論》，卷四，葉18。
〔註461〕參見〔漢〕孔安國傳，〔唐〕孔穎達疏，〔清〕阮元校勘：《尙書正義》，《十三經注疏》，卷十五，頁218。
〔註462〕案：戊午紀（部）之歲首爲「庚子」，積算至五十六歲，則爲「乙未」也。
〔註463〕參見〔清〕黃宗羲撰：《易學象數論》，卷四，葉18。
〔註464〕同前註，葉18～19。案：「作《象數論》之歲」一語，《四庫》本重複作「作象」二字，此據《廣雅》本逕改。
〔註465〕參見〔日〕安居香山、中村璋八輯：《緯書集成》，頁38。

分在某月，初爻隨以某月起貞，至上爻而畢（爻與爻之間皆隔二月）。二卦十二爻，計得一歲，陽卦左行在前，其次順數；陰卦右行在後，其次逆數。例如，〈屯〉（陽卦）、〈蒙〉（陰卦）於卦氣（六日七分）之序在十二月、正月，其初爻即以十二月、正月起貞。然若陽卦、陰卦皆在陽辰，或皆在陰辰者〔註466〕，則陰卦咸退一辰（一月）起貞。例如，〈師〉、〈比〉二卦於卦氣六日七分，皆在四月巳，此陽卦與陰卦同爲「陰辰」者，故〈比〉（陰卦）退一辰，其初爻以五月起貞；〈咸〉、〈恆〉二卦於卦氣六日七分，分別在五月午、七月申，此陽卦與陰卦同爲「陽辰」者，故〈恆〉（陰卦）退一辰，其初爻以八月起貞；餘皆仿此。

　　雖然，〈乾〉於卦氣六日七分在四月巳，〈坤〉則在十月亥，而《乾鑿度》不作〈乾〉初爻起四月、〈坤〉初爻起十月者，蓋以十一月爲「陽生」、五月爲「陰生」，故〈乾〉以十一月子起貞；依此，則〈坤〉當起貞於五月（陰生），然五月與十一月皆爲「陽辰」，故退一辰以六月未起貞也。又〈泰〉於卦氣六日七分在正月寅，〈否〉在七月申，二者皆爲陽辰，依例，〈否〉（陰卦）當退一辰，其初爻以八月起貞；然以二卦獨得〈乾〉、〈坤〉之體，故仍從其正月、七月之辰，而皆左行〔註467〕。〈中孚〉於卦氣六日七分在十一月子，〈小過〉則在正月，二者亦皆爲陽辰，依例，〈小過〉（陰卦）當退一辰，其初爻以二月起貞；然卻貞於六月，以其「法于〈乾〉、〈坤〉」〔註468〕也。凡此六卦〔註469〕，迥異於諸卦之例，宗羲稱此爲「作者故爲更張，自亂其義」〔註470〕；而鄭玄謂「泰卦當貞於戌，〈否〉當貞於亥」〔註471〕，則「又不知所據矣」〔註472〕！

### 3・求世軌

　　《乾鑿度》以七百六十年爲一世軌，每一軌配一消息卦，故四十二軌得消息卦三周半〔註473〕；依此，則八十四軌行消息卦七周，宗羲稱其「所謂八

---

〔註466〕案：子、寅、辰、午、申、戌，謂之六「陽辰」；丑、卯、巳、未、酉、亥，謂之六「陰辰」。

〔註467〕參見〔清〕黃宗羲撰：《易學象數論》，卷四，葉20。

〔註468〕參見〔日〕安居香山、中村璋八輯：《緯書集成》，頁34。

〔註469〕案：六卦者，〈乾〉、〈坤〉、〈泰〉、〈否〉、〈中孚〉、〈小過〉也。

〔註470〕參見〔清〕黃宗羲撰：《易學象數論》，卷四，葉20。

〔註471〕參見〔日〕安居香山、中村璋八輯：《緯書集成》，頁36。

〔註472〕參見〔清〕黃宗羲撰：《易學象數論》，卷四，葉20。

〔註473〕參見〔日〕安居香山、中村璋八輯：《緯書集成》，頁44～45。

十四戒」〔註474〕也。其軌運測驗之法，以世爻得位（正）爲善、失位（不正）

爲惡〔註475〕。〈復〉初九得位爲「聖人」，〈臨〉九二失位爲「庸人」，〈泰〉九

三得位爲「君子」，〈大壯〉九四失位爲「庸人」，〈夬〉九五得位爲「聖人」，

〈乾〉上九失位爲「庸人」，此六息卦之軌分也；〈姤〉初六失位爲「小人」，

〈遯〉六二得位爲「君子」，〈否〉六三失位爲「小人」，〈觀〉六四得位爲「君

子」，〈剝〉六五失位爲「小人」，〈坤〉上六得位爲「君子」，此六消卦之軌分

也。

　　其世軌享國之法，蓋以一卦得位（正）之爻爲享國之「世數」；陽數九，

陰數六。〈復〉六二、六四、上六皆得位，三乘六，故爲「十八世」；初九得

位而不計者，以「陽少故也」〔註476〕。〈臨〉六四、上六得位，二乘六，故

爲「十二世」；初九得位而不計者，以「〈復〉初九無據」〔註477〕也。〈泰〉

初九、九三得位爲二乘九，六四、上六得位爲二乘六，合之則得「三十世」。

〈大壯〉初九、九三得位爲二乘九，上六得位爲「一五」〔註478〕，合之則

得「二十四世」。〈夬〉初九、九三、九五得位爲三乘九，上六得正爲「一四」

〔註479〕，合之則得「三十二世」。〈姤〉、〈遯〉二卦主陰，皆爲「一世」，以

前者「無所據」、後者「據不正」〔註480〕也。〈否〉六二、九五得位，本爲

「十五世」（六加九），以其非處盛時〔註481〕，故止數其位，即二（二爻）

乘五（五爻）爲「十世」也。〈觀〉六二、六四、九五皆得位，而以「二五、

四六」〔註482〕爲數；即六二、九五爲二乘五（止數其位），六四爲「六加四」

（數、位兼數）〔註483〕，合之得「二十世」。〈剝〉六二、六四得位爲二乘

〔註474〕參見〔清〕黃宗羲撰：《易學象數論》，卷四，葉17。

〔註475〕案：《易》卦六爻，初、三、五爲「陽位」，二、四、上爲「陰位」。陽爻（——）、
　　　　陰爻（— —）各居陽位、陰位，謂之「得位」（正）；若陰爻居陽位，或陽爻居
　　　　陰位，則爲「失位」（不正）。

〔註476〕參見〔清〕黃宗羲撰：《易學象數論》，卷四，葉17。

〔註477〕參見〔日〕安居香山、中村璋八輯：《緯書集成》，頁46。

〔註478〕同前註。案：依「二十四世」之數覈之，則所謂「一五」者，或爲「一加五」
　　　　之數，即「六」也。

〔註479〕同前註。案：依「三十二世」之數覈之，則所謂「一四」者，亦如「一五」
　　　　之例，其數爲「五」（一加四），宗羲稱之爲「盛極而消」也。

〔註480〕同前註。案：宗羲謂此二卦「雖三、五得正，而皆陽也，故止一世」（參《易
　　　　學象數論》，卷四，葉21）。

〔註481〕參見〔清〕黃宗羲撰：《易學象數論》，卷四，葉21。

〔註482〕參見〔日〕安居香山、中村璋八輯：《緯書集成》，頁47。

〔註483〕參見〔清〕黃宗羲撰：《易學象數論》，卷四，葉21。

六，故爲「十二世」。〈乾〉初九、九三、九五皆得位，本爲三乘九，而九五兼數其位〔註484〕（五），故合之爲「三十二世」。〈坤〉六二、六四、上六皆得位，本爲三乘六，而總爲「三十六世」〔註485〕者，以「偶其數」〔註486〕也。

　　宗羲以爲，依《乾鑿度》世軌之論，受命之君於入軌之初與天運相符，則有「賢子孫繼之，以畢其軌」〔註487〕；反之，若入軌之初與天運不符，則「子孫自不能繼受命之君」〔註488〕。以此觀之，受命之君「其德宜與卦運相符，苟失其德，陰則起大而強，陽則柔易而弱」〔註489〕；若此，則不能「永其位」〔註490〕矣！雖然，《乾鑿度》世軌之法與歷史演進，誠「自相違背，不審於理」〔註491〕，故宗羲進而駁之曰：

> 一軌七百六十年，所謂聖人、庸人、君子、小人者，一君當之乎？統一軌之君以當之乎？〈乾〉爲「庸人」而三十二世，〈遯〉爲「君子」而一世，則是有天下者，可一委之運數，而人事不修也。即位之年必欲當軌之初，從古來有七百餘年不易姓者乎？帝王之治天下，允執其中，寧因消息所直，而過剛、過柔以迎卦氣乎？〔註492〕

夫宗羲非惟洞悉世軌之法而陳其謬處，復能覈史究辨以糾違崇德；而「有天下者，可一委之運數，而人事不修」之諷語，可謂深中肯綮。蓋歷來明君，無不以夏桀、商紂、秦皇爲戒，雖戮力以德輔政，以延其國祚，然猶不能逮矣！況徒藉受命與軌運相符，以得「七百餘年」而「不易姓者」乎？觀周之紀歲，始於共和元年（西元前841），終於周赧王（姬延）五十九年（西元前256），則姬姓之國祚，尚不足六百年，斯可爲證矣。

## 4・求厄數軌意

　　此用文王世軌，一軌七百二十年；四十二軌，凡三萬二百四十歲，此大

---

〔註484〕同前註。

〔註485〕參見〔日〕安居香山、中村璋八輯：《緯書集成》，頁45。

〔註486〕參見〔清〕黃宗羲撰：《易學象數論》，卷四，葉21。

〔註487〕同前註。

〔註488〕同前註。

〔註489〕同前註。

〔註490〕同前註。

〔註491〕同前註。

〔註492〕同前註，葉21～22。

周之數也。《乾鑿度》云：「欲求水旱之厄，以位入軌年數。」〔註493〕依其意，蓋以消息卦之陰陽爻位爲判；陽爻之數 64，陰爻之數 56，從初爻至上爻，合其陰陽之數，如是再周（倍其數），即得其「入軌年數」。例如，〈剝〉、〈復〉皆爲一陽五陰，陽之數爲 64，陰之數爲 5 乘 56，合之爲 344，倍其數（再周），則得 688 年，即〈剝〉、〈復〉之入軌年數（相同）；依此，〈泰〉、〈否〉皆三陽三陰得 720 年，〈夬〉、〈姤〉皆五陽一陰得 752 年〔註494〕，〈臨〉、〈觀〉皆二陽四陰得 704 年，〈大壯〉、〈遯〉皆四陽二陰得 736 年，〈乾〉六爻皆陽得 768 年，〈坤〉六爻皆陰得 672 年。

　　入軌年數既定，則視其所直之年，「甲乙爲飢，丙丁爲旱，戊己爲中興，庚辛爲兵，壬癸爲水」〔註495〕。然則，依《乾鑿度》厄數軌意，考知水、旱、兵、飢之年，早爲之備，則可「救災度厄」〔註496〕，不亦善哉？曰：非也！宗羲即指稱：「水、旱、兵、飢，十年內外不能不遇，而以六百年、七百年爲期，是亂日少而治日多也。小道可觀，致遠恐泥，其斯之謂與？」〔註497〕夫宗羲明史通經，於歷朝「亂日」、「治日」之多寡，知之甚詳；故「救災度厄」之說，儼然以百姓之逢災罹厄，非施政所累，乃天數所定，其爲當政者推諉卸責之資，亦已明矣！以此觀之，援聖賢（子夏）之言，而謂「小道可觀，致遠恐泥」者，其釐正「厄數」之情，誠可見也。

### 5・求五德終始

　　《乾鑿度》載：「至德之數，先立木、金、水、火、土德，合三百四歲，五德備，凡一千五百二十歲，大終復初。」〔註498〕依其意，其五德轉移以木、金、火、水、土爲序，每「德」皆三百四歲，五德轉移既畢，則一千五百二十歲成矣。至於所謂「德益三十六，五德而止」〔註499〕者，五德日數

---

〔註493〕參見〔日〕安居香山、中村璋八輯：《緯書集成》，頁 48。
〔註494〕案：〈夬〉、〈姤〉二卦，宗羲於「水旱軌意」圖皆作「760」年（參《易學象數論》，卷四，葉 29），恐爲抄錄之誤。蓋消息卦之入軌年數，兩兩對應，即〈復〉、〈臨〉、〈泰〉、〈大壯〉、〈夬〉、〈乾〉等六息卦，依序配與〈姤〉、〈遯〉、〈否〉、〈觀〉、〈剝〉、〈坤〉等六消卦，其消、息二卦之和數，皆爲「1440」（如〈臨〉與〈遯〉），以 2 除之，復爲 720，即一軌之年數（文王世軌），其例甚明：若以〈夬〉、〈姤〉二卦爲 760 年，則反失其序矣。
〔註495〕參見〔日〕安居香山、中村璋八輯：《緯書集成》，頁 48。
〔註496〕同前註。
〔註497〕參見〔清〕黃宗羲撰：《易學象數論》，卷四，葉 22。
〔註498〕參見〔日〕安居香山、中村璋八輯：《緯書集成》，頁 56。
〔註499〕同前註，頁 56～57。

之法也。宗羲指「甲、庚、丙、壬、戊五子相次，是其日也」〔註 500〕；即五德依木、金、火、水、土之序，各配甲子、庚子、丙子、壬子、戊子，而皆爲三十六日也。然則，「五德」之義何哉？曰：所以「立尊號、論天常、志長久」〔註 501〕也。

### （三）戙《元包》、《潛虛》之說

#### 1．揭《元包》之陋

《元包》者，北周衛元嵩（？）所撰也。宋・楊楫（通老，1178 進士）謂「元嵩，益州成都人。少不事家產，潛心至道，明陰陽曆算，時人鮮知之。獻策後周，賜爵持節蜀郡公，武帝尊禮，不敢臣。〔……〕。先生有傳在《北史》，恐讀是經者未知其出處之大致，故爲之序」〔註 502〕；然《北史》、《周書》皆無元嵩之傳，惟《新唐書・藝文志》載「衛元嵩《元包》十卷」〔註 503〕，故宗羲謂「不知楫之何所據」也。其書祖述京房之八宮世卦而易其序，「先陰而後陽，則《歸藏》之旨也。首〈坤〉宮八卦爲太陰，次〈乾〉宮八卦爲太陽，〈兌〉宮八卦爲少陰，〈艮〉宮八卦爲少陽，〈離〉宮八卦爲仲陰，〈坎〉宮八卦爲仲陽，〈巽〉宮八卦爲孟陰，〈震〉宮八卦爲孟陽」〔註 504〕。

其著法用三十六策（太陰之數），以兩手分之，先取左手之策，以三數之，滿十二策則置於左（此爲正策）；次取右手之策，以三數之，滿十二策則置之右（此爲正策）。合兩手之餘策，其數亦爲十二；左（右）餘一則右（左）餘十一，左（右）餘二則右（左）餘十，左（右）餘三則右（左）餘九，左（右）餘四則右餘八，左（右）餘五則右（左）餘七，左（右）餘六則右（左）餘六。至於「爻」、「歸奇」之數，則皆取諸左、右餘策。其法：以三除左、右餘策，至餘數各成一、二、三而止，合此左、右餘數，即爲「歸奇」，其數非「六」即「三」；反之，合此左、右得數，即爲「爻數」，其數非「六」即「九」。例如，餘策左五、右七者，左策以三除之，餘數爲「二」，得數即爲「三」；右策以三除之，餘數爲「一」，得數即爲「六」。各合左右之餘數、得數，則歸奇爲「三」、爻數爲「九」；餘皆仿此。

---

〔註 500〕 參見〔清〕黃宗羲撰：《易學象數論》，卷四，葉 18。

〔註 501〕 參見〔日〕安居香山、中村璋八輯：《緯書集成》，頁 57。

〔註 502〕 參見〔清〕朱彝尊原著，業師林慶彰等編審，陳恒嵩等點校：《經義考》，第八冊，卷二百七十，頁 151。

〔註 503〕 參見〔宋〕歐陽脩、宋祁撰：《新唐書》，卷五十七，頁 1426。

〔註 504〕 參見〔清〕黃宗羲撰：《易學象數論》，卷四，葉 30。

　　以此觀之，其爻數得九（陽畫），則歸奇數爲三；爻數得六（陰畫），則歸奇數爲六；斯所謂「爻數、歸奇數相消長」〔註505〕也。雖然，宗羲以爲，《元包》「因卦兩體，詁以僻字，義實庸淺！何所用蓍而好事者爲之張皇」〔註506〕；依其意，該書詁字既僻而義淺，則蓍法之用，但以飾陋耳！而好事者爲之推波，亦自顯其鄙矣！

### 2・陳《潛虛》及注本之弊

　　《潛虛》一書，爲北宋司馬溫公（光）仿揚雄《太玄》而作〔註507〕；書後附南宋張敦實（1135 進士）所撰《潛虛發微論》，乃主要注本。其言：「萬物皆祖於虛、生於氣。氣以成體，體以受性，性以辨名，名以立行，行以俟命。故虛者，物之府也；氣者，生之戶也；體者，質之具也；性者，神之賦也；名者，事之分也；行者，人之務也；命者，時之遇也。」〔註508〕然則，「氣」、「體」、「性」、「名」、「行」、「命」六者，爲《潛虛》之綱要也。其「氣圖」以五行生成圖（「一六居下之圖」）爲式；而變一爲｜、二爲‖、三爲川、四爲𠀌、五爲乂、六爲丁、七爲𠀎、八爲𠤏、九爲𠃌、十爲十，並分別賦與「原」、「熒」、「本」、「朴」、「基」、「委」、「焱」、「末」、「刃」、「冢」之名〔註509〕，如下圖。

---

〔註505〕同前註。

〔註506〕同前註，葉31。

〔註507〕案：朱子曰：「范仲彪炳文家多藏司馬文正公遺墨，嘗示予《潛虛》別本，則其所闕之文甚多，問之，云：『溫公晚著此書，未竟而薨，故所傳如此。』」（參《經義考》，卷二百七十，頁 156）

〔註508〕參見〔宋〕司馬光撰：《潛虛》，收入《中國子學名著集成》珍本初編（臺北：《中國子學名著集成》編印基金會，1978 年），第 92 冊（雜家，子部），「前言」，頁 1。

〔註509〕案：宋儒陳淳（北溪）嘗言「《虛》之數十」；又謂「《虛》以水之一則命之曰原，而六則命之曰委；火之二則命之曰熒，而七則命之曰焱；木之三則命之曰本，而八則命之曰末；金之四則命之曰朴，而九則命之曰刃；土之五則命之曰基，而十則命之曰冢」（參《經義考》，卷二百七十）。然則，其十數之名，乃隨五行之序（水火木金土）而偶之，亦對應之道也。

## 氣　圖

雖然，「萬物皆祖於虛、生於氣」者，豈謂氣生於虛、虛能生氣耶？此與張載
（1020～1078）「太虛即氣」〔註510〕之論迥異，故宗羲稱其「墮老氏有生於無
之說」〔註511〕。

　　「體」則分十等，成一金字塔形，「一等象王，二等象公，三等象岳，
四等象牧，五等象率，六等象侯，七等象卿，八等象大夫，九等象士，十等
象庶人」〔註512〕，以合天地之數五十有五，遂其「一以治萬，少以治眾」
〔註513〕之說；然宗羲謂「此十等者，位也，而非體也」，並引周子（濂溪）
「二五之精，妙合而凝，〈乾〉道成男，〈坤〉道成女」〔註514〕之語，言其

〔註510〕 參見〔宋〕張載撰，〔清〕王夫之注：《張子正蒙》（上海：上海古籍出版社，
2000年），頁92。案：近人朱義祿撰有〈黃宗羲、劉宗周思想比較初探〉（《浙
江學刊》第2期，1985，頁98）一文，其指張載之「氣一元論對黃宗羲影響
較深」，此本無所置喙；然以宗羲所論《潛虛》「萬物皆祖於虛、生於氣」一
語緊接其後，而謂此「無疑是從『太虛即氣』那裡脫胎出來」，豈以「萬物皆
祖於虛、生於氣」之說出於宗羲耶？再者，以「萬物皆祖於虛、生於氣」無
疑脫胎於「太虛即氣」，恐清亂二者之異矣！
〔註511〕 參見〔清〕黃宗羲撰：《易學象數論》，卷四，葉32。案：宗羲此說，蓋取諸
張載所言「若謂虛能生氣，則虛無窮、氣有限。體用殊絕，入老氏有生於無
自然之論」（參見《張子正蒙·太和》，頁89）。
〔註512〕 參見〔宋〕司馬光撰：《潛虛》，收入《中國子學名著集成》珍本初編，第92
冊，頁5。
〔註513〕 同前註。
〔註514〕 參見〔宋〕周敦頤撰：《周子通書》（上海：上海古籍出版社，2000年），「太
極圖說」，頁28。案：「〈乾〉道成男，〈坤〉道成女」本諸《繫辭上傳》，而
周子藉以伸其「無極而太極」理論。

「乃所謂『體』」〔註515〕也。

論「性」，以水、火、木、金、土為序，專主生剋。先列十純；十純者，五行「生數」為一水、二火、三木、四金、五土，謂之「生純」；五行「成數」為六水、七火、八木、九金、十土，謂之「成純」；合五「生純」、五「成純」，即為「十純」矣。十純既洽，其次降一，水配火；其次降二，水配木；其次降三，水配金；其次降四，水配土。其下皆仿此降、配，至五配而終（五十五），此所謂「始於純，終於配，天地之道」〔註516〕也。其圖如下：

### 性　圖

| 十土 | 十土 | 十土 | 十土 | 十土 | 十火 | 水火 |
|---|---|---|---|---|---|---|
| 水 | 水 | 水 | 水 | 十水 | 木 | 木 |
| 火 | 火 | 火 | 十火 | 木 | 金 | 金 |
| 木 | 木 | 十木 | 金 | 金 | 土 | 土 |
| 金 | 十金 | 土 | 土 | 土 | 水 | 水 |
| 水 | 水 | 水 | 水 | 水 | 火 | 火 |
| 火 | 火 | 火 | 火 | 火 | 木 | 木 |
| 木 | 木 | 木 | 木 | 木 | 金 | 金 |

然宗羲引《尚書・湯誥》「惟皇上帝，降衷於下民，若有恒性」〔註517〕之語，乃言「以生克言性，則雜矣，不可謂之恒也。温公從來不知性」。蓋司馬光嘗云：「夫性者，人之所受於天以生者也，善與惡必兼有之，是故雖聖人不能無惡，雖愚人不能無善，其所受多少之間則殊矣。」〔註518〕依其意，人固兼有

---

〔註515〕參見〔清〕黃宗羲撰：《易學象數論》，卷四，葉32。

〔註516〕參見〔宋〕司馬光撰：《潛虛》，收入《中國子學名著集成》珍本初編，第92冊，頁8。

〔註517〕參見〔漢〕孔安國傳，〔唐〕孔穎達疏，〔清〕阮元校勘：《尚書正義》，卷八，頁112。

〔註518〕參見〔宋〕司馬光撰：《傳家集》（《四庫全書・集部・別集類》），卷66，「性辯」，葉13～14。

善、惡之性，而聖人、愚者之分，洵以所受於天之善、惡多寡而定，故宗羲指「其論性如此，猶之雜生克而爲言」〔註519〕也。

《潛虛》載：「人之生，本於虛，然後形，形然後性，性然後動，動然後情，情然後事，事然後德，德然後家，家然後國，國然後政，政然後功，功然後業，業終則返於虛矣。」〔註520〕然則，「虛」者，是其論「名」之本；中經形、性、動、情、事、德、家、國、政、功、業等，爲其論「名」之綱。此十一綱依序各繫五目，故其「名」凡五十有五；其言曰：

> 萬物始於元、著於衰蒲侯、存於齊、消於散、訖於餘，五者，形之運也；柔、剛、雍、昧、昭，性之分也；容、言、慮、聆、覿，動之官也；繇、憯、得、罹〔註521〕、耽，情之誳恤也；壽、邰、庸、妥吐火、蠡尺尹，事之變也；訒刃、宜、忱、喆、戛，德之塗也；特、偶、瞁〔註522〕、績、考，家之綱也；范、徒、醜、隸、林，國之紀也。禋因、準、資、實、戜，政之務也。斁傲、理〔註523〕、績〔註524〕、育、聲，功之具也；興、痛鋪、泯、造、隆，業之著也。〔註525〕

然宗羲以爲，「有性而後有情，有情而後有視、聽、言、動，有德而後有事」〔註526〕，故溫公論名之序，以「動」先於「情」、「事」先於「德」者，是「失其次矣」〔註527〕！至於「元、餘者，物之始終，故無變；齊者，中也，包斡萬物，故無位」〔註528〕之說，即「元」、「餘」、「齊」三名不變；能變者五十二名，每名有七變〔註529〕，則得三百六十四變矣！以其辭皆可見，故謂之「行」

---

〔註519〕參見〔清〕黃宗羲撰：《易學象數論》，卷四，葉32。

〔註520〕參見〔宋〕司馬光撰：《潛虛》，收入《中國子學名著集成》珍本初編，第92冊，頁11～12。

〔註521〕案：「罹」字，《四庫》本《潛虛》同；《四庫》本《易學象數論》作「屬」。

〔註522〕案：「瞁」字，《四庫》本《易學象數論》同，《四庫》本《潛虛》則作「眍」。

〔註523〕案：「理」字，《四庫》本《易學象數論》同；《四庫》本《潛虛》則作「乂」。

〔註524〕案：「績」字，《四庫》本《潛虛》作「續」，恐爲抄錄之誤。

〔註525〕參見〔宋〕司馬光撰：《潛虛》，收入《中國子學名著集成》珍本初編，第92冊，頁12～13。

〔註526〕參見〔清〕黃宗羲撰：《易學象數論》，卷四，葉33。

〔註527〕同前註。

〔註528〕參見〔宋〕司馬光撰：《潛虛》，收入《中國子學名著集成》珍本初編，第92冊，頁11。

〔註529〕案：「七變」者，初、二、三、四、五、六、上也，或言擬《太玄》之「九贊」；然迹其初、上之稱名，則皆仿《易》卦六爻而成也。

也。

　　《潛虛》以五行相乘得二十五（天數），復以三才乘之，凡得七十有五，是爲蓍策之數；虛其五而用七十，揲之以十，則爲揲蓍之法。張敦實嘗言：「七十有五，以占五十五名；衍而積之，凡三千八百五十策，以成變化之用，此《虛》之蓍所以用七十也」〔註 530〕；對此，宗羲則駁之曰：「《玄》以三十有六律、七百二十九贊，固未嘗除虛三之策也。《虛》之積策，惡得除虛五哉？當得四千一百二十五也。」〔註 531〕依宗羲之意，《潛虛》既以蓍策之數（七十五）占五十五名，則其積算乃四千一百二十五策，非「三千八百五十策」也。

　　夫《潛虛》之占「命」，以「吉」、「臧」、「平」、「否」、「凶」五者爲象，「以其爲時之所遇也。觀辭之善者命必吉，次善者命必臧；辭之惡者命必凶，次惡者命必否；辭之善惡半者，命必平。所謂『盡人以合天』」〔註 532〕也。其圖如下〔註 533〕：

<h2 style="text-align:center">命　圖</h2>

| 吉臧平否凶 | | 吉臧平否凶 | |
| --- | --- | --- | --- |
| 哀 | 六四二五三 | 特 | 五四三六二 |
| 柔 | 五四三六二 | 偶 | 四六五二三 |
| 剛 | 四六五二三 | 昍〔註 534〕 | 三二五六四 |
| 雍 | 三二五六四 | 續 | 二四五六三 |
| 昧 | 二四五六三 | 考 | 六四二五三 |
| 昭 | 六四二五三 | 范 | 五四三六二 |
| 容 | 五四三六二 | 徒 | 四六五二三 |
| 言 | 四六五二三 | 醜 | 三二五六四 |
| 慮 | 三二五六四 | 隸 | 二四五六三 |

〔註 530〕參見〔宋〕張敦實撰：《潛虛發微論》，收入《中國子學名著集成》珍本初編，第 92 冊，頁 89。

〔註 531〕參見〔清〕黃宗羲撰：《易學象數論》，卷四，葉 36。

〔註 532〕同前註，葉 33。

〔註 533〕參見〔宋〕司馬光撰：《潛虛》，收入《中國子學名著集成》珍本初編，第 92 冊，頁 63～69。

〔註 534〕案：「昍」字，《四庫》本《潛虛》同；《四庫》本《易學象數論》則作「昍」。

| | | | |
|---|---|---|---|
| 聆 | 二四五六三 | 林 | 六四二五三 |
| 覿 | 六四二五三 | 禋 | 五四三六二 |
| 繇 | 五四三六二 | 準 | 四六五二三 |
| 懠 | 四六五二三 | 資 | 三二五六四 |
| 得 | 三二五六四 | 賔 | 二四五六三 |
| 罹 | 二四五六三 | 戢 | 六四二五三 |
| 耽 | 六四二五三 | 斆 | 五四三六二 |
| 寿 | 五四三六二 | 理〔註 535〕 | 四六五二三 |
| 郤 | 四六五二三 | 績〔註 536〕 | 三二五六四 |
| 庸 | 三二五六四 | 育 | 二四五六三 |
| 妥〔註 537〕 | 二四五六三 | 聲 | 六四二五三 |
| 蠢 | 六四二五三 | 興 | 五四三六二 |
| 訒 | 五四三六二 | 痡 | 四六五二三 |
| 宜 | 四六五二三 | 泯 | 三二五六四 |
| 忱 | 三二五六四 | 造 | 二四五六三 |
| 喆 | 二四五六三 | 隆 | 六四二五三 |
| 戛 | 六四二五三 | 散 | 五四三六二 |

觀其所列之「名」，凡五十有二；而七變之位，但用其五。所以然者，以「元」、「餘」、「齊」三者不變，而初、上爲事之始終，故皆不占也〔註 538〕。雖然，宗羲以爲，《潛虛》蓍法「陽用其顯，陰用其幽」〔註 539〕，用顯（陽）之吉、囚、臧、否固依命圖不變，而用幽（陰）則「善者必囚，惡者必吉，次善次囚，次惡次吉。天道與人事相反，其於勸懲之道又何居焉」〔註 540〕？此鍼砭之論，猶伸積善餘慶、積不善餘殃之旨；且既云「初、上者，事之始

〔註 535〕案：「理」字，《四庫》本《易學象數論》同；《四庫》本《潛虛》則作「乂」。

〔註 536〕案：「績」字，《四庫》本《潛虛》及《易學象數論》皆作「續」，恐爲抄錄之誤。

〔註 537〕案：「妥」字，《四庫》本《易學象數論》作「安」，恐爲抄錄之誤。

〔註 538〕參見〔宋〕司馬光撰：《潛虛》，收入《中國子學名著集成》珍本初編，第 92 冊，頁 69。

〔註 539〕同前註，頁 71。案：依《潛虛》蓍法，其「幽」、「顯」之吉、凶、臧、否相違；即顯（陽）則吉、凶、臧、否如故，陰則命圖之爲吉者反凶、凶者反吉。

〔註 540〕參見〔清〕黃宗羲撰：《易學象數論》，卷四，葉 33。

終，亦不占」〔註541〕，則「得名之後，揲當五以求變；其揲以七，使得初、上將焉用之」〔註542〕？依宗羲之意，揲七（七變）爲《潛虛》蓍法，故有初、上之位；今「命圖」捨其不占，則求變得「名」之法，揲五即可，焉用「揲七」耶？夫諷失之意，亦已明矣。

　　以此觀之，《潛虛》既歧虛氣之蘊、揲占之法，復托諸《河圖》（「一六居下」之圖）而以五行竄入天地生成之數，以成其體、性、名、命之說，則諸弊沿此層出，亦理之自然耳！故宗羲慨然歎曰：

　　　　《玄》以準《易》，《虛》以準《玄》，亦猶文章遞相模傲，無關大道。
　　　　論者至謂「由《虛》以曉《玄》，由《玄》以究《易》，斯無躐等之
　　　　患」；使有人言曰：「由《三都》以曉《兩京》，由《劇秦》以究《封
　　　　禪》。」當無信者。不知何以異於是！〔註543〕

聞宗羲此言，復觀宋儒朱彧（無惑）「揚子雲作《太玄》以擬《易》，先儒已有屋下架屋之誚。〔……〕而張衡謂其與《易》相擬，陸績、宋衷、范望、王涯之徒，尤酷嗜之，溫公至謂：『叩之以萬物之情而不漏，測之以鬼神之狀而不違，檃之以六經之言而不悖。』是皆溺於所好，未得爲公論」〔註544〕，以及陳淳「《玄》以後世有子雲者必好《玄》，《虛》亦以後世有君實者必好《虛》，一一模傲。要之，俱不足以有補於《易》，是亦工於其數而道則末也」〔註545〕

---

〔註541〕　參見〔宋〕司馬光撰：《潛虛》，收入《中國子學名著集成》珍本初編，第92
　　　　　冊，頁69。

〔註542〕　見〔清〕黃宗羲撰：《易學象數論》，卷四，葉33。

〔註543〕　同前註。案：「《玄》以準《易》，《虛》以準《玄》」一語，《潛虛》作「《玄》
　　　　　以準《易》，《虛》以擬《玄》」（溫公自序），則宗羲此言，或以溫公之語反揄
　　　　　其說也。「論者至謂」云云：「論者」，指張敦實，其下之語見諸《潛虛發微論》
　　　　　（頁74）。《三都賦》爲西晉左思所撰，《二京賦》則爲東漢張衡仿班固《兩
　　　　　都賦》而作：前者敘三國，後者模兩漢，自是不同。《劇秦》（《劇秦美新》）
　　　　　爲揚雄貶秦譽莽之作，《封禪》（《封禪書》）則爲司馬相如擬議封禪之遺著，
　　　　　彼此底蘊亦有別：宗羲繫二者爲喻者，或以揚雄傾慕相如，嘗仿其《子虛》、
　　　　　《上林》等賦，而爲《蜀都賦》故也。

〔註544〕　參見〔清〕朱彝尊原著，業師林慶彰等編審，陳恒嵩等點校：《經義考》，第
　　　　　八冊，卷二百六十八，頁80～81。案：所引「叩之以萬物之情而不漏」云云，
　　　　　見諸司馬溫公《太玄集注・讀玄》：其中，「叩之以萬物之情而不漏」一語，
　　　　　點校本《經義考》作「叩之以物之情而不漏」，然「物」字與其下「鬼神」、「六
　　　　　經」之語法不類，故仍據原文逕改之。

〔註545〕　同前註，卷二百七十，頁159。案：司馬溫公嘗云：「子雲曰：『後世復有揚
　　　　　子雲，必知《玄》。』吾於子雲雖未能知，固好之矣。安知後世復有司馬君實
　　　　　乎？」（《潛虛》「自序」，頁72）故陳淳有此語。

之議，則彼等捨經、攘善之失，蓋無所遁矣！

### （四）訂《洞極》之僞

　　夫《洞極》之書，《隋志》、《唐志》皆不載；《宋史·藝文志》則稱「關朗《洞極元經傳》五卷」〔註546〕，元儒胡一桂即謂「《洞極經》莫知作者，而元魏關朗子明之所傳次也」〔註547〕。宗羲以爲，關朗《易》所傳有《易傳》及《洞極眞經》，然《易傳》既爲「阮逸僞作」〔註548〕，而「《洞極》遠出《易傳》之下，其爲僞書者更不及逸矣」！〔註549〕依其意，《洞極》非惟僞書，其作僞之能亦遠不及阮逸也。

　　《洞極》以《洛書》（「戴九履一」之圖）之文爲式，即九前（南）一後（北），三左（東）七（西）右，四前左（東南）、二前右（西南）、八後左（東北）、六後右（西北）；並立〈生〉☰、〈育〉☷、〈資〉☶以象「天」、「地」、「人」。其一四七、二五八及三六九之數，分別爲〈生〉、〈育〉、〈資〉之「弌」（一爻）、「弍」（二爻）、「弎」（三爻）。例如，一爲〈生〉之弌、二爲〈育〉之弌、三爲〈資〉之弌；其下仿此。故一象之變有九，三象之變則得二十七，斯以準《易》〔註550〕；此二十七象，依序爲〈生〉☰、〈萌〉☳、〈息〉☲、〈華〉☶、〈茂〉、〈止〉、〈安〉☷、〈熅〉、〈實〉☶（以上言乎天）、〈資〉☶、〈用〉、〈達〉☲、〈興〉、〈紊〉、〈悖〉☳、〈靜〉☷、〈平〉、〈序〉☷（以上言乎人）、〈育〉☷、〈和〉、〈塞〉、〈作〉、〈渙〉、〈幾〉☲、〈抑〉、〈冥〉、〈通〉☷（以上言乎地）。其書以「十一論發明大意，則準《易》之《繫辭》、」「《翼》以準《彖傳》，《則》以準《大象》，《傳》以準《小象》」〔註551〕。

─────────────────────

〔註546〕參見〔元〕脫脫等撰：《宋史》（北京：中華書局，1997 年），卷二百五，葉5172。案：〔清〕馬國翰輯有《洞極眞經》一書，且附〔魏〕關朗所作之「序」（參《山東文獻集成》第一輯第四十九冊，頁316～319）。

〔註547〕參見〔清〕朱彝尊原著，業師林慶彰等編審，陳恒嵩等點校：《經義考》，第八冊，卷二百七十，頁148。

〔註548〕參見〔清〕黃宗羲撰：《易學象數論》，卷一，葉6。

〔註549〕同前註，卷四，葉38。

〔註550〕同前註，葉39。案：三象即〈生〉☰、〈育〉☷、〈資〉☶；二十七象者，擬《易》六十四卦也。又案：其下〈悖〉☳、〈靜〉☷、〈抑〉、〈冥〉等四象，《四庫》本《易學象數論》分別作〈悖〉☳、〈靜〉☷、〈抑〉、〈冥〉☷，當爲抄錄之誤；今據《廣雅》本《象數論》及馬國翰輯本《洞極眞經》改之。

〔註551〕同前註。

《洞極》之言〈生〉，曰「形而上者謂之天，日月星辰皆天也」；言〈育〉，曰「形而下者謂之地，山川草木皆地也」；言〈資〉，曰「命於中者謂之人，戎狄禽魚皆人也」〔註 552〕。然觀其文，皆本諸韓愈〈原人〉所載而析異之耳〔註 553〕！故宗羲乃謂其「全割昌黎〈原人〉以爲己有，與《易傳》不出一手，亦明矣」〔註 554〕，此「其爲僞書者更不及逸」一語之蘊也；而「朱子既知其僞」，「又引以證《圖》十《書》九」，亦足怪哉〔註 555〕！

至於《洞極》著法，宗羲指「後人不得其解，而《洞極》之著法亡矣」〔註 556〕！蓋〈極數篇〉載：

> 天一，地二，人三；天四，地五，人六；天七，地八，人九。三極之數四十五，天有十二，地有十五，人有十八。審其數而畫之，三十有九則式，四十有二則式，四十有五則式。〈生〉之策百一十七，〈育〉之策百二十六，〈資〉之策百三十五。遺其餘則三百有六十，當期之日，顯冥之道盡矣。〔註 557〕

宗羲謂此即《洞極》之著法，並自言「嘗推之而復得」〔註 558〕。觀其所推《洞極》著法之要，蓋合天（十二）、地（十五）、人（十八）之數，凡得四十五，此即著法用策之數。將四十五策分爲三刻（左、中、右），皆不掛；每刻以三揲之，不滿三者，爲「餘」也。若三刻各餘二，則正策爲三十有九，以式（━）畫之（〈生〉之一），此所謂「三十有九則式」者；若三刻各餘一，或一刻餘一、一刻餘二、一刻無餘者，則正策皆四十有二，以式（━ ━）畫之（〈育〉之一），此所謂「四十有二則式」者；若三刻皆無餘者，則正策爲四十有五，以式（━━━）畫之（〈資〉之一），此「四十有五則式」之謂也；皆爲

---

〔註 552〕同前註。
〔註 553〕案：韓愈〈原人〉載：「形於上者謂之天，形於下者謂之地，命於其兩間者謂之人。形於上，日月星辰皆天也；形於下，草木山川皆地也；命於其兩間，夷狄禽獸皆人也。」（參《韓昌黎文集校注》，頁 25～26）
〔註 554〕參見〔清〕黃宗羲撰：《易學象數論》，卷四，葉 39。
〔註 555〕同前註。
〔註 556〕同前註，葉 40。案：宗羲以爲，胡一桂（廷芳）稱《洞極》著法「三策之數，本甚不合；遺其餘七六五，然後合三百六十之數，未敢以爲然」；楊時喬（止菴）則揣《洞極》著法之意，謂「其揲當用四十九策而虛三，如揚雄之法；而掛一不用，以九揲左手之策，視其所得之策而定畫焉。右則不揲，自三十有九至三百有六十當期之日，其說多牽強，不可通」。故有是語也。
〔註 557〕同前註，葉 39～40。
〔註 558〕同前註。

初畫。其二畫、三畫之得,皆準此法,而極(象)成矣;故「〈生〉之策百一十七(3 乘 39),〈育〉之策百二十六(3 乘 42),〈資〉之策百三十五(3 乘 45)」。至謂「遺其餘則三百六十」者,乃去〈生〉、〈育〉、〈資〉之尾策七、六、五,總其數爲三百有六十,是「當期之日」;宗羲稱此猶「『二篇之策,萬有一千五百二十』,無礙於『當萬物之數』也」〔註 559〕。

然則,《洞極》蓍法以三刻分之,且揲三而不餘三;此與諸家蓍法大略分二(二刻),揲四則餘四、揲三則餘三者,誠有別矣!故宗羲乃謂「推尋者概以常法,故展轉而不能得也」〔註 560〕。

### (五)明《洪範數》之弊

《洪範數》〔註 561〕爲宋儒蔡九峯(沈,元定之子)所撰;宗羲謂其「大暑倣《潛虛》而作」〔註 562〕。蓋《潛虛》有｜、‖、川、巛、乂、丁、厎、兀、疒、十之數,《洪範數》但去其十,而易「乂」爲「巛」,餘則皆因之;《潛虛》以左右爲卦,《洪範數》亦如之;〈潛虛〉稱「｜」爲「原」,《洪範數》易以「川」爲「原」;《潛虛》以「吉、臧、平、否、凶」五者爲占,《洪範數》以「吉、咎、祥、吝、平、悔、災、休、凶」(依序)九者爲占;《潛虛》以一陰一陽別其幽顯,《洪範數》以三陽三陰求其吉凶。《潛虛》五行以一六爲水、二七爲火、三八爲木、四九爲金、五十爲土,而《洪範數》則以一六爲水、二七爲金、三八爲木、四九爲火、中五爲土;前者本諸「一六居下」之圖(世稱《河圖》),後者取法「戴九履一」之文(世稱《洛書》)。然宗羲以爲,二者「雖異而實同」〔註 563〕;謂之「實同」,蓋二者皆以五行竄入天地生成之數,非《易》之本色也。此外,《洪範數》釋八十一數之辭,僅〈原〉有之,餘皆闕如,但於各條下載「數日」二字耳!故「以數而論,《虛》之與《範》無所優劣;以辭而論,《虛》有《易林》、《太玄》之遺,《範》無聞焉。乃後世進《範》而退《虛》,豈知言者哉」〔註 564〕!

竊觀《洪範數》之卦名,其與《太玄》同者,有〈守〉、〈閑〉、〈成〉、〈常〉、

---

〔註 559〕同前註,葉 41。

〔註 560〕同前註。

〔註 561〕案:《洪範數》,《四庫全書總目》作「《洪範皇極內外篇》」;宋儒王應麟《玉海》則載此書名《洪範數》,而宗羲依之。

〔註 562〕參見〔清〕黃宗羲撰:《易學象數論》,卷四,葉 41。

〔註 563〕同前註,葉 42。

〔註 564〕同前註。

〈親〉、〈從〉、〈交〉、〈中〉、〈疑〉、〈飾〉、〈戾〉、〈翕〉、〈堅〉、〈止〉、〈養〉、〈遇〉等，凡十有六卦；與《潛虛》同者，有〈柔〉、〈昧〉、〈邻〉、〈厲〉〈權〉、〈賓〉、〈興〉等七卦；與《易》同者，則有〈蒙〉、〈壯〉、〈比〉、〈晉〉、〈益〉、〈豫〉、〈升〉、〈過〉、〈損〉、〈訟〉、〈革〉等，計十一卦〔註565〕。然則，《洪範數》八十一數之卦名，其掠之前人者，近半矣！其中，不諱犯《易》卦之名，誠與《太玄》之「贊」、《潛虛》之「行」殊異，豈其「以《太玄》、《元包》、《潛虛》既以擬《易》，不足以見新奇，故變幻其說」〔註566〕耶？斯亦可議者也。

至於蓍法，宗羲謂「《虛》簡而《範》煩，曷不用七十策」〔註567〕？依其意，若《洪範數》仿《潛虛》蓍用七十策，則「初揲左以九，再揲右以九，大數得矣。求小數復如大數之法，則四揲而畢」〔註568〕；然《洪範數》不用七十策，反擬「大衍之數」用四十九者，以「此恐雷同於《虛》而故避之者」〔註569〕也。又《潛虛》有七變之爻，《洪範數》則無爻；對此，宗羲則稱「《虛》不占其辭，而占其所值之吉凶，則《範》之小數即其爻也」〔註570〕。以此觀之，《虛》、《範》用蓍之策既異，其變數之法亦有別矣！元儒胡一桂嘗謂《洪範數》「變數之法不傳，莫能適諸用也」〔註571〕；然宗羲「既疏明其變數，誠依法用之，其猶賢夫《火珠林》之類」〔註572〕也。茲將《洪範數》之蓍法，略述於下：

> 蓍五十，虛一、分二、掛一。以三揲之，視左右手，歸餘於扐，兩奇爲一，兩耦爲二，奇耦爲三，是爲一揲，爲綱。復合見存之策，分、掛、揲、歸如前法，是爲再揲，爲目。初揲，綱也；再揲，目也。綱一函三，以虛待目；目一爲一，以實從綱。兩揲而九數具，

〔註565〕案：《洪範數》八十一卦皆取單名，故〈壯〉即取諸〈大壯〉，〈過〉則合〈大過〉、〈小過〉而言之也。其不以此爲數者，或囿於單名故也。

〔註566〕參見〔清〕紀昀等編：《四庫全書總目》，卷一百零八，「子部‧數術類」，頁1425～1426。

〔註567〕參見〔清〕黃宗羲撰：《易學象數論》，卷四，葉42。

〔註568〕同前註。

〔註569〕同前註。

〔註570〕同前註。

〔註571〕參見〔清〕朱彝尊原著，業師林慶彰等編審，陳恒嵩等點校：《經義考》，第八冊，卷二百七十三，頁241。

〔註572〕參見〔清〕黃宗羲撰：《易學象數論》，卷四，葉43。

　　四揲而數名立，八揲而六千五百六十一之數備。〔註573〕

蓋《洪範數》著策雖仿《易》用四十九，其揲著之法則捨四而用三（三揲）。首取右刻一策，掛於左手小指間（掛一）；次取左、右刻之策，以三數之，其餘策左一則右二、左二則右一、左三則右三，皆分別掛於左手無名指（此左策餘數）及中指（此右策餘數）間。然則，連掛一（左手），總其餘策，左二則右必二、左三則右必一、左四則右必三，此謂之「歸餘於扐」。「兩奇爲一」者，餘策左三、右一，是「兩奇」，而稱「一」；「兩偶爲二」者，餘策左二、右二，是「兩偶」，而稱「二」；「奇耦爲三」者，餘策右三、左四，是「奇耦」，而稱「三」。此爲「一揲」，所謂「綱」也。復合見存之策（正策），或四十有二（餘策七），或四十有五（餘策四），仍依「初揲」分二、掛一、揲三之法，則其掛扐之數（總餘策），左二則右必一、左三則右必三、左四則右必二，亦以「兩奇爲一」，左三、右三是也；「兩偶爲二」，左四、右二是也；「奇偶爲三」，左二、右一是也。至此，是爲「再揲」，謂之「目」。

　　「綱一函三，以虛待目」者，綱一數具三數，故可以爲一、爲二、爲三，待目而分，以實其函。「目一爲一，以實從綱」者，綱一目一則爲一，於左方立「｜」；綱一目二則爲二，於左方立「ⅠⅠ」；綱一目三則爲三，於左方立「川」；綱二目一則爲四，於左方立「ⅠⅠⅠ」；綱二目二則爲五，於左方立「ⅢⅠ」；綱二目三則爲六，於左方立「丁」；綱三目一則爲七，於左方立「ⅡⅠ」；綱三目二則爲八，於左方立「ⅢⅠ」；綱三目三則爲九，於左方立「Ⅲ」。綱、目相配，其數皆立於左（縱），所謂「兩揲而九數具」也。復合四十九策，其法如前，故兩揲之數亦爲一至九，而立於右方（橫）。合左（縱）、右（橫）之數，則得八十一（九乘九）之大數，斯「四揲而數名立」者也。其圖如下：

〔註573〕同前註，葉43～45。案：原文本無「兩奇爲一，兩耦爲二，奇耦爲三」十二字，此據《四庫》本《洪範皇極內外篇》補之；而「是爲一揲，爲綱。復合見存之策，分、掛、揲、歸如前法，是爲再揲，爲目」一段，《四庫》本《洪範皇極內外篇》則未載。故兩合之，以全其貌也。

## 洪範名數

原　潛　守　信　直　蒙　開　須　厲

（名數八十一圖，各名下繫以數與爻象）

名數（八十一）既定，兩揲之，其法如前，數亦爲一至九，而立於左（橫）；復兩揲之，數亦如之，而立於右（縱）。合左（橫）、右（縱）之數，又得八十一（九乘九）之數，是爲「小數」，置於每一大數之下；依此，則八十一大數，凡得六千五百六十一小數（81 乘 81），此「八揲而六千五百六十一之數備」者也。其排列之序，大數之橫即小數之左，大數之縱即小數之右；而吉、咎、祥、吝、平、悔、災、休、凶，斯可見矣〔註574〕。

### （六）論《皇極經世》及解家之失

#### 1‧閏　法

夫《皇極經世》者，宋儒邵雍（堯夫）所撰也。其書以元經會、以會經運、以運經世；編年起於帝堯元年甲辰、終於後周顯德六年己未，迹天下離合、治亂興廢之事，以符其說。觀《皇極》積算之法，一元十二會，一會三十運，一運十二世，一世三十年，一年十二月，一月三十日，一日

---

〔註574〕同前註，葉48～49。

十二時，一時三十分，蓋以「十二」、「三十」之數反覆相承耳！其「掛一圖」以〈乾〉、〈兌〉、〈離〉、〈震〉爲天之四卦，四卦自交成十六卦，十六卦復自交，凡得二百五十六卦，以配元、會、運、世、年、月、日、時；然「在一元，會止十二，止以辟卦配之」〔註575〕。故二百五十六卦分屬於「運」、「世」、「年」、「月」、「日」、「時」六者；而一元有三百六十運、一會有三百六十世、一運有三百六十年、一世有三百六十月、一年有三百六十日、一月有三百六十時，數皆「三百六十」，則每一運、世、年、月、日、時各得四爻（總240卦），餘者十六卦（96爻）〔註576〕。將所餘十六卦配以二十四節氣，則每一節氣亦得四爻，「以寓閏法於其間；不論運、世、年、月、日、時，皆有閏也」〔註577〕。

雖然，宗羲以爲，其說「多有可疑」〔註578〕！蓋依《皇極》之法，以一年成數言之，爲三百六十日；以十二月言之，爲三百五十四日〔註579〕；以二十四節氣言之，爲三百六十五日三時〔註580〕；以閏歲言之，爲三百八十四日〔註581〕。將此術「按之於曆，辰法三百六十，日法四千三百二十，月法十二萬九千六百，歲法一百五十五萬五千二百，世法四千六百六十五萬六千，運法五億五千九百八十七萬二千，會法一百六十七億九千九百一十六，元法二千一十五億五千三百九十二萬，皆成數也」〔註582〕；又「在一月爲三十日，

---

〔註575〕同前註，卷五，葉3。
〔註576〕案：二百五十六卦，凡1536爻，除之以360，則得數爲4（爻），餘數爲96（爻）。
〔註577〕參見〔清〕黃宗羲撰：《易學象數論》，卷五，葉1。
〔註578〕同前註。
〔註579〕案：邵雍引《尚書·虞書·堯典》「期三百有六旬有六日」之語，而謂「日之餘盈也六，則月之餘縮也亦六。若去日月之餘十二，則有三百五十四，乃日行之數，以十二除之，則得二十九日」（《四庫》本《皇極經世書》，卷十四，葉7～8）；又曰：「陽主進，是以進之爲三百六十；陰主消，是以十二月消十二日也。」（同上，卷十三，葉12）依其意，以十二月言之，則爲三百五十四日也。
〔註580〕案：此爲精算之數；蓋《皇極》以一日爲十二時，則三百六十五又四分之一日，即三百六十五日三時也。
〔註581〕案：「掛一圖」以三百六十日爲數（240卦），四爻爲一日；其餘十六卦散於二十四節氣之首，每氣亦得四爻，凡得二十四日，是爲閏餘之數。故以閏歲言之，總爲三百八十四日也。
〔註582〕參見〔清〕黃宗羲撰：《易學象數論》，卷五，葉2。案：所列之數以「十二」、「三十」反覆相承，皆以「秒」計。

於朔策強二千一百六十，於氣策弱一千八百九十。在一年爲三百六十日，於歲實弱二萬二千六百八十，於十二朔實強二萬五千九百二十」〔註583〕，準此，則「不可施之曆矣，乃於二氣相接之際，各增一日以爲閏，以准一年三百八十四日之數」〔註584〕。夫彌縫之術雖巧，實則不然，故宗羲乃云：

> 閏雖每歲有之，亦必積之三歲、兩歲，而後滿於朔實，故有三百八十四日之歲。若一歲之閏策只四萬八千六百，今槩之三百八十四日，是歲歲有閏月也，豈可通乎？且所謂閏者，見之於年、月、日、時者也。就如其說，增此四爻，亦當增於三百六十之中，徒增之於卦，其爲三百六十者如故，是有閏之名，而無閏之實矣。是故運、世、歲無閏，而月、日、時有閏，六者不可一例。〔註585〕

依宗羲之意，三百八十四日者，積二、三歲閏餘所得之數也；若將其擬於一歲四萬八千六百之閏策，則閏月年年有之，斯謬矣！且徒以所增四爻（每氣四爻）加於諸卦，以寓閏法行之運、世、年、月、日、時，然「三百六十」之數，未嘗因閏餘而有增益，是「有閏之名，而無閏之實」。以此覈之，故「運、世、歲無閏，而月、日、時有閏，六者不可一例」也。

此外，宗羲指「一年之日三百五十四，以運准之，則少六日；一月之時三百五十四，以世准之，則少六時。康節必欲以十二與三十整齊之，其奇齡豈可抹殺乎」〔註586〕？審其語，「三百五十四」之數以運、世論，於日、時皆闕六（奇齡），此與邵雍以十二、三十反覆相承之積算法相違；即其必欲以「三百六十」爲齊數，則「奇齡」不可「抹殺」也。然若以《皇極》之數

---

〔註583〕同前註。案：朔策（朔虛）本爲 29.5 日，今以 30 日爲計，則月多 0.5 日：一日爲 4320 秒，0.5 日則爲 2160 秒，故云「於朔策強二千一百六十」。氣策（氣盈：一氣三候）本爲 15.21875 日，今以 30 日爲計，則月少 0.4375 日（15.21875乘 2＝30.4375）：一日爲 4320 秒，0.4375 日則爲 1890 秒，故云「於氣策弱一千八百九十」。「於歲實弱二萬二千六百八十」者，其數爲 12 乘 1890；「於十二朔實強二萬五千九百二十」者，其數爲 12 乘 2160。

〔註584〕同前註。案：劉蕺山嘗作「六十四卦圓圖」，且謂「一歲十二月之運，而氣盈朔虛寓焉，所以成閏也。又分之爲三百八十四爻，則周天之數詳焉。多二十四度，統閏法而數之也」（參《劉宗周全集》第一冊，「《周易古文鈔》」上，頁17）。則蕺山仍不脫邵雍「閏法」之說；宗羲雖爲劉氏弟子，亦有所不從也。

〔註585〕同前註，葉 2～3。

〔註586〕同前註，葉 3。案：依《皇極》之法，「年」以當「分」，「世」以當「時」，「運」以當「日」，「會」以當「月」，「元」以當「歲」；而宗羲以運、世無閏，故舉以論日、時之數。又「奇齡」二字，《廣雅》本作「奇零」。

立法，「歲實一百五十七萬七千八百八十，朔策一十二萬七千四百四十，氣策六萬五千七百四十五，閏法四萬八千六百，由此推而上之爲元、會、運、世，庶乎可通耳」〔註587〕！

　　儘管如此，宗羲仍以邵雍之撰《皇極》，「其意總括古今之歷學，盡歸於《易》。奈《易》之於歷，本不相通；硬相牽合，所以其說愈煩、其法愈巧，終成一部鶻突歷書而不可用」〔註588〕。朱子即嘗謂「《皇極經世》是推步之書〔……〕，其書與《易》自不相干」〔註589〕；清儒張惠言亦指「《皇極經世》，非言《易》之書也」〔註590〕。以此觀之，《皇極》於閏法既有悖失之處，復欲以古今歷學牽合於《易》，徒自生亂，則其推數雖巧，終不可爲用矣！

## 2・起　運

　　《四庫》館臣於《皇極》「書前提要」中謂「自邵子始爲此學，其後自張行成、祝泌等數家以外，能明其理者甚鮮」〔註591〕，直以後世能明《皇極》之學者，唯宋儒張行成（文饒）、祝泌（子涇）等數家耳！即如所言，二氏於《皇極》運、世起卦之論，亦有優劣、正謬之分；所以然者，宗羲以爲，「康節當時有數鈐，私相授受，後之爲學者多失其傳」〔註592〕，雖朱子所稱「《經世》以十二辟卦管十二會，繃定時節，卻就中推吉凶消長。堯時正是乾卦九五」〔註593〕，亦不免有齟齬之弊。蓋依《皇極》之法，一會三十運，則「十二辟卦管十二會」，即一會一卦、五運一爻也；然「巳會當星之己一百七十六，已入〈乾〉上九。唐堯在星之癸一百八十，是上爻將終，安得云『九五』哉」〔註594〕？嗟乎！於《皇極》明載之處且有此誤，「況科

---

〔註587〕同前註。案：「歲實一百五十七萬七千八百八十」者，爲《皇極》歲法一百五十五萬五千二百，補「於歲實弱二萬二千六百八十」之數；「朔策一十二萬七千四百四十」者，爲月法十二萬九千六百，減「於朔策強二千一百六十」之數；「氣策六萬五千七百四十五」者，爲月法十二萬九千六百（半之），補「於氣策弱一千八百九十」之數也。

〔註588〕同前註。

〔註589〕參見〔宋〕黎靖德編：《朱子語類》，卷100，「邵子之書」，頁2547。

〔註590〕參見〔清〕張惠言撰：《易圖條辨》，收入《張惠言易學十書》，頁1002。

〔註591〕參見〔宋〕邵雍撰：《皇極經世書》（《四庫全書・子部・數術類一》），卷一上，「書前提要」，葉1～2。

〔註592〕參見〔清〕黃宗羲撰：《易學象數論》，卷五，葉6。

〔註593〕參見〔宋〕黎靖德編：《朱子語類》，卷100，「邵子之書」，頁2547。

〔註594〕參見〔清〕黃宗羲撰：《易學象數論》，卷五，葉6。案：「巳會」即月巳第六

條煩碎，孰肯究心於此乎」〔註595〕！雖然，宗羲固深諳曆數，乃逐而考定《皇極》用卦之例，指運、世、年、月、日、時「六者起卦，各有不同」〔註596〕。茲將其考定大要，略述於下：

### （1）運　卦

宗羲指張行成得宋儒牛無邪（思純）之傳，以堯當〈賁〉之六五〔註597〕；其即位在日甲、月巳、星癸、辰未之甲辰年，已歷一百八十運。若運卦起於〈泰〉（元之元之元之元），至「會之世之世之世」，其卦爲〈同人〉〔註598〕，斯與無邪之傳異矣！惟起於〈升〉（世之元之元之元），至「元之世之世之世」，其卦爲〈賁〉，始合無邪之說，故「文饒據此遂起升卦」〔註599〕。祝泌則易無邪之〈賁〉爲〈同人〉，且稱起〈泰〉者，未然之卦，運、世用之；起〈升〉者，已然之卦，歲、月、日、時用之〔註600〕。對此，宗羲乃謂「無邪有所授受，祝氏以意逆之，故不當舍無邪而從祝氏」〔註601〕也。

### （2）世　卦

宗羲以爲，《皇極》世卦起於會首所當之卦〔註602〕（皆節氣所值之卦）。蓋依「掛一圖」所載，一元十二會統二十四節氣，每會直二氣，故子會起於〈升〉（秋分）〔註603〕、丑會起於〈否〉（霜降）、寅會起於〈損〉（小雪）、卯會起於〈泰〉（冬至）、辰會起於〈渙〉（大寒）、巳會起於〈屯〉（雨水）、午會起於〈損〉（春分）、未會起於〈坎〉（穀雨）、申會起於〈比〉（小滿）、

---

會。依《皇極》巳會之序，至「星巳一百七十六」，凡二十六運，五運一爻，則二十六運已入上爻（五爻有餘），故曰「已入〈乾〉上九」；又帝堯即位在星之癸一百八十，巳會至此三十運而盡（終〈乾〉），故曰「上爻將終」（三十之數爲五整除）。

〔註595〕同前註。

〔註596〕同前註，葉4。

〔註597〕案：〈賁〉之六五，其於《皇極》「掛一圖」爲「元之世之世之世」。

〔註598〕案：依《皇極》之法，一元三百六十運，以配二百五十六卦（含十六餘卦），則一百八十運直一百二十八卦：依此，若運卦起於〈泰〉（元之元之元之元），歷一百二八卦，則當至〈同人〉（會之世之世之世）矣。

〔註599〕參見〔清〕黃宗羲撰：《易學象數論》，卷五，葉4。案：此依前例，自〈升〉至〈賁〉，亦歷一百二十八卦（此爲逆推），當一百八十運。

〔註600〕同前註。

〔註601〕同前註。

〔註602〕同前註。

〔註603〕案：此依文饒運卦起〈升〉之例。

酉會起於〈大畜〉（夏至）、戌會起於〈隨〉（大暑）、亥會起於〈剝〉（處暑）。

夫以夏禹八年爲例，時入午會，世卦當爲〈損〉；祝泌則「起卦用〈泰〉，午會之首在〈大畜〉，故以〈大畜〉六五至〈節〉九二爲世之始」〔註604〕。觀其世卦雖異於〈損〉，而起於午會則同。儘管如此，然宗羲指祝氏「以堯之己未世直〈賁〉，歷〈明夷〉、〈同人〉與午會之〈大畜〉相接續，不知逆推而上，則巳會甲子世一千八百一，亦起於〈大畜〉矣！以巳會而用午會之起卦，何所取義」〔註605〕？考《皇極》所載甲子世一千八百一，本在巳會，而祝氏既以午會起於〈大畜〉，復逆推接續巳會之〈同人〉、〈明夷〉、〈賁〉；依此，則巳會甲子世一千八百一，亦起於〈大畜〉矣！以巳會之卦立論而用午會起卦，其法已謬，義又何取焉？

### （3）年　卦

年卦者，宗羲稱之「所謂『小運』」〔註606〕也。其法以世當月、以年當日，依二十四節氣之序，二氣三十日，視其世所當之辰起卦。子起於冬至、丑起於大寒、寅起於雨水、卯起於春分、辰起於穀雨、巳起於小滿、午起於夏至、未起於大暑、申起於處暑、酉起於秋分、戌起於霜降、亥起於小雪〔註607〕。

曆法一年二十四節氣、七十二候，則一氣三候、一月六候、一候五日（約值）。宗羲以爲，「甲巳孟、季、仲各值五日。子午卯酉爲仲，辰戌丑未爲季，寅申巳亥爲孟。仲、孟逆生，先候五日；季順行，後候五日」〔註608〕。例如，帝堯以己未世爲月、元年甲辰（大暑）爲日，則就甲巳「季」日而言，當於後五日起〈師〉六三，至十一年甲寅（立秋），得〈蠱〉之初六〔註609〕；

---

〔註604〕參見〔清〕黃宗羲撰：《易學象數論》，卷五，葉5。案：此亦依「掛一圖」每會直二氣之序，故子會起於〈泰〉者，其午會之首爲〈大畜〉也。「〈大畜〉六五至〈節〉九二爲世之始」者，一氣四爻，故起〈大畜〉六五者，下至〈節〉九二也。

〔註605〕同前註。案：「堯之己未」爲帝堯即位十六年；而依「掛一圖」所載，〈賁〉爲「元之世之世之世」，其下順接〈明夷〉、〈同人〉、〈大畜〉……。

〔註606〕同前註。案：「小運」之名，乃邵雍推數之術語，相對於「大運」而言；宋儒張行成（文饒）即有「大運法當依以元經會，數起於星甲辰子；小運法當依卦氣圖，數起於甲巳孟日」之語（參《四庫》本《易通變》，卷十一）。

〔註607〕同前註，葉5～6。

〔註608〕同前註，葉6。案：宗羲此論乃綜張行成所撰《易通變》之說也。

〔註609〕參見〔宋〕張行成撰：《易通變》（《四庫全書・子部・術數類・數學之屬》），卷十一，葉7。

漢高祖以己未爲月、甲午年（亦是大暑）爲日，則就甲巳「仲」日論之，當
先五日起卦，直〈歸妹〉初九﹝註610﹞。至於祝氏用「元之元卦圖」，其起卦
皆於節氣後月十五日，洵失其眞矣﹝註611﹞！

### （4）月　卦

宗羲謂《皇極》月卦之起例，乃「以甲子、甲午年之正月起〈升〉、〈蒙〉，
三十年而一周」﹝註612﹞；蓋文饒嘗言「月卦隨小運進退，如世卦之法」﹝註613﹞
也。例如，堯時〈師〉爲甲辰年、爲偶卦，則依「掛一圖」之序，併前卦〈艮〉
以當十二月（二卦合之），即一爻配一月也﹝註614﹞。

### （5）日、時卦

宗羲指「日卦」之起例，從氣不從月；以立春起〈升〉、〈蒙〉，一年（二
十四節氣）而周；「時卦」則以朔日子時起〈升〉、〈蒙〉，一月（三十日）而
周﹝註615﹞。

### 3・取　卦

宗羲謂《皇極》「卦氣圖」二百五十六位之序，雖成於〈乾〉、〈兌〉、〈離〉、
〈震〉四卦自交，然案之六十四卦「方圖」，則又錯雜，時有出入；乃別立
取卦之法﹝註616﹞，於「通數中除極數」﹝註617﹞，以謂「即見聖人畫卦之旨」
﹝註618﹞。

「通數」者，依《皇極》所載，太陽（日）、少陽（星）、太剛（火）、少
剛（石）之體數皆十（天干），總爲四十（陽數），以四乘之（進四），凡得一

﹝註610﹞參見〔清〕黃宗羲撰：《易學象數論》，卷五，葉6。
﹝註611﹞同前註。
﹝註612﹞同前註。
﹝註613﹞參見〔宋〕張行成撰：《易通變》，卷十一，葉7。案：一世三十年，故宗羲
　　　　所言「三十年而一周」，即發端於文饒「月卦隨小運進退，如世卦之法」之語。
﹝註614﹞參見〔清〕黃宗羲撰：《易學象數論》，卷五，葉13。案：宋儒張行成嘗言：
　　　　「世卦隨大運消長，遇奇卦則取後卦，遇偶卦則取前卦，并二卦以當十二世。」
　　　　（參《易通變》，卷十一，葉7）所謂「偶卦」、「奇卦」，即偶數卦、奇數卦；
　　　　其判別乃依「掛一圖」所列元、會、運、世諸卦之排序，自上而下數，奇數
　　　　爲奇卦、偶數爲偶卦。此「月卦」起卦之法如「世卦」；而〈師〉爲偶卦，故
　　　　取前卦〈艮〉合之也。
﹝註615﹞同前註，葉6。
﹝註616﹞同前註，葉7。
﹝註617﹞參見〔宋〕張行成撰：《易通變》，卷十二，葉13。
﹝註618﹞同前註，葉13。

百六十（陽數）；太陰（月）、少陰（辰）、太柔（水）、少柔（土）之體數皆十二（地支），總爲四十八（陰數），以四乘之（進四），凡得一百九十二（陰數）。復以陽數一百六十減去陰數四十八（退一），得一百十二；以陰數一百九十二減去陽數四十（退一），得一百五十二；此二數相唱和（相乘），各得一萬七千二十四，謂之「動植用數」。「動植用數」再相唱和（相乘），得二萬八千九百八十一萬六千五百七十六（九位數），是謂「動植通數」〔註619〕；即「通數」也。

「極數」則以元、會、運、世推之，元之元「一」，元之會「十二」，元之運「三百六十」，元之世「四千三百二十」；會之元「十二」，會之會「一百四十四」，會之運「四千三百二十」，會之世「五萬一千八百四十」；運之元「三百六十」，運之會「四千三百二十」，運之運「一十二萬九千六百」，運之世「一百五十五萬五千二百」；世之元「四千三百二十」，世之會「五萬一千八百四十」，世之運「一百五十五萬五千二百」，世之世「一千八百六十六萬二千四百」〔註620〕。

其取卦之法，於「通數」中除（減）「極數」。例如，元之元置「通數」二萬八千九百八十一萬六千五百七十六（凡九位數），其萬下「六千五百七十六」（四位數）之數除去不用，以中位（五位數居中）之一萬分布於右四位（千、百、十、個），成二萬八千九百八十萬九千九百九十（尾數作十）；先於千位（九）減去卦身八籌（八卦之數）〔註621〕，復減去元之元之極數「一」，凡得餘數二萬八千九百八十萬一千九百九十九（2898-0-1999）。繼之以中位（五位數爲0居中）爲判準，其左數爲「八」屬〈坤〉，右數爲「一」屬〈乾〉；左爲上卦，右爲下卦，成地天〈泰〉，爲第一卦。其第二卦，即以第一卦餘籌爲數，依例減去卦身、極數，餘皆仿此；至滿六十四卦，方去餘籌，再置通數〔註622〕。

雖然，宗羲以爲，其取卦往往不能相合，則以牛無邪所傳五法補之：一

〔註619〕參見〔宋〕邵雍撰：《皇極經世書》，卷十二，葉12。案：陽數一百六十與陰數得一百九十二相唱和（相乘），各得三萬七百二十，謂之「動植體數」；「動植」者，「動數」（日月星辰之變數）與「植數」（水火土石之化數）之合稱，皆爲一萬七千二十四也。

〔註620〕同前註，葉9。

〔註621〕案：即減去卦身八千也。

〔註622〕參見〔清〕黃宗羲撰：《易學象數論》，卷五，葉8。案：此取卦之法，載於宋儒張行成所撰《易通變》中（卷十二，葉17）；宗羲或據之以説也。

者，退陰（右爲陰）；於右卦減一籌或二籌，退不過三。二者，進陽（左爲
陽）；於左卦增一籌或二籌，進不過三。三者，虛張奇畫；虛張五則爲〈乾〉
六畫。四者，分布偶畫；分布十則爲〈坤〉十二畫。五者，消息；移右籌補
左謂消陰息陽，移左籌補右謂消陽息陰，數不過八〔註623〕。儘管如此，無
邪所傳「退陰而不合則又進陽，進陽而又不合則又虛張，以至於消息而止，
皆必先右而後左」〔註624〕之法，宗羲親以推之，則又不然；故云：

> 有不合者，方用五法：若右合而左不合，當竟用其法於左，安得先
> 陰而後陽乎？有不合者，進退可合，則用進退；虛張、分布可合，
> 則用虛張、分布；消息可合，則用消息。不須從進退以至於消息也。
> 〔註625〕

竊以宗羲因情制宜之論，至爲允當，或可去元儒胡一桂（廷芳）評無邪五法
爲「繁晦」〔註626〕之弊也。然「用此五法以增減，則無卦不可附會，故必知
卦而後可籌卦。若欲從籌以定卦，則五法俱不可用；而通、極二數，有時而
窮也」〔註627〕。以此觀之，「卦氣圖」之序與「方圖」既有扞格之處，而通、
極二數之籌及無邪之法，亦時露其窘，則所謂「見聖人畫卦之旨」者，豈可
信之耶？

### 4・蓍　法

宗羲以邵雍本無蓍法，而張行成立之以配《易》、《元包》、《潛虛》〔註628〕。
蓋張氏於《易通變》中載有「《經世》揲蓍法」，其云：

> 七十二蓍合一曰太極，分而爲二以象兩，置左不用，揲右以四，視
> 其餘數，一爲元，二爲會，三爲運，四爲世。既得象矣，復合而分
> 之，取左之四并於右，置左不用，揲右以八，視其餘數，爲上卦之

---

〔註623〕同前註，葉 8～9。案：此五法亦載於《易通變》中（卷十二，葉 17～18），
　　　　然宗羲所言較詳。所謂「退不過三」、「進不過三」者，以陰、陽但有太、少
　　　　耳；「虛張五」者，「五」爲天五之數；「分布十」者，取通數中一萬布於其右
　　　　四位（爲陰），其數皆「十」（十千、十百、十十、十）；「數不過八」者，以
　　　　八卦之數爲籌故也。
〔註624〕同前註，葉 9。案：此爲宗羲綜述文饒之語（無邪所傳）（參《易通變》，卷
　　　　十二，葉 18）。
〔註625〕同前註。
〔註626〕參見〔元〕胡一桂撰：《周易啓蒙翼傳》（《四庫全書・經部・易類》），〈外篇〉，
　　　　「經世要旨」，葉 101。
〔註627〕參見〔清〕黃宗羲撰：《易學象數論》，卷五，葉 9。
〔註628〕同前註，葉 11。

體。復合而分之，取右之四并於左，置右不用，揲左以八，視其餘
數，爲下卦之體。二體相附。既得卦矣，復合而分之，置右不用，
揲左以六，視其餘數，自一爲初，訖六爲上，循其序次，即知當世
直事之爻也。〔註629〕

文中所言「象」者，指元、會、運、世；「取左之四并於右」、「取右之四并於
左」，謂取左手四策歸於右手、取右手四策歸於左手；「視其餘數，爲上（下）
卦之體」者，以其餘數爲八卦之值數（如餘八，則爲〈坤〉）；「視其餘數，自
一爲初，訖六爲上」，則以餘數爲爻位之判準也。例如，初揲若餘一，則其象
爲「元」；再揲（揲右以八）若餘五，則上體（卦）爲〈巽〉；三揲（揲左以
八）若餘七，則下體（卦）爲〈艮〉；〈巽〉、〈艮〉二體相附，則成〈漸〉，於
「卦氣圖」得元之〈漸〉；終揲（揲左以六）若餘六，則以〈漸〉上九爲直事
之爻。此文饒所立《皇極》揲蓍之法也。

　　〈漸〉於「掛一圖」爲元之會之會之運〔註630〕，以之覈諸「律呂圖」（「既
濟陽圖」），則「元之會」爲日月「聲」，其卦爲〈履〉（一之二）；「會之運」
爲火土「音」，其卦爲〈蒙〉（七之六）〔註631〕。取〈履〉、〈蒙〉之上卦〈乾〉
（一）、〈艮〉（七）而合之，聲者（〈乾〉）居上卦，音者（〈艮〉）處下卦，
成〈遯〉；復取〈履〉、〈蒙〉之下卦〈兌〉（二）、〈坎〉（六）而合之，亦聲
者（〈兌〉）居上、音者（〈坎〉）處下，成〈困〉；所謂「合之爲物數，則卦
當〈遯〉之〈困〉」〔註632〕，即是指此。〈遯〉之〈困〉以「觀物之象準之，
爲皇之帝之帝之王、飛之走之走之木、士之農之農之工、一之二之七之六之
類」〔註633〕也。蓋依《皇極》所載，皇帝王伯（霸）、飛走木草、士農工商
等「物之象」，皆統於元、會、運、世〔註634〕；而〈遯〉之〈困〉從〈漸〉
而來，故亦以元之會之會之運「準之」；即皇之帝、飛之走、士之農、一之

〔註629〕參見〔宋〕張行成撰：《易通變》，卷二十九，葉2～7。案：文中所言之「置
　　　　左不用，揲右以八」、「置右不用，揲左以八」，即左（右）揲則右（左）不揲，
　　　　蓋仿《潛虛》之法；太極、象兩、揲四爲象，乃準於《易》；以上、下二體（卦）
　　　　相附而得卦，則擬《元包》之法。
〔註630〕參見〔清〕黃宗羲撰：《易學象數論》，卷五，葉13。
〔註631〕同前註，葉21、24。案：「律呂圖」分既濟「陽圖」、「陰圖」；「陽圖」論元、
　　　　會、運、世，「陰圖」論年、月、日、時。今〈漸〉爲「元之會」之「會之運」，
　　　　前者（元之會）於「陽圖」求「聲」，後者（會之運）則求「音」；餘皆準此。
〔註632〕參見〔宋〕張行成撰：《易通變》，卷二十九，葉10～11。
〔註633〕同前註，葉11。
〔註634〕參見〔宋〕邵雍撰：《皇極經世書》，卷十二，葉14～15。

二（〈履〉）爲「元之會」，帝之王、走之木、農之工、七之六（〈蒙〉）爲「會之運」。

　　至其占法，卦之上體爲〈乾〉、〈兌〉、〈離〉、〈震〉者，爲當位（上位爲天），當位則不變，爲吉；反之（居下體），則不當位，不當位則變，爲凶。卦之下體爲〈坤〉、〈艮〉、〈坎〉、〈巽〉者，爲當位（下位爲地），當位則不變，爲吉；反之（居上體），則不當位，不當位則變，爲凶。爻之變與不變、凶與吉，亦取決於爻位之當否（如卦之例）。依此，以爻而論，則〈漸〉上九爻（陽爻不當位）當變爲陰，成〈蹇〉；以卦而論，〈漸〉之上體〈巽〉（不當位）當變爲〈震〉，成〈小過〉。此外，以八宮世應而言，〈漸〉爲〈艮〉之歸魂卦，本以九三爲世爻、上九爲應爻；今〈漸〉「上九爲當世直事之爻，則應復爲世，正與本爻相敵」〔註635〕。

　　夫宗羲以爲，《易》、《元包》、《潛虛》皆有辭可占，而《皇極》以其無辭，乃據「陰陽之進退、卦爻之當否、時日之蚤暮、五行之盛衰」〔註636〕爲占；又引文饒之言，謂「爻者，時用也；卦者，定體也。爻之變不變，以觀其隨時；卦之變不變，以觀其大定。變不變者，數也；利不利者，命也。辨其邪正則有理，制其從違則有義」〔註637〕。蓋卦以定體、爻以時用，依卦、爻之變與不變，即可察其（卦）體、觀其（爻）用矣！卦、爻之變（不當位）與不變（當位），決於推數，所占之利（吉）與不利（凶），繫於天命；唯以理可辨其正邪、以義則能制其從違也。然「若愛惡之私不忘於胷中，則吉凶以情遷矣！雖專心致志，不可謂之誠」〔註638〕，誠以無私爲本，愛惡之情不入於心，故所占之吉、凶，命數之定也；若胸中充塞愛惡之情，則雖專心致志，其所占之吉、凶，亦隨之改換，是失占筮以「誠」之義矣！竊觀此洞見人情、審觀占事之論，當可爲後世欲以意私求者之戒也。

## 5‧致　用

　　宗羲指《皇極》「致用之法，以一定之卦推治亂，以聲音數取卦、占事物」〔註639〕。依前述之占例，凡卦、爻之不變與變、吉與凶，皆決諸卦、

〔註635〕參見〔宋〕張行成撰：《易通變》，卷二十九，葉11。
〔註636〕參見〔清〕黃宗羲撰：《易學象數論》，卷五，葉11。
〔註637〕參見〔宋〕張行成撰：《易通變》，卷二十九，葉18。
〔註638〕參見〔清〕黃宗羲撰：《易學象數論》，卷五，葉11。案：「若愛惡之私不忘於胷中，則吉凶以情遷矣」，亦爲文饒之語；所異者，「不忘」二字，文饒作「未忘」（參《易通變》，卷二十九，葉18），至其義，則無別也。
〔註639〕同前註。

爻之當位與否〔註640〕；不變之卦（本卦）爲貞，變卦爲悔。其「致用」之法如下〔註641〕：

（1）視所占爲奇卦或偶卦〔註642〕，並以之（偶、奇）定其陰陽、逆順。蓋於「六十四卦方圖」中，奇卦居右爲陽中陽、居左爲陰中陽，偶卦居左爲陰中陰、居右爲陽中陰；陽爲順、陰爲逆。

（2）視其卦在某會、某運、某世，以定所值之月、日、辰；大運以會當月、以運當日、以世當時，小運以世當月、以年當日、以月當時。例如，堯之巳會、癸亥運、己未世，即一歲之四〔註643〕月三十日未時；堯之己未世、甲辰年，即一歲之六月十一日也。

（3）視其卦之納甲與所當之年月日時有無生剋。

（4）視其卦之世應與所值之爻有無倫奪〔註644〕。

（5）以「律呂圖」求之。例如，「運」在四大象〔註645〕中某所，得天門唱卦（聲）居左（陽）；「世」在四大象中某所，得地戶和卦（音）居右（陰）〔註646〕。將所得之唱、和二卦，合而並觀〔註647〕，視其於「既濟圖」（陽圖）所居之位，合「掛一圖」問卦；然後「以其卦變化進退之，而推其時運之吉凶」〔註648〕。若用年配世，則以世求天門唱卦居左、以年求地戶和卦

〔註640〕案：直事之爻變或不變，皆視爲終變：若終變之卦，其上、下體（卦）即不當位，亦不再變之。
〔註641〕參見〔清〕黃宗羲撰：《易學象數論》，卷五，葉11～12。
〔註642〕案：「偶卦」、「奇卦」之判別，請參本書註614。
〔註643〕案：《四庫》本《易學象數論》「四」作「五」，恐爲抄錄之誤！蓋依十二地支配月之序（子爲十一月），四月爲「巳」，五月爲「午」，六月爲「未」；此觀其下「堯之己未世」爲「一歲之六月」，亦可知矣。
〔註644〕案：八宮世、應之爻本有倫序（如〈漸〉爲〈艮〉之歸魂卦，本以九三爲世爻、上九爲應爻），若所值之爻（復爲世）與之相敵（世對世），是爲「倫奪」。
〔註645〕案：「四大象」者，指〈乾〉、〈兌〉、〈離〉、〈震〉於元、會、運、世中所推衍之象。例如，元之元、會、運、世，以〈乾〉、〈履〉、〈同人〉、〈无妄〉爲大四象；會之元、會、運、世，以〈夬〉、〈兌〉、〈革〉、〈隨〉爲大四象；運之元、會、運、世，以〈大有〉、〈睽〉、〈離〉、〈噬嗑〉爲大四象；世之元、會、運、世，以〈大壯〉、〈歸妹〉、〈豐〉、〈震〉爲大四象。
〔註646〕案：將「六十四卦方圖」裂爲四片，每片十有六卦：西北十六卦爲「天門」（〈乾〉主之）、爲「律」（「陽圖」），東南十六卦爲「地戶」（〈坤〉主之）、爲「呂」（「陰圖」）。「律呂圖」（包括「陽圖」、「陰圖」）皆以唱卦（聲）居左、和卦（音）居右；即天（陽）唱地（陰）和也。
〔註647〕案：合唱（聲）、和（音）二卦，又成二卦（上卦與上卦互，下卦與下卦互）。
〔註648〕參見〔清〕黃宗羲撰：《易學象數論》，卷五，葉12。案：「以其卦變化進退

居右〔註 649〕；取卦時，視其「算位中餘數，以六位配六爻。元自一起，世至九終。無問十百千萬，皆以當一；一爲甲，二爲辛，三爲丙，四爲癸，五爲戊，六爲乙，七爲庚，八爲丁，九爲壬，十爲己。甲乙爲木、爲饑饉、爲曲直之物；庚辛爲金、爲兵戈、爲刃物；丙丁爲火、爲火旱、爲銳物；壬癸爲水、爲水潦、爲流溼之物；戊己爲土、爲中興、爲重滯之物」〔註 650〕。

　　以此觀之，《皇極》之推治亂、占事物，固雜糅陰陽進退、卦爻之位、聲音唱和、世應納甲、五行生剋……等，然究其竅，洵繫於推「數」耳！故宗羲稱其「包羅甚富，百家之學無不可資以爲用，而其要領，在推數之無窮」〔註 651〕。明儒宋濂（景濂，1310～1381）嘗記蜀道士杜可大之語云：「宇宙太虛，一塵爾！人生其間，爲塵幾何？是茫茫者，尙了然心目間。」〔註 652〕宗羲稱杜氏此言「已盡《皇極》之祕，能者自有冥契，則余言亦說鈴」；「說鈴」者，宗羲之謙辭也。《皇極》既非聖人之作，其經世之法、消長之說，亦架構於「數」之循環論，故所衍生之推占，終是「命定」，則人性之修、物性之化，直可抛矣！此實有違《易》之宏旨；況推步之數無窮，而人生之數有盡，以有盡隨無窮，豈得生命之眞耶？

## （七）正世傳《六壬》之誤

### 1・合　神

　　沈存中（括）嘗云：「六壬天十二辰，亥日登明爲正月將，戌日天魁爲二月將，古人謂之『合神』，又謂之『太陽過宮』。〔……〕。蓋日度隨黃道歲

---

之」者，謂以卦體之變化爲陰陽之進退。例如，〈乾〉一而三畫、〈兌〉二而四畫爲陽進二，〈離〉三而四畫、〈震〉四而五畫爲陽進一；〈坤〉八而六畫、〈艮〉七而五畫爲陰退二，〈坎〉六而五畫、〈巽〉五而四畫爲陰退一（陽爻爲一畫，陰爻爲二畫）。

〔註 649〕案：以年求卦者，用「既濟陰圖」。

〔註 650〕參見〔宋〕張行成撰：《易通變》，卷十二，葉 20。案：「算位中餘數」者，即前文「通數中除極數」之取卦法；「無問十百千萬，皆以當一」者，謂元、會、運、世之推數一、十二、三百六十、四千三百二十……等，皆視爲「一」也。

〔註 651〕參見〔清〕黃宗羲撰：《易學象數論》，卷五，葉 12～13。

〔註 652〕參見〔明〕宋濂撰：《文憲集》（文津閣《四庫全書》，第 409 冊），「潨潀生贊」，頁 163。案：潨潀生者，廖應淮也，好研《皇極》推數，因上疏言丁大全誤國狀，反招發配漢陽；抵漢江之濱，遇蜀道士杜可大，可大揖曰：「子非廖應淮耶？」廖生愕然！對曰：「道士何自知之？」可大乃對以「宇宙太虛」云云。

差，今太陽至雨水後方纏諏訾，春分後纏降婁；若用合神，則須自立春日便用亥將，驚蟄便用戌將。今若用太陽，〔……〕，則須當從太陽過宮。」〔註653〕宗羲以爲，「登明」、「天魁」乃釋正月、二月之義，實無涉於「合神」；而立春用亥、驚蟄用戌，亦非「合神」〔註654〕。蓋「歷元冬至之時，天與日會於子中，爲十一月；自後，天順日逆，左右分行。天行丑、日纏子，爲十二月；天行寅、日纏亥，爲正月。天與日各歷十二辰，辰異而月同，謂之合神」〔註655〕；雖然，「惟天與日會於子中，適在十一月，故能建與纏合」〔註656〕。然則，「合神」者，謂「亥」（諏訾）與「戌」（降婁）也。

明儒山陰周述學（雲淵）稱「子月一陽生，是謂大吉；午月一陰生，是謂小吉。然不名其子午而名其丑未者，以子月冬至，太陽在丑，故以丑爲大吉；午月夏至，太陽在未，故以未爲小吉。今太陽冬至在寅、夏至在申，當更以寅爲大吉、申爲小吉」〔註657〕。依周氏之意，「天盤」所布十二辰，「大

---

〔註653〕參見〔宋〕沈括撰：《夢溪筆談》（《四庫全書・子部・雜家類》），卷七，葉1～2。案：「月將」者，爲月建所合之神（即日纏），如正月將爲亥，則月建在寅；二月將爲戌，則月建在卯。「黃道」即地球繞太陽公轉之軌道；「歲差」指赤道與黃道之交點，隨地軸移動而有所偏移之現象。「諏訾」（即「娵訾」）、「降婁」，爲十二星次（舍位）之二，前者在「亥宮」，後者在「戌宮」（十二星次爲星紀、玄枵、娵訾、降婁、大梁、實沉、鶉首、鶉火、鶉尾、壽星、大火、析木，依序分屬丑、子、亥、戌、酉、申、未、午、巳、辰、卯、寅等十二辰宮），故謂之「太陽過宮」；蓋歲星（木星）繞太陽一周（公轉）爲十二年，故古人將周天析爲十二次（舍），以明歲星每年所處之位。

〔註654〕參見〔清〕黃宗羲撰：《易學象數論》，卷六，葉1。案：依《六壬》起例，布十二地支於「地盤」，布十二辰於「天盤」。「地盤」以十天干寄之，甲寄於寅，乙寄於辰，丙戊寄於巳，丁己寄於未，庚寄於申，辛寄於戌，壬寄於亥，癸寄於丑；「天盤」則以正月亥爲「登明」，二月戌爲「天魁」，三月酉爲「從魁」，四月申爲「傳送」，五月未爲「小吉」，六月午爲「勝光」，七月巳爲「太乙」，八月辰爲「天罡」，九月卯爲「太衝」，十月寅爲「功曹」，十一月丑爲「大吉」，十二月子爲「神后」。宗羲嘗言：「沈存中以『登明』至『神后』爲十二辰之名，術家以爲月將，非也。」又謂「登明者，正月三陽始兆，天下文明；天魁者，斗魁第一星也，其星抵戌」；餘亦仿此而釋義（詳參《易學象數論》，卷六，葉6～8）。

〔註655〕同前註。案：宗羲嘗言「唐虞之時，冬至天與日會於丑」、「宋、元以來，天與日會於寅」（葉1），前者即「天行丑、日纏子」，後者即「天行寅、日纏亥」也；依此，則天行卯、日纏戌。

〔註656〕同前註，葉1～2。案：月建爲十一月子，日纏於丑，丑於「天盤」亦十一月，故稱「建與纏合」。

〔註657〕同前註，葉2。

吉」、「小吉」本應以「子」（十一月）、午（五月）爲名，而謂之「丑」、「未」者，以冬至、夏至太陽在「丑」、「未」故也。然宗羲以爲，「天盤」所載之「大吉」、「小吉」，乃取義於十一月、五月，而非丑、未；「蓋十一月子、十二月丑、正月寅，萬古不易之次舍也；太陽纏子、纏丑、纏寅者，歲差之次舍也。兩者不相蒙」〔註658〕也。然則，周氏所謂「今太陽冬至在寅、夏至在申，當更以寅爲大吉、申爲小吉」者，乃渾「不易之次舍」與「歲差之次舍」爲一，而易寅（十月、功曹）、申（四月、傳送）爲「大吉」（十一月）、「小吉」（五月）；依此，則「天盤」月將之位將盡爲所更，斯亦「誤以大吉、小吉爲合神」〔註659〕也。

此外，沈存中復欲釐正曆法，指「東方蒼龍七宿，當起於亢、終于斗；南方朱鳥七宿，起于牛、終於角；西方白虎七宿，起于婁、終于輿鬼；北方眞武七宿，起于東井、終於奎」〔註660〕。夫「斗」、「牛」本屬北方眞武，「角」屬東方蒼龍，「井」（東井）、「輿鬼」屬南方朱鳥，「奎」屬西方白虎；而沈氏更「斗」從東方蒼龍，「牛」、「角」從南方朱鳥，「輿鬼」從西方白虎，「奎」、「井」從北方眞武。依此，則非惟四方星宿異位，即十二次舍亦隨之遞移矣！無怪乎宗羲駁之，指經星改動，亦是出此舍（次）以入彼舍（次），非將東方之寅、卯、辰（蒼龍）移至南，南方之巳、午、未（朱鳥）移至西，西方之申、酉、戌（白虎）移至北，北方之亥、子、丑（眞武）移至東；「次舍不局於經星，猶月將不局於合神」〔註661〕也。

### 2・四 課

夫「舉陰以起陽，故稱『壬』焉，舉成以該生，故用『六』焉」〔註662〕，

---

〔註658〕同前註。依宗羲之意，冬至天與日之所會，隨歲差而變，故日纏子（十二月）、丑（十一月）、寅（十月）者，爲「歲差之次舍」；而十二月丑、十一月子、十月亥，乃「萬古不易之次舍」。然則，二者實不相承也。

〔註659〕同前註。

〔註660〕參見〔宋〕沈括撰：《夢溪筆談》，卷七，葉2。

〔註661〕參見〔清〕黃宗羲撰：《易學象數論》，卷六，葉2～3。案：依宗羲之意，「次舍」不變之理非止用於「經星」（即沈氏經星改動之例），猶「月將」不變之理非止用於「合神」（如周氏小吉、大吉之例）也。

〔註662〕參見（不著撰人名氏）：《六壬大全》（《四庫全書・子部・術數類四》），「書前提要」，葉1。案：後世藉《河圖》（「一六居下」之圖）推衍，而有所謂「天一生水，地六成之；地二生火，天七成之；天三生木，地八成之；地四生金，天九成之；天五生土，地十成之」之說；天一爲水，地六亦爲水，

此《四庫》館臣所釋「六壬」之義；又謂《六壬》傳之久矣，「要其爲術，固非後世方技家所能造」〔註663〕也。宗羲則稱「方伎家多託於上古，無所徵信；唯《六壬》見之《吳越春秋》，子胥、少伯皆精其術，然與今世所傳亦復不同」〔註664〕；依其意，伍子胥（約前559～前484）、范蠡（少伯）所精《六壬》之術（占法），傳至清初，已失其實矣！此說與《四庫》館臣指「《吳越春秋》載伍員及范蠡『雞鳴』、『日出』、『日映』、『禺中』四術，則時、將、家、乘與龍、蛇、刑、德之用，一如今世所傳」〔註665〕，似不同調，豈二者所據之書有異乎？抑所論之術有別乎？亦不可知矣！雖然，宗羲固以博覽群籍、治學謹嚴著稱，則其考究自當有所本，故不宜以疑論視之也。

此外，宗羲嘗云：「凡神人以數合之、以聲昭之，數合聲龢，然後可同也。故以『七』同其數，而以『律』龢其聲，於是乎有七律。」〔註666〕又指《國語‧周語》所載泠（伶）州鳩答周景王問「七律」之語，即《六壬》之術〔註667〕；《四庫》館臣則言據其（州鳩）「所稱夷則上宮、大呂上宮推之，皆有合於《六壬》之義；然特以五音十二律定數，未可即指爲《六壬》之源」〔註668〕。然則，視「七律」之對爲《六壬》之術，可也；若直以其爲《六壬》之源，不可也。蓋周景王問「七律者何」〔註669〕？州鳩對曰：

> 王以二月癸亥夜陳，未畢而雨。以夷則之上宮畢，當辰；辰在戌上，故長夷則之上宮，名之曰「羽」，所以藩屏民則也。王以黃鍾之下宮，布戎於牧之野，故謂之「厲」，所以厲六師也。以太簇之下宮，布令於商，昭顯文德，底紂之多罪，故謂之「宣」，所以宣三王之德也。反及嬴內，以無射之上宮，布憲施舍於百姓，故謂之「嬴亂」，所以

是水爲天地之首。壬、癸於五行固皆爲水，然壬爲陽水、癸爲陰水，起陽而括陰，故稱「壬」；天一（水）爲生數之首，地六（水）爲成數之首，舉成數以該生數，故用「六」也。

〔註663〕同前註。

〔註664〕參見〔清〕黃宗羲撰：《易學象數論》，卷六，葉3。

〔註665〕參見（不著撰人名氏）：《六壬大全》，「書前提要」，葉2。案：「日映」，《四庫》本《吳越春秋》（卷四，葉23）作「日昳」（即日昃）。

〔註666〕參見〔清〕黃宗羲撰：《易學象數論》，卷六，「六壬」，葉33。案：四方經星（蒼龍、朱鳥、白虎、眞武）皆爲「七」宿，故謂之「以『七』同其數」；二十八星宿分屬十二辰，十二辰管十二律，故謂之「以『律』龢其聲」。

〔註667〕同前註，葉3。

〔註668〕參見（不著撰人名氏）：《六壬大全》，「書前提要」，葉2。

〔註669〕參見〔吳〕韋昭注：《國語》，卷三，頁138。

優柔容民也。〔註670〕

夫「王以二月癸亥夜陳，未畢而雨。以夷則之上宮畢，當辰；辰在戌上，故長夷則之上宮，名之曰『羽』」一語，宗羲謂「此即六壬月將加時之術也」〔註671〕。周以建子爲正月，二月則爲建丑；宗羲以爲，二月丑「爲日月所合之辰，故名『丑』曰『辰』。『辰在戌上』者，以天盤之丑加於地盤之戌；蓋武王畢陳之時在戌也。丑既加戌，則癸亥日辰乃在申上；申爲夷則，亥以變宮加於其上，故爲夷則之上宮。戌爲無射，羽也，故名之曰『羽』」〔註672〕。

其圖如下〔註673〕：

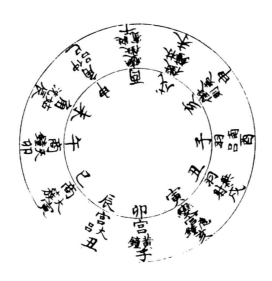

「王以黃鍾之下宮，布戎於牧之野」，宗羲引《尙書·牧誓》「時甲子昧爽，王朝至於商郊牧野」〔註674〕之語，而謂「是時在寅也。以天盤之丑加於地盤之寅，則甲子日辰乃在丑上。子爲黃鍾，而丑以宮處其下，故爲黃鍾之下宮」〔註675〕；然子以宮加於丑上，當云「大呂（丑）之上宮」，而稱「黃鍾之下宮」

〔註670〕同前註，頁141。

〔註671〕參見〔清〕黃宗羲撰：《易學象數論》，卷六，葉35。

〔註672〕同前註，葉3。案：所謂「日月所合」者，以丑於天盤爲十一月，適與建子（十一月）合也。「丑既加戌，則癸亥日辰乃在申上」者，丑居天盤，戌處地盤，二者既立，天、地二盤之辰位乃隨之而定，則亥（天盤）在申（地盤）上，亦當然耳。

〔註673〕同前註，葉34。案：內圜爲「天盤」，外圜爲「地盤」。

〔註674〕參見〔漢〕孔安國傳，〔唐〕孔穎達疏，〔清〕阮元校勘：《尙書正義》，卷十一，頁157。

〔註675〕參見〔清〕黃宗羲撰：《易學象數論》，卷六，葉3～4。案：天盤以「丑」者，

者，宗羲指「陰呂不可爲唱」〔註676〕也。其圖如下〔註677〕：

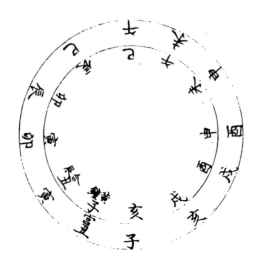

「以太簇之下宮，布令於商」者，宗羲指其「日爲丙寅，時爲子，以天盤之丑加地盤之子，則丙寅日辰上臨於丑。寅爲太簇，而丑以宮處其下，故爲太簇之下宮」〔註678〕。其圖如下〔註679〕：

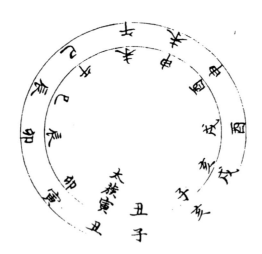

時仍「二月」也。
〔註676〕同前註，葉4。
〔註677〕同前註，葉36。
〔註678〕同前註，葉4。
〔註679〕同前註，葉37。

「反及嬴內，以無射之上宮，布憲施舍於百姓」者，宗羲據《逸周書》所載「時四月，既旁生魄，越六日庚戌，武王朝至燎于周」〔註680〕，乃謂武王「反及嬴內，在四月也。周四月建卯，以天盤之卯加地盤之丑，則子以宮臨日辰之戌上，戌爲無射，故曰『無射之上宮』」〔註681〕。其圖如下〔註682〕：

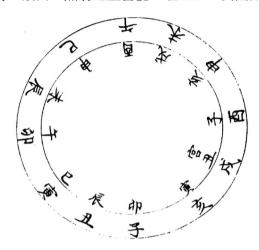

宗羲以爲，泠洲鳩「七律」之對，其可考見者如上，然「並無四課三傳之說也。而今之《六壬》，亦絕不及五音十二律也。豈久而失其傳與？抑州鳩舉其大而不及其細與」〔註683〕？依其意，《六壬》之術，古之有者（五音

〔註680〕　參見《逸周書》（《四庫全書・史部・別史類》），卷四，葉11。
〔註681〕　參見〔清〕黃宗羲撰：《易學象數論》，卷六，葉4。
〔註682〕　同前註，葉38。
〔註683〕　同前註，葉4。案：「四課」者，《六壬》占卜之四種課式：「以天盤月辰加地盤時辰，視地盤日干，連上爲第一課，即以干上所得之支，移入地盤，名『干陰』；又連上爲第二課；又視地盤日支，連上爲第三課，即以支上所得之支，後入地盤，名『支陰』；又連上爲第四課」（參《易學象數論》，卷六，葉12）。例如，丙寅日功曹辰時用事，日干爲丙（地盤），連（對應）上（天盤）之卯，成「卯丙」，爲第一課；以卯（丙干所得）移入地盤（干陰），連（對應）上（天盤）之丑，成「丑卯」，爲第二課；日支爲寅（地盤），連（對應）上（天盤）之子，成「子寅」，爲第三課；以子（寅支所得）移入地盤（支陰），連（對應）上（天盤）之戌，成「戌子」，爲第四課。「三傳」者，《六壬》測算之術語；《御定六壬直指》載：「傳者，事之發也；事有初、中、終，此所以有三傳也。」（參《故宮珍本叢刊》第417冊，葉29）其法乃據「四課」中干支之五行生剋或日之陰陽剛柔，以立某一干支（或支支）爲「初傳」（事之始）；次以初傳之地支（天盤）納入「地盤」，視其於天盤中所對應之地支爲「中傳」（事之中）；次以中傳之地支納入「地盤」，視其於天盤中所對應之地支爲「三傳」（事之終）。例如，前舉

十二律），今則不傳；今之有者（四課三傳），古則未見。所以然者，或世變時移、舉綱略目所致也；儘管如此，「以今術論之，卜筮諸術皆以生爲主、以生爲用。《壬》則於十二時獨取夫辰，以斗柄罡星歲常指辰，故謂辰爲『天罡』；辰建於三月，而爲八月之將，金旺殺物之候，以天地之殺爲用故也」〔註684〕。蓋後世卜筮諸術，多依《易》衍生，雖逐世而異其貌，而以「生生」爲用，固無別也。《六壬》則不然，乃以天地之「殺」爲用；其「四課」以上剋下爲「元首」，下剋上爲「重審」，上下交相剋爲「知一」、「涉害」，日辰遙相剋（每課皆無上下剋）爲「蒿矢」、「彈射」、「伏吟」、「反吟」，皆因衝剋而定名〔註685〕，此顯然與卜筮諸術相悖矣！故「不取夫生，而取夫殺；不取夫德與合，而取夫克與衝；不取夫祿與旺，而取夫刑與害」〔註686〕。

　　夫宗羲言若依此，則凡《六壬》所以論吉凶者，亦當取於刑殺衝剋；然何以「所論非所主、所主非所論？所主者，刑殺衝克；所論者，生旺德合。所主者與諸術相出，所論者與諸術相入，豈失傳之中又失傳與」〔註687〕？以此觀之，後世所傳《六壬》既已非古，其所主、所論復自相違逆，則雖有同

　　　　「丙寅日功曹辰時用事」之四課，依序爲「卯丙」、「丑卯」、「子寅」、「戌子」；其中第二課「丑（屬土）卯（屬木）」爲下（地盤）剋上（天盤），餘皆爲相生關係。故以「丑卯」（支支）爲初傳；「丑」（天盤）納入地盤，其對應天盤爲「亥」，則「亥丑」爲再傳；「亥」（天盤）納入地盤，其對應天盤爲「酉」，則「酉亥」爲三傳；此所謂「剋賊」（以下剋上爲初傳；無下剋上者，以上剋下爲初傳）之法，乃「四課」之一式也。

〔註684〕　同前註，葉4～5。案：依宗羲之意，謂「辰」爲「天罡」者，以斗柄之罡星常指乎「辰」故也；而三月所建之「辰」，於「天盤」爲八月將，八月屬金，金主殺，故稱「金旺殺物之候」。

〔註685〕　案：凡「四課」中有一課爲上（天盤）剋下（地盤），餘則無剋者，謂之「元首」；「四課」中有一課爲下（地盤）剋上（天盤），餘則無剋者，謂之「重審」（「元首」、「重審」用於「剋賊法」）；「四課」中有二課爲上剋下或下剋上，擇其陰陽與今日比（和）者爲用神（陽日陽比、陰日陰比），謂之「知一」；餘如「涉害」、「蒿矢」（上神遙剋日干）、「彈射」（日干遙剋上神）、「伏吟」、「反吟」諸課式，其術請詳參《易學象數論》卷六，葉14～22。

〔註686〕　參見〔清〕黃宗羲撰：《易學象數論》，卷六，葉5。案：《六壬》論吉凶神煞，有所謂「三刑」，子刑卯、卯刑子，謂之「互刑」；寅刑巳、巳刑申、申刑寅、未刑丑、丑刑戌、戌刑未，謂之「遞刑」；辰刑辰、午刑午、酉刑酉、亥刑亥，謂之「自刑」。

〔註687〕　同前註。案：《六壬》所論之吉凶神煞，諸如天德、月德、日德、六合、干合、三合、月合、皇恩、祿神、成神、福星、天喜、生炁（氣）等（參《御定六壬直指》，收入《故宮珍本叢刊》第417冊，葉11～12），皆與所主之刑、殺、衝、剋不合，故宗羲有此說。

於卜筮諸術者，終不足以補偏塡漏，而爲假《易》之方技也。

## （八）辨世傳《太一》之謬

### 1・經緯行度

夫「太一」之名，自戰國有之〔註688〕；而具體用於八卦占術，則始見於《易緯・乾鑿度》，所謂「太一取其數，以行九宮」〔註689〕也。故宗義以爲，後世所傳「《太一》，緯書也，蓋倣《易》、曆而作」〔註690〕；並述其大要曰：

> 以一爲太極，因之生二目，二目生四輔，猶《易》之太極生兩儀、
> 兩儀生四象也；又有「計神」與「太乙」，合之爲八將，猶《易》之
> 八卦也。其以歲、月、日、時爲綱，而以八將爲緯，三基、五福、
> 十精之類爲經，亦猶之乎曆也。法以八將推其掩、迫、囚、擊、關、
> 格之類，占人君將相、內外災福；又推四神所臨分野，占水、旱、
> 兵、喪、飢饉、疾疫；又推三基，五福，大小遊、二限易卦大運，
> 占古今治亂、天下離合。〔註691〕

〔註688〕案：「太一」，或作「大一」、「泰一」、「太乙」，於《荀子・禮論》、《禮記・禮運》、《莊子・天下》、《楚辭・九歌》、宋玉〈高唐賦〉、《韓非子・飾邪》、《呂氏春秋・仲夏紀》、《郭店楚墓竹簡・太一生水》等先秦文獻中，皆可見之；雖然，其義不一而同，或言混沌之氣，或指「道」，或稱天神（此始於《楚辭・九歌》所載「東皇太乙」一語）。秦以後之文獻中，「太一」之名益是屢見，諸如《淮南子》（如〈本經〉、〈精神〉、〈詮言〉、〈天文〉、〈主術〉）、《史記》（如〈天官書〉、〈孝武本紀〉、〈封禪書〉）、揚雄〈甘泉賦〉、《漢書・郊祀志》等，其義則或爲太虛，或爲天神，或指星宿。

〔註689〕參見〔日〕安居香山、中村璋八輯：《緯書集成》，頁32。案：1977年於安徽阜陽雙古堆（汝陰侯墓）所出土之漢簡中（約成於西漢文帝時期），有所謂「太乙九宮栻盤」，此爲將「太乙」用於星占之例：然其「九宮」乃以青龍、白虎、皇德、玄武等四象爲名（即「四象九宮」）。《史記・日者列傳》雖載有「太乙」之占家，而內容未詳；《漢書・藝文志・五行》雖載有《泰一陰陽》二十三卷，亦亡佚不傳。至《乾鑿度》所載「太一取其數，以行九宮」一節，始將八卦體系配合太一星宿（如紫微），又配合「明堂九室」言九宮之數，藉以闡發陰陽氣數於八卦方位中之循環過程，斯爲宋儒「九宮圖」（即「戴九履一」之圖）之起源也。

〔註690〕參見〔清〕黃宗羲撰：《易學象數論》，卷六，葉38。案：後世所傳《太一》已非古書原貌。蓋《四庫》館臣謂「太乙」家之書（即《太乙》古書）已佚不傳；而今所傳次序，但右旋以〈乾〉一、〈巽〉九爲序（不入五宮），此與《易緯・乾鑿度》九宮之數以〈坎〉一、〈離〉九者，誠然有別（參見《四庫》本《太乙金鏡式經》，「書前提要」）。

〔註691〕同前註，葉38～39。案：宗義此述《太一》之大要，盡爲《四庫》館臣於《太

「三基」者，謂君基、臣基、民基；「五福」者，一宮曰「黃祕」（在西河之〈乾〉地），二宮曰「黃始」（在遼東之〈艮〉地），三宮曰「黃室」（在東吳之〈巽〉地），四宮曰「黃庭」（在蜀川之〈坤〉地），五宮曰「玄室」（在洛邑之北宮）；「十精」者，謂「天皇」（天皇大帝）、「帝符」（天節之吏）、「天時」（昂星之使）、「天尊」〔註692〕（黃星之長）、「飛鳥」（七星之使、朱雀之體）、「五行」（五星之使）、「八風」（畢星之神）、「五風」（箕星之精）、「三風」（心星之精）、「太一數」（五子元法七十二之數）；「四神」者，天一、地一、直符、四神也。凡此，皆「太一」推法〔註693〕。「大小遊」爲取卦之法，隨動爻（大遊）、直爻（小遊）而得變卦（之卦）之大運〔註694〕；「二限」則爲卦限（陽九限、百六限）命法〔註695〕。

乙金鏡式經》「書前提要」所援引。「二目」者，謂「天目」（中宮鎮星之精，受土德之正氣，號「文昌」；亦稱「主目」）、「地目」（南方熒惑之精，受火德之正氣，號「始擊」；亦稱「客目」）；「天目」、「地目」，《太乙金鏡式經》又或作「下目」、「上目」（卷二）。「四輔」者，主、客大小將也；而《晉書‧天文志上》載東蕃、西蕃各擁四星，其名皆爲「上相」、「次相」、「次將」、「上將」，亦謂之「四輔」（卷十一，葉292）。

〔註692〕案：「天尊」二字，《四庫》本《太乙金鏡式經》作「太尊」。

〔註693〕案：其推法詳參《易學象數論》，卷六，葉47〜51。

〔註694〕案：「大遊」取卦之法：先取內卦，置積年加宮盈差（34），滿宮周（288→宮率乘8）去之，餘以宮率（36）而一，起七宮〈坤〉，依一宮〈乾〉、二宮〈離〉、三宮〈艮〉、四宮〈震〉、六宮〈兌〉、七宮〈坤〉、八宮〈坎〉、九宮〈巽〉（不入中五宮）之序，順行八宮，即爲內卦（其不滿宮率者，爲入卦年數，乃取動爻之依據）；次取外卦，置積年加宮盈差（34），滿六十四卦周（640→卦率乘64）去之，若不盡，則滿八卦周（80→卦率乘8）去之，餘以卦率（10）而一，起七宮〈坤〉，順行八卦，即爲外卦（其不滿卦率者，爲入卦年數）；終以內外相重，得值運之卦。此外，「大遊」入內卦三十六（宮率）年，均分於值運卦之六爻，則六年行一爻。其取動爻之法：視當下入內卦以來年數，若爲一至六年，則初爲動爻；七至十二年，二爲動爻；十三至十八年，三爲動爻；十九至二十四年，四爲動爻；二十五至三十年，五爲動爻；三十一至三十六年，上爲動爻。「小遊」取卦之法：首取內卦，置積年滿卦周（192→卦率乘8）去之，餘以卦率（24）而一，起一宮〈乾〉，順行，即爲內卦（不滿卦率者，爲入卦以來年數，乃取直爻之依據）；次取外卦，置積年滿卦周紀元（160）去之，若不盡，以卦周（24→卦率乘8）去之，餘以卦率（3）而一，起一宮〈乾〉，順行，即爲外卦；終以內外相重，得值運之卦。此外，「小遊」入內卦二十四（宮率）年，均分於值運卦之六爻，則四年行一爻。其取直爻之法：視入內卦以來年數，若爲一至四年，則初爲直爻；餘仿此（參見《易學象數論》，卷六，葉53〜56）。

〔註695〕案：「陽九限」取日干化氣之五行，起於所生之方，男順女逆；初限依化氣之

　　至於占例，宗羲指「如遇凶神、陽九百六交限之際，卦運災變之限，大數凶者，其凶發於八將掩、迫、囚、擊、關、格之年；如遇吉星所會之分、卦象和平之運，非陽九、百六交限之際，大數吉者，八將雖有掩、迫之類，其災不發。故占家以爲聖書，私相傳習」〔註696〕；雖然，其間「經緯渾淆，行度無稽，或分一爲二，或并二爲一，茫然何所適從」〔註697〕也。夫以宗羲精於占術曆算，且有「茫然何所適從」之歎，則《太一》傳習之謬，於焉可知。故宗羲於「太一」之推法，乃一一指陳其失；茲臚列如下〔註698〕：

　　其一：太一者，天帝之神。王希明（丹元子）指「太一在璿、璣、玉衡，以齊七政。隨天經行，以斗抑揚，故能馭四方」〔註699〕；又謂「太一者，木神也。東方木之監將，歲星之精，受木德之正，旺在春三月」〔註700〕。宗羲以爲，前者以中宮天極繫於經星者爲太一，後者以五緯〔註701〕木星爲太一。然斗魁戴匡六星爲文昌宮，是經星也；則以主目（天目）文昌（經）爲塡星土德之精（緯），是兼經緯（并二）而爲一矣〔註702〕。

生數交宮，其次皆十年一交。例如，甲己化土，火生土（土生數五），故起於午（火爲所生之方），五年後交宮；乙庚化金，土生金（金生數四），故起於己（土爲所生之方），四年後交宮；丙辛化水，金生水（水生數一），故起於申（金爲所生之方），一年後交宮；丁壬化木，水生木（木生數三），故起於亥（水爲所生之方），三年後交宮；戊癸化火，木生火（火生數二），故起於寅（木爲所生之方），二年後交宮。「百六限」取生日、生時干支及納音等六者生成之數積之，加天地之數五十有五，以六十除之，餘爲「限數」。以限數從生日之辰，逆數至於數盡，謂之「受氣」。其受氣之天干，依陽九限化氣起所生之方，大限十年一易，男順女逆；小限一年一易，男逆女順（參見《易學象數論》，卷六，葉51～52）。

〔註696〕參見〔清〕黃宗羲撰：《易學象數論》，卷六，葉39。

〔註697〕同前註。案：《四庫》館臣指後世所傳《太一》以〈乾〉一、〈巽〉九爲序（不入中五宮），王希明、郭璞諸人爲圖此說，乃紛陳其論；然其說頗爲參差，皆近於附會。故「黃宗羲至詆爲經緯渾淆、行度無稽。蓋術家又有所汩亂矣」（參見《太乙金鏡式經》，「書前提要」）！

〔註698〕同前註，葉39～41。

〔註699〕案：此段於（唐）王希明《太乙金鏡式經》中未見，蓋爲宗羲綜述王氏之語也。

〔註700〕案：原文（《太乙金鏡式經》）作「監將者，東方歲星之精，受木德之正氣，王在春三月」（卷二，葉2），未有「太一者，木神也」之語；其或爲宗羲闡釋王氏之語。

〔註701〕案：「五緯」者，東方歲星、南方熒惑、西方太白、北方辰星、中央鎮星也；其中，「鎮星」又稱「塡星」（古人以其歲鎮一宿，二十八歲而周天，故名；而實際週期約29年），乃土星之古名。

〔註702〕案：「斗魁戴匡六星曰文昌宮」一語，載於《史記・天官書》。王希明指主目

其二：所稱「四神」太一，乃欲擬太微宮之五帝，故以「天一」爲首；不知「天一」乃紫微宮之星〔註703〕。此「分一爲二」之謂也。

其三：「十精」太一以「天皇」爲首，謂其乃紫微垣〔註704〕勾陳中星，即天帝也；然既有「小遊」太一當之，則其「天皇」無乃重出乎？

其四：以「帝符」爲天節（畢宿之星官）之吏、「天時」爲昴星之使、「飛鳥」爲朱雀之體、「八風」爲畢星之神、「三風」爲心星之精、「五風」爲箕星之精；二十八星宿有所去取其間，亦不知所據也〔註705〕！

其五：歲星一年行一宮，十二年一周天。「太一」既爲歲星之精（木精），而一年理天、一年理地、一年理人，是三年行一宮矣〔註706〕！此外，所行宮次，前者（歲星）爲十二辰，後者（太一）則爲八卦宮位，亦不相當。

其六：塡（鎮）星二十八歲一周天。「天目」（文昌）既爲土德，一年行一宮（凡十六宮），遇〈乾〉（陰德）、〈坤〉（大武），重留二年，是十八年一周矣！而所行宮次，前者爲十二辰，後者爲十六辰〔註707〕，亦不相當也。

其七：「地目」爲火星熒惑之精。火星二年一周天〔註708〕，二月行一宮（辰）；「地目」則一年行二宮，或一年行三宮。其間差異，自不待言。

其八：主大將（西方太白之精）屬金，客大將（北方辰星之精）屬水。

---

文昌爲「中宮鎮星之精，受土德之正氣」（參《太乙金鏡式經》，卷二，葉2）。

〔註703〕 案：「四神」太一以「天一」爲首；而《晉書・天文志上》載：「太微，天子庭也，五帝之坐也。」又謂「天一星在紫宮門右星南，天帝之神也」（卷十一，葉290、291）。又案：顧頡剛以爲，「天一」、「地一」本與「太一」並立爲「三一」，今乃稱之爲「天一太一」、「地一太一」，則「天一」、「地一」但爲「太一」之冠號矣（參《古史辨自序》，「三皇考」，頁346）！然則，將「天一」、「地一」納入「四神太一」，亦有其可議者也。

〔註704〕 案：「紫微垣」居「三垣」之中，故又稱「中宮」；其上爲「太微垣」、下爲「天市垣」。

〔註705〕 案：王希明嘗謂「八風」者，「畢」有八星，故稱八風；「五風」者，「箕」有五星，故稱五風；「三風」者，「心」有三星，故稱三風（參《太乙金鏡式經》，卷七，葉4～5）。依此，「危」、「婁」、「胃」、「觜」等皆擁三星，「井」、「柳」亦擁八星，則星宿取捨之據爲何？亦可議者也。

〔註706〕 案：王希明即謂「太一」三年徙一宮，第一年治天，第二年治地，第三年治民（參《太乙金鏡式經》，卷二，葉1）。

〔註707〕 案：依「十六宮圖」所載，「十六辰」者，陰德（〈乾〉）、大義（亥）、地主（子）、陽德（丑）、和德（〈艮〉）、呂申（寅）、高叢（卯）、太陽（辰）、大昊（〈巽〉）、大神（巳）、大威（午）、天道（未）、大武（〈坤〉）、武德（申）、大族（酉）、陰主（戌）。

〔註708〕 案：此爲古人約值；以今而言，火星之公轉週期爲687日，未滿二年。

水（星神）、金（星神）皆一年一周天，即一月行一宮〔註709〕；主、客大將則一年行三宮，或一年行五宮。

其九：經星之在天者，皆一年一周天。今姑置「三基」、「五福」、「大遊」不論，其所指之恍惚者，如「四神」三十六年一周，「天皇」、「帝符」二十年一周，昴星（「天時」）十二年一周，朱雀（「飛鳥」）、箕星（五風）、畢星（八風）九年一周等，皆灼然違於天者也。

宗羲以爲，凡此之謬，但「皆以歲計言之；降而爲日、月、時，其不相應，更不必論。或謂『假星名以寓術，不必核其果否也』；若是，則某不知之矣」〔註710〕！「假星名以寓術，不必核其果否」者，乃術家以虛就實之慣法，即不求「術」之合「理」，但求其「符驗」耳！故於天文之象、星運之軌，自可不必嚴覈；然「致遠恐泥」，聖賢之箴言，豈可忽之？是以「不知之矣」者，蓋爲宗羲之嗟歎，非其眞「不知」也。

### 2‧九宮序義

「太一」九宮之數，始於《易緯‧乾鑿度》，此前文已有述及；宗羲指「其時不名爲《洛書》也。而九前一後，三左七右，四前左、二前右，八後左、六後右，以〈離〉南〈坎〉北之方位配之，其下行九宮，與今所傳頗異」〔註711〕。依其意，《乾鑿度》所載「九宮之數」尙未以《洛書》爲名〔註712〕；而其下行九宮之法，亦有別於後世所傳之《太一》。蓋鄭康成嘗於《乾鑿度》「太一取其數，以行九宮」下注云：

> 太一下行八卦之宮，每四乃還於中央；中央者，北神之所居，故因謂之「九宮」。天數大分，以陽出、以陰入；陽起於子，陰起於午。是以太一下九宮，從〈坎〉宮始：〈坎〉，中男，始亦言無適也。自此而從於〈坤〉宮：〈坤〉，母也。又自此而從〈震〉宮：〈震〉，長男也。又自此而從〈巽〉宮：〈巽〉，長女也。所行者半矣，遠息於中央之宮。既又自此而從〈乾〉宮：〈乾〉，父也。自此而從〈兌〉

---

〔註709〕案：此爲古人約值；以今而言，金星之公轉週期約 224.7 日，未滿八個月；水星之公轉週期約 88 日，尙不及九旬。然則，水、金「一年一周天」之說，亦失之遠矣！

〔註710〕參見〔清〕黃宗羲撰：《易學象數論》，卷六，葉 41。

〔註711〕同前註。

〔註712〕案：近人劉起釪（1917～2012）考究阜陽雙古堆所出土之「太乙九宮栻盤」，以爲《洛書》之名與「九宮圖」相結合，當遠在班固撰〈志〉之後、北周盧辯之前（參韓自強撰：《阜陽漢簡周易研究》，「序二」，頁 2～3）。

宮：〈兌〉，少女也。又自此從於〈艮〉宮；〈艮〉，少男也。又自此
從於〈離〉宮；〈離〉，中女也，行則周矣。上游息於太一、天一之
宮，而反於紫宮。〔註713〕

據此，宗羲乃逐列《太一》下行九宮之失〔註714〕：

其一：依「每四乃還於中央」之語，則「太一」下行九宮，一周兩入中
宮。今《太一》乃避中宮而不入，則是八宮，非九宮也。

其二：紫微宮爲午位之〈離〉；「反於紫宮」即「陰起於午」。依此，自〈離〉
起逆行，歷〈艮〉、〈兌〉、〈乾〉、中宮、〈巽〉、〈震〉、〈坤〉、〈坎〉也。今《太
一》並無逆行之法，是有陽生而無陰生矣！

其三：〈坎〉一、〈坤〉二、〈震〉三、〈巽〉四、中宮、〈乾〉六、〈兌〉
七、〈艮〉八、〈離〉九，此《乾鑿度》九宮之序。今《太一》宮法，乃爲〈乾〉
一、〈離〉二、〈艮〉三、〈震〉四、〈兌〉六、〈坤〉七、〈坎〉八、〈巽〉九，
是擾紀離次也。

其四：《黃帝內經・靈樞》載：「太一常以冬至之日，居叶蟄之宮四十六
日，明日居天留四十六日，明日居倉門四十六日，明日居陰洛四十六日，明
日居天宮四十六日，明日居玄委四十六日，明日居倉果四十六日，明日居新
洛四十六日，明日復居叶蟄之宮。」〔註715〕即以「太一」起於叶蟄（〈坎〉
宮）、終於新洛（〈乾〉宮），如是，周而復始；而鄭康成所言「陽起於子，
陰起於午」，其子午亦謂十一月、五月。然則，「太一」皆一年一周也。今法
則三年行一宮、二十四歲而一周，又析之爲月、日、時，豈其有四氣並行乎
〔註716〕？

其五：「太一」從五行之氣，無所偏附，故能獨貴。今從木行之氣，豈能
首出庶物耶？

宗羲指「太一」推法有九宮貴神者，以〈坎〉爲太一、〈坤〉爲攝提、〈震〉

〔註713〕參見〔日〕安居香山、中村璋八輯：《緯書集成》，頁32。

〔註714〕參見〔清〕黃宗羲撰：《易學象數論》，卷六，葉41～42。

〔註715〕參見〔清〕張志聰集注：《黃帝內經集注》（杭州：浙江古籍出版社，2002年），
「《靈樞集注》」，卷九，頁447。案：「叶蟄」爲〈坎〉宮；「天留」爲〈艮〉
宮；「倉門」爲〈震〉宮，「陰洛」爲〈巽〉宮，「天宮」爲〈離〉宮，「玄委」
爲〈坤〉宮，倉果爲〈兌〉宮，「新洛」爲〈乾〉宮。

〔註716〕案：其「太一」推法，除「歲計」外，尚有「月計」、「日計」、「時計」，皆以
節氣爲斷；其中，「時計」即以冬至、夏至二氣爲起宮、順逆之據（參《易學
象數論》，卷六，葉43～44）。

爲軒轅、〈巽〉爲招搖、中爲天符、〈乾〉爲青龍、〈兌〉爲咸池、〈艮〉爲太陰、〈離〉爲天一〔註717〕；又謂「在〈坎〉則爲太一，在〈坤〉則爲攝提，九宮莫不皆然。以〈坎〉起太一，故以『太一』爲總名」〔註718〕也。審其言，「攝提」、「軒轅」、「招搖」、「天符」、「青龍」、「咸池」、「太陰」、「天一」等，皆爲「太一」之殊稱；而推其爲總名者，以起首爲〈坎〉（太一）故也。就此而論，「每宮各有所屬，是無偏於木行之失；遇某宮直事，則鈞入中宮，八者分爲鈞位，是無五作空宮之失」〔註719〕矣！宗羲以爲，此於曆書三白圖法〔註720〕，尚遵行無違；而與康成所云，亦庶幾相近。今則別出爲「九宮太一」〔註721〕，不知其所謂「太一」者，復何名哉〔註722〕？依宗羲之意，「太一」本爲九宮諸名之統稱，今別出「九宮太一」，則其所謂「太一」者，將何所名焉？斯亦自相違逆，無以圓其說矣！

## （九）證《遁甲》自亂其術

夫「以日生於乙、月明於丙丁，爲南極、爲星精，故乙丙丁皆謂之『奇』；而甲本諸陽首，戊己下六儀分麗焉，以配九宮，而起符使，故號『遁甲』」〔註723〕，此《四庫》館臣於「遁甲」之釋義；又指其法亦起於《乾鑿度》

---

〔註717〕參見〔清〕黃宗羲撰：《易學象數論》，卷六，葉49～50。

〔註718〕同前註，葉42。

〔註719〕同前註。

〔註720〕案：三白圖法（三元白法），即曆書所載一白、二黑、三碧、四綠、五黃、六白、七赤、八白、九紫，以六十年爲一元，「上元」起於一白，「中元」起於四綠，「下元」起於七赤（三元凡一百八十）：宗羲嘗言其法，乃「逆布以求直年，直年移入中宮，順飛八方，此即太一家鈞宮直事也」（參《黃宗羲全集》，第十冊，「七怪」，頁651）。

〔註721〕案：《太乙金鏡式經》即載有「九宮太乙，萬神護吾三軍」（卷九，葉5），以及大神臨「九宮水神」、「九宮木神」之語（卷六，葉3）：水神、木神，亦「太一」也。

〔註722〕參見〔清〕黃宗羲撰：《易學象數論》，卷六，葉42～43。

〔註723〕參見〔明〕程道生撰：《遁甲演義》（《四庫全書‧子部‧術數類》），「書前提要」，葉1～2。案：明‧劉基則謂「遁者，隱也；甲者，六甲也。六甲隱於六儀之下，故曰『遁甲』」（參《故宮珍本叢刊》第429冊，《奇門遁甲‧序》，葉1）。又案：乙（日）、丙（月）、丁（星）三者，謂之「三奇」；「六儀」本爲戊、己、庚、辛、壬、癸，以其各藏六甲旬首——甲子、甲戌、甲申、甲午、甲辰、甲寅，故又作「甲子戊」、「甲戌己」、「甲申庚」、「甲午辛」、「甲辰壬」、「甲寅癸」；「以配九宮」者，「三奇」、「六儀」分置於九宮——自「冬至」至「芒種」爲「陽遁」（順局），順布（自一宮至九宮）六儀，逆布（自九宮至一宮）三奇：自「夏至」至「大雪」爲「陰遁」（逆局），逆布六儀，

所載「太乙行九宮」〔註724〕。然則，《乾鑿度》於後世術家，堪稱瑰寶矣！

宗羲嘗云：「《遁甲》、《太一》、《六壬》三書，世謂之『三式』，皆主九宮以參詳人事；而《甲》尤注意於兵。」〔註725〕依其意，《遁甲》非惟切於人事，其於「兵」事之關注，乃其它二式所未逮者。又言《遁甲》之術「自以爲精者，在超神、接氣、置閏之間」〔註726〕。「超神」者，節氣未至，而甲子、己卯之「符頭」先至，乃借用未到節氣之「上局」（上元），故謂之「超」；「接氣」者，甲子、己卯之「符頭」未至，而節氣先至，仍用已過節氣之「下局」（下元），故謂之「接」〔註727〕。至於「置閏」者，蓋每積一月之節氣（三十日零五時二刻），而符頭、節氣必相參差，以致順將變逆、逆將變順；其於「芒種」（五月節）、「大雪」（十一月節）後，則有超至九日、十日者，乃爲之「置閏」〔註728〕。是以「芒種」後則疊其（芒種）上、中、下三局，

順布三奇（三奇順逆，布於六甲之後）。「符使」者，直符、直使之合稱：蓋旬首所泊之宮（地盤），星（天盤）即爲「直符」，門（天盤）即爲「直使」；星有九，「蓬」（〈坎〉一）、「任」（〈艮〉八）、「衝」（〈震〉三）、「輔」（〈巽〉四）、「英」（〈離〉九）、「禽」（中五，寄於〈坤〉二）、「芮」（〈坤〉二）、「柱」（〈兌〉七）、「心」（〈乾〉六）也；門有八，「休」（〈坎〉）、「生」（〈艮〉）、「傷」（〈震〉）、「杜」（〈巽〉）、「景」（〈離〉）、「死」（〈坤〉）、「驚」（〈兌〉）、「開」（〈乾〉），乃八卦之變相（休與景對、生與死對、傷與驚對、杜與開對；開、休、生爲三吉門）。例如，旬首泊在〈坎〉宮，則「蓬」（天蓬）爲直符、「休」門爲直使。此外，天盤「直符」隨時干泊於地盤何宮，即移至其宮；天盤「直使」隨時支泊於地盤何宮，即移至其宮。

〔註724〕同前註，葉1。
〔註725〕參見〔清〕黃宗羲撰：《易學象數論》，卷六，葉56。案：以此觀之，《四庫》館臣稱《遁甲》之學，「殆盛於南北朝」，亦理勢之然也；又謂宋仁宗時，嘗令司天正楊維德撰《遁甲玉函符應經》，「自好奇者援以談兵，遂有靖康時郭京之輩，以妖妄誤國。後人又攪雜以道家符籙之法，益怪誕不可究詰」（參《四庫》本《遁甲演義》，「書前提要」，葉3）。
〔註726〕同前註。
〔註727〕同前註。案：「符頭」者，謂甲、己二將。「符頭」所臨之地支，直子、午、卯、酉爲「上元」（上局），直寅、申、巳、亥爲「中元」（中局），直辰、戌、丑、未爲「下元」（下局）。「符頭」五日一換，半月一節氣，三局而周。冬至以〈坎〉一宮爲上局、〈兌〉七宮爲中局、〈巽〉四宮下局；夏至則以〈離〉九宮爲上局、〈震〉三宮爲中局、〈乾〉六宮爲下局。例如，冬至甲子爲符頭，至戊辰滿五日，皆從〈坎〉一宮起，是爲「上元」；己巳爲符頭（第六日），至癸酉滿五日（第十日），皆從〈兌〉七宮起，是爲「中元」；甲戌爲符頭（第十一日），至戊寅滿五日（第十五日），皆從〈巽〉四宮起，是爲「下元」；餘皆仿此。
〔註728〕案：《遁甲》之置閏，必在「芒種」、「大雪」後，冬、夏二至前；其餘節氣，

「大雪」後亦疊其（大雪）上、中、下三局，以歸每月節氣之所餘（五時二刻），而後冬、夏二至之順逆始分。故「節」先「局」後，不得不以「接氣」繼之矣〔註729〕。

宗羲以爲，是欲與曆法相符；而自亂其術者，亦以此也〔註730〕。所以然者，蓋節氣三十日，所餘者五時二刻耳！積之六月，則爲三十時十二〔註731〕刻，猶不及三日（一日十二時）；而「符頭」五日一換。二者相差不過半局，故略消息之，即可符合。今則以「超神而太過者九日、十日以置閏，而不及者五日、六日氣序不清、局法重出」〔註732〕；此外，《遁甲》之「所重者在二至；置閏、歸餘於其前半年之中必有超神，超神之後必且置閏，閏閏之局必侵二至，是二至必不能正其始也」〔註733〕。如此一來，則順者反爲逆，逆者反爲順。倘「其吉凶星煞無驗則可；不然，則避其所當趨，趨其所當避」〔註734〕，即反「趨吉避凶」爲「趨凶避吉」矣！

以此觀之，《遁甲》所重者「二至」、所精者「超神、接氣、置閏」；然所精者非惟弗益於所重，乃終將損之，甚而顛倒吉凶之驗，斯不亦謬乎？故宗羲乃謂其「自亂其術」也。

## （十）陳〈衡運〉皇帝王霸之弊

〈衡運〉者，明儒胡翰（仲子）所撰也。宗羲以爲，文中所「列十二運，推明皇帝王霸之升降，其法在《太一》書，較之揚子雲之卦序，差爲整齊，非唐、宋以後人所能作也」〔註735〕。其定卦爻之統，則「以初爻爲建功立

雖有遇超至九日以上者，亦不可置閏也。

〔註729〕參見〔清〕黃宗羲撰：《易學象數論》，卷六，葉56。

〔註730〕同前註。

〔註731〕案：「十二」，《四庫》本《易學象數論》原作「二十」，或爲抄錄之誤，今逕改。又古人以漏壺計時，上有刻度，一日百刻，《皇帝內經》即載「積盈百刻而成日」（《素問・六微旨大論》）、「漏水下百刻，以分晝夜」（《靈樞・五十營》）、「一日一夜，水下百刻而盡矣」（《靈樞・衛氣行》）；清順治二年，改用《時憲曆》（原「崇禎曆書」），定爲每日九十六刻，每刻十五分，沿用至今。

〔註732〕參見〔清〕黃宗羲撰：《易學象數論》，卷六，葉57。

〔註733〕同前註。案：所謂「陰陽逆順妙難窮，二至還歸一九宮」（參《四庫》本《遁甲演義》，卷一，「黃帝陰符經」，葉13），「九宮」既爲《遁甲》之體，則「二至」爲其所重，亦當然耳。

〔註734〕同前註。

〔註735〕同前註，葉65～66。案：十二運之法，發其端者，乃元人秦曉山（此筆者於宗羲「治學」一節，即已述及）。十二運（統六十四卦，歷11520年，周

德之限，三爻爲內極災變之限，四爻爲亂後待治之限，上爻爲外極災變之限，二、五爻爲中道安平之限」〔註736〕；其於治亂、判臣，則視陰陽「位」、「應」之得失，即「陰陽當位則治、失位則亂；得應則得臣，失應則失臣」〔註737〕也。例如，「太一」行至二爻，陽爻雖失位，猶安然無事；惟時臨出運之際，社稷有災禍。「太一」行至五爻，陰爻即失位，則君羸臣悍、妃戚干政，國之衰亡將至；此其近於外極災變之限（上爻）故也。初爻爲建立功德之限，「太一」若行至此，苟非其人，則有革命者起而應之。至於「太一」行至三爻（內極之限），其時災變尙輕；行至上爻（外極之限），其災變則始重也〔註738〕。

　　此外，以「太一」之掩、迫察其虛實，而以小運（月卦）定其期，如三代亡而秦始立，入〈萃〉（第四運）上爻；漢亡入〈復〉（第五運）上爻；唐亡入〈謙〉（第五運）上爻；宋亡入〈姤〉（第六運）上爻；皆爲外極災變之限也。其有然、不然者，則將以不然者廢其然者耶？乃謂「何可廢也！留其不然以觀人事，留其然以觀天運；此天人之際也」〔註739〕。宗羲以爲，胡翰言「皇降而帝，帝降而王，王降而霸，猶春之有夏、秋之有多」〔註740〕，邵

而復）者，一爲「天地否泰之運」，以〈乾〉、〈坤〉、〈否〉、〈泰〉四卦統七百二十年（總此四卦陰、陽各12爻；陽爻36，陰爻24，積之則得其數。後準此）；二爲「男女交親之運」，以〈震〉、〈巽〉、〈恒〉、〈益〉、〈坎〉、〈離〉、〈旣濟〉、〈未濟〉、〈艮〉、〈兌〉、〈損〉〈咸〉等十二卦統二千一百六十年；三爲「陽晶守政之運」，以〈大壯〉、〈无妄〉、〈需〉、〈訟〉、〈大畜〉、〈遯〉六卦統一千一百五十二年；四爲「陰毳權衡之運」，以〈觀〉、〈升〉、〈晉〉、〈明夷〉、〈萃〉、〈臨〉六卦統一千有八年；五爲「資育還本之運」，以〈豫〉、〈復〉、〈比〉、〈師〉、〈剝〉、〈謙〉六卦統九百三十六年；六爲「造化符天之運」，以〈小畜〉、〈姤〉、〈同人〉、〈大有〉、〈夬〉、〈履〉六卦統一千二百二十四年；七爲「剛中健至之運」，以〈解〉、〈屯〉、〈小過〉、〈頤〉四卦統六百七十二年；八爲「羣愚位賢之運」，以〈家人〉、〈鼎〉、〈中孚〉、〈大過〉四卦統七百六十八年；九爲「德義順命之運」，以〈豐〉、〈噬嗑〉、〈歸妹〉、〈隨〉、〈節〉、〈困〉六卦統一千八十年；十爲「惑妬留天之運」，以〈渙〉、〈井〉、〈漸〉、〈蠱〉、〈旅〉、〈賁〉六卦統一千八十年；十一爲「寡陽相搏之運」，以〈蹇〉、〈蒙〉二卦統三百三十六年；十二爲「物極元終之運」，以〈睽〉、〈革〉二卦統三百八十四年。

〔註736〕同前註，葉66。
〔註737〕同前註。
〔註738〕同前註。
〔註739〕同前註。
〔註740〕參見〔明〕胡翰撰：《胡仲子集》，卷一，「衡運」，葉1。

雍亦以春、夏、秋、冬配皇、帝、王、伯（霸）〔註741〕；且春夏而秋冬、秋冬而春夏，此天運之本然。然則，前四運既爲皇、帝、王、霸，「後運繼之，亦復當然。今四運之後，兩運過中，非惟不能復皇、帝，即所謂『霸』者，亦不可得。將秋冬之後，更有別運。天人之際，一往不返者，何耶」〔註742〕？胡翰曰：「天生仲尼，當五伯之衰，而不能爲太和之春也，時未臻乎〈革〉也。仲尼沒，繼周者爲秦、爲漢、爲晉、爲隋、爲唐，爲宋，垂二千年，猶未臻乎〈革〉也。」〔註743〕依其意，〈革〉處十二運之終，須至十二運盡，始復皇帝王霸之序；然「前爲四運，後爲八運，參差多寡，無迺懸絕」〔註744〕！故宗羲乃云：

> 以仲子之言爲是耶？孟子所謂「一治一亂」者正相反；以仲子之言爲非耶？前之二千餘年者既如斯，後之四千八百年寧可必乎？倘若以漢、唐、宋之小治，衡之三代而上，是謂「褻天」，又某之所不敢也。〔註745〕

觀其「以仲子之言爲是耶」？「以仲子之言爲非耶」？則宗羲時於十二運之法，猶信疑參半也〔註746〕。其謂漢、唐、宋爲「小治」者，乃相對於三代以上之「皇帝王霸」而論。至於「褻天」之語，猶崇聖尊賢之敬辭，非眞褻於天也；故所言「不敢」者，亦當如是看。

　　夫順斯而言，宗羲嘗評論明儒黃道周（石齋，1585～1646）《三易洞璣》

---

〔註741〕案：邵雍嘗言：「三皇之世如春，五帝之世如夏，三王之世如秋；五伯之世如冬。」（參《四庫》本《皇極經世書》，卷十二，葉6）

〔註742〕參見〔清〕黃宗羲撰：《易學象數論》，卷六，葉67。案：宗羲此謂「天人之際，一往不返者」者，蓋指皇帝王霸未能如春夏秋冬之往復循環，而一去不返也。

〔註743〕參見〔明〕胡翰撰：《胡仲子集》，卷一，「衡運」，葉3～4。

〔註744〕參見〔清〕黃宗羲撰：《易學象數論》，卷六，葉67。案：胡翰嘗云：「由皇等而上，始乎有物之始；由霸等而下，終乎閉物之終。」（參《胡仲子集》，卷一，「衡運」，葉1）然則，以皇帝王霸爲十二運之「前四運」；自「霸」以下，爲「後八運」也。又依十二運之推法，前四運（28卦），統5040年，後八運（36卦）統6480年；且每運所統之卦，或二，或四，或六，或十二。總此，故宗羲乃謂「參差多寡，無迺懸絕」。

〔註745〕同前註。案：孟子「一治一亂」之說，以五百年爲一循環週期；而胡翰「十二運」之法，其一運均值即近千年。則孟子所謂「亂」者，於十二運而言，猶在「治」也。

〔註746〕案：此「信」念猶「半」者，至《明夷待訪錄》書成逾三十年後，乃爲之破滅矣！（請參本書論宗羲「治學」一節）。

云：

> 漳海之學如武庫，無所不備，而尤邃於《易》、曆。三乘《易》卦
> 爲二十六萬二千百四十四，以《授時》配之，交會、閏積、贏縮，
> 無不脗合。《詩》與《春秋》遞爲《爻》、《象》，〈屯〉、〈蒙〉而下，
> 兩〈濟〉而上，二千一百二十五年之治亂，燎若觀火。〔註747〕

此贊撰於康熙十六年，時宗羲尙冀望於「十二運」之「陽晶守政」治世階段；
而黃道周（歿於順治三年）之《三易洞璣》，以其所言之上下「治亂」，「燎
若觀火」，能合其「復明」之盼。故於康熙十七年（西元 1678），由許三禮（酉
三）陪從，至海昌「受漳海黃忠端公《三易洞璣》及《授時》、《西洋》、《回
回》三曆」〔註748〕。就此而論，今人司徒琳指黃道周與宗羲先君子忠端公
皆爲抗清烈士，宗羲乃爲「感情」所拘，復以海昌多道周門徒，無意「得罪
師、承兩代」，致未「公開」批評黃道周之《易》學〔註749〕，恐有待商榷矣！
夫宗羲非畏縮迎合、趨炎附勢之人，其於學術固以考證、理論爲宗，乃即事
論事之風也；此觀其於《明儒學案》（成於康熙十五年後）評石齋先生「離
心之知覺，無所爲性，離氣質亦無所爲知覺，如此以求盡性，未免易落懸想」
〔註750〕，即可略知一二。斯猶明人山陰周述學（雲淵）之學術成就，宗羲
雖嘗大加讚譽〔註751〕；然於《易學象數論》中，亦能直陳其「以大吉、小
吉爲合神」〔註752〕之誤也。

---

〔註747〕參見沈善洪主編：《黃宗羲全集》，第十冊，「朱康流先生墓誌銘」，頁 355～
356。

〔註748〕參見〔清〕黃炳垕撰：《黃宗羲年譜》，卷下，頁 41。

〔註749〕參見司徒琳撰：〈黃宗羲《象數論》與清初官方易學的變化〉，收入《國際易
學研究》（北京：華夏出版社，1997 年），第三輯，頁 239。

〔註750〕參見沈善洪主編：《黃宗羲全集》，第八冊，《明儒學案》，卷五十六，〈諸儒學
案下四〉，「忠烈黃石齋先生道周」，頁 678。

〔註751〕案：宗羲嘗謂周雲淵「好深湛之思，凡經濟之學，必探原極委，尤邃於《易》、
曆。〔……〕而古來無所謂星道者，述學推究五緯細行爲星道五圖，於是
七曜皆有道可求〔……〕。自曆以外，圖書、皇極、律呂、山經、水志、
分野、算法、太乙、壬遁、演禽、風角〔……〕，莫不各有成書，發前人
所未發，凡千餘卷，總名曰《神道大編》。蓋博而能精，上下千餘年，唯
述學一人耳」（參《黃宗羲全集》，第十冊，「〈周雲淵先生傳〉」，頁 560～
561）。

〔註752〕參見〔清〕黃宗羲撰：《易學象數論》，卷六，葉 2。

# 第三節 黃宗羲治《易》之方法

## 一、通貫諸說，會眾合一

宗羲嘗云：「士生千載之下，不能會眾以合一，由谷而之川，川以達於海，猶可謂之窮經乎？自科舉之學興，以一先生之言爲標準，毫秒摘抉，於其所不必疑者而疑之，而大經大法反置之而不道。」〔註753〕然則，「會眾合一」乃宗羲窮經之道；而欲致斯者，必先「通貫諸說」。竊觀宗羲之《易》論，非惟能析辨眾家之說，且能歸之於一；即「通貫諸說，會眾合一」可謂宗羲治《易》之法也。例如，宗羲以諸家之論邵雍「天根月窟」，或據「八卦」，或以「六十四卦」，或依「十二辟卦」，其途雖殊，而視陽生爲「天根」、陰生爲「月窟」，則皆同也；並指其與《易》無涉，乃性命雙修、老氏之學。辨「納音」之法，謂其有《黃帝內經》、葛洪及揚雄等三說，然諸說於關鍵之處，皆不免有所疏漏、扦格；故欲定「納音」之法，當以京房「六十律與甲子分配」爲據，始能無弊！論虞翻、李挺之、朱升、蘇軾、朱熹等諸家之「卦變」說，皆能洞其法式、窺其得失，而代之以「反對」取義；雖然，覈其論例，亦不免有難以融通者。辨析虞翻、孔穎達、郭忠孝、莊綽、季彭山等諸家之「蓍法」，以爲彼等多輕改古法，不合《繫辭上傳》「大衍之數」之章旨，遂通論揲蓍理序，而多有見地。凡此，皆宗羲「通貫諸說，會眾合一」之例。

## 二、入乎其內，出乎其外

江藩指宗羲嘗謂「昔賢闢佛，不檢佛書，但肆謾罵，譬如用兵，不深入其險，不能勦絕鯨鯢也。乃閱佛藏，深明其說，所以力排佛氏，皆能中其窾要」〔註754〕，此雖以斥佛爲指涉，然「不深入其險，不能勦絕鯨鯢」，「深明其說」，故「皆能中其窾要」者，即入其內以「洞曉其始末」，出其外而「盡得其瑕疵」，乃宗羲治《易》之一法。例如，明「納甲」之八卦方位有違於《說卦》，又洞曉京氏「納甲」原貌，故能辨駁後世新造之「納甲」。詳究《太玄》底蘊，故能辨其星度、從違之失；知《易》無「六日七分」之說，則以

---

〔註753〕參見沈善洪主編：《黃宗羲全集》，第十冊，《撰杖集》，「萬充宗墓誌銘」，頁417。
〔註754〕參見〔清〕江藩著：《國朝漢學師承記》，頁127。

〈踦〉、〈贏〉所得之贊，「渾於七百二十九贊之中」，乃不合於曆算。《乾鑿度》雖不免脫文誤字，然亦反覆推求而得其術，復能證成其世軌之法有違歷史演進、於理不審。深諳司馬光之《潛虛》，故知《洪範數》乃倣《虛》之作。深明邵雍《皇極》，故知其以古今曆學牽合於《易》，其說雖巧而繁，終成一部「鶻突」曆書而不可用。《遁甲》所重者「二至」、所精者超神、接氣、置閏，然宗羲登其堂、入其室，證之自亂其術、顛倒吉凶之驗。總此，則宗羲之「究心象數」，洵非虛言也。

## 三、據其所言，破其所論

宗羲對邵雍捨《說卦》「帝出乎震」章，而另據「天地定位」章，以發其「先天方位」之說，甚為不然！乃「以邵子所據者，破邵子之說」〔註755〕。蓋「以邵子所據者，破邵子之說」，其猶朱子「三證」《河圖》之數十、《洛書》之數九，而宗羲據此「三證」而「三駁」之；即「據其所言，破其所論」，亦宗羲治《易》之一法。宗羲以為，「與其信圖書，不若信經文之為愈耳」〔註756〕！「夫〈乾〉、〈坤〉，老陽、老陰也；〈震〉、〈坎〉、〈艮〉，少陽也；〈巽〉、〈離〉、〈兌〉，少陰也：非《易》之自然乎？邵子以〈兌〉居老陽之位，〈震〉居少陰之位，〈巽〉居少陽之位，〈艮〉居老陰之位，勉強殊甚，猶得謂之自然乎？先師謂之死法，以其不合於理也。古人借數以明理，違理之數，將焉用之」〔註757〕；又謂「先、後天之說，出於道家。邵子緣之入《易》，《易》之『先天而天勿（弗）違，後天而奉天時』。以人事言之，未嘗分伏羲為先天、文王為後天，歧而不合」〔註758〕。

此外，宗羲對邵子「節節相生」之法，亦提出批判，曰：「少生於老，此定數也。故〈乾〉、〈兌〉、〈離〉、〈震〉皆從老而至少。顧節節相生之法，至〈巽〉而窮，不得不以少生老。於是附會其說，自〈乾〉至〈震〉為順，自〈坤〉至〈巽〉為逆；順者可以數往，逆者可以知來。果如其說，則〈乾〉、

〔註755〕參見〔清〕黃宗羲撰：《易學象數論》，卷一，葉19。案：依宗羲之意，邵雍所作「先天方位圖」（〈伏羲八卦方位圖〉），以〈乾〉南〈坤〉北，既違《說卦》「天地定位」之旨，其以〈艮〉居西北、〈兌〉居東南，致二者遙遙相對，復曲解「山澤通氣」之義；而〈離〉東〈坎〉西之設，益添其「春熱秋寒」之謬矣！

〔註756〕參見沈善洪主編：《黃宗羲全集》，第十冊，「再答忍庵宗兄書」，頁228。

〔註757〕同前註，「答忍庵宗兄書」，頁227。

〔註758〕同前註，「再答忍庵宗兄書」，頁228。

〈兌〉、〈離〉、〈震〉不可以知來，〈巽〉、〈坎〉、〈艮〉、〈坤〉不可以數往。八卦各得其一偏，豈《繫》之旨乎？」〔註759〕是以明儒黃綰（約1477～1551）於《易經原古》中所論〈先天諸圖〉、〈大象傳〉、〈卦序〉之語，宗羲乃斥其顛倒聖經、戕害《易》理，且云：「夫先後天圖說，固康節一家之學〔……〕。今以先天諸圖即為伏羲手筆，與三聖並列為經，無乃以草竊者為正統乎？《大象傳》之次第，又復從之，是使千年以上之聖人，俯首而從後人也。」〔註760〕至於宗羲據《易》之生兩、生四、生八（《繫辭上傳》）以駁邵雍之「先天橫圖」（伏羲八卦次序圖），固合其治《易》（據其所言，破其所論）之例，然審其所駁者，則多有商榷之處。

## 四、原經原傳，經史證《易》

　　綜觀《易學象數論》全書，以他經輔證者，有〈原象〉〔註761〕及「《河圖》、《洛書》」、「互卦」（互體）、「潛虛」、「六壬」、「衡運」等辨例〔註762〕；而輔以《易》文論證者，除「卦氣」引〈復〉卦辭「反復其道，七日來復」為「經文」外〔註763〕，餘則皆為「傳文」（十翼）。此外，以史證《易》者，亦可見諸〈原象〉、「元包」、「六壬」諸例。或謂「以經解經」為宗羲《易學象數論》所採之論證法〔註764〕，然觀其所述，但藉宗羲「惟求之經文」所指涉〔註765〕而發論耳！而名之「以經解經」，亦本前人之說；蓋明儒唐伯元（仁卿，約1540～1597）於《醉經樓集解》中嘗云：「解經以傳，不如解經以經。」〔註766〕又曰：「《六經》維《易》無恙，漢、唐千家傳註，多有可考，不得其

〔註759〕同前註，頁229。
〔註760〕同前註，第七冊，《明儒學案・浙中王門學案三》，「尚書黃久菴先生綰」，頁319。
〔註761〕案：所援引之經有《左傳》、《周禮》、《詩經》、《論語》、《禮記》、《儀禮》、《孟子》等。
〔註762〕案：依宗羲所言及者，蓋有《尚書》、《論語》、《禮記》（另有《大戴禮》）、《左傳》及《孟子》。
〔註763〕案：〈原象〉固為釋《易》之象，而其論「卦變」亦本「反對」取義（卦爻之義），故二者不入以經文「輔證」之列。
〔註764〕參見張新智撰：〈試論黃宗羲《易學象數論》的得失——以其對納甲及先天圖之評述所作的試探〉，《孔孟月刊》第36卷，第2期，頁34。
〔註765〕案：即指《書・顧命》、《論語》、《禮運》及《繫辭上傳》（實為「傳文」）。
〔註766〕參見沈善洪主編：《黃宗羲全集》，第八冊，《明儒學案》，卷42，「甘泉學案六」，頁300。

解，當一以經文爲據。解經之法，以經不以傳，宜合不宜拆。凡經皆然，而《易》尤甚。」〔註767〕宗羲則嘗誌其弟子萬充宗（斯大）「不爲科舉之學，湛思諸經。以爲非通諸經，不能通一經；非悟傳、註之失，則不能通經；非以經釋經，則亦無由悟傳、註之失」〔註768〕。萬氏此「以經釋經」之說，乃爲宗羲所援用，而稱之「以經解經」，並謂「八卦之方位載於經矣，以康節〈離〉南〈坎〉北之臆說，反有致疑於經者」〔註769〕；清儒張惠言亦有「『天地定位』，經未嘗云『南北』也；『水火不相錯』，經未嘗言『東西』也」〔註770〕之語。

　　然則，就《易》而論，明、清諸儒（包括宗羲）多習併「傳」於「經」，即經、傳不分，此或奠基於「《十翼》爲孔子作」之舊有認知〔註771〕；其有分經、分傳者，亦以「傳」（《十翼》）出於孔子〔註772〕。近人潘雨廷（1925～1991）先生嘗言：「必以《十翼》爲孔子作而不再思加以考核，此清代的經學《易》所以迂腐。」〔註773〕觀其所評，頗爲符節，唯「迂腐」二字，則稍過當矣！

---

〔註767〕同前註，頁301。

〔註768〕同前註，第十冊，《撰杖集》，「萬充宗墓誌銘」，頁417。案：宗羲嘗謂陸文虎「所譚《易》者，則取近代理明義精之學，用漢儒博物攷古之功，加之湛思，直欲另爲傳註，不墮制舉方域也」（參《黃宗羲全集》，第十冊，「陸文虎先生墓誌銘」，頁349）；此「取近代理明義精之學，用漢儒博物攷古之功，加之湛思」之語，亦爲宗羲所採擷，此觀其稱陸文虎乃其「終身偲偲之力，使余稍有所知者」（同上，頁350），即可窺知。

〔註769〕同前註。

〔註770〕參見〔清〕張惠言撰：《易圖條辨》，收入《張惠言易學十書》，頁1010。

〔註771〕案：「十翼」之名，首見於《易緯·乾坤鑿度》，其言孔子「五十究《易》，作十翼」（參《緯書集成》，頁119）；至於明載「十翼」內容爲孔子作者，則始於《史記·孔子世家》，所謂「孔子晚而喜《易》，序《彖》、《繫》、《象》、《說卦》、《文言》，讀《易》，韋編三絕」是也（《漢書·藝文志》、《隋書·經籍志》繼踵其說，而別增《序卦》、《雜卦》）。近人熊十力嘗以「卦爻辭及《彖》、《象》、《文言》、《繫辭傳》等，皆孔子作；皆經也」（參《讀經示要》，頁595）；審其所言，則謬亦已過矣！

〔註772〕案：清儒焦循嘗言：「余既悟得旁通之旨，又悟得比例之法，用以求《經》，用以求《傳》，而《經》、《傳》之微言奧義，乃可得而窺其萬一。」（參《易圖略》，頁87）又謂「孔子《十翼》，於卦辭稱《彖傳》，於爻辭稱《象傳》。然則，文王之卦辭謂之『彖』，周公之爻辭謂之『象』」（參《易圖略》，頁101）。夫焦氏之治《易》，蓋以「旁通」、「相錯」、「時行」及「比例」（如〈屯〉旁通〈鼎〉、〈革〉旁通〈蒙〉，則〈屯〉猶〈革〉、〈鼎〉猶〈蒙〉，故〈屯〉、〈蒙〉與〈鼎〉、〈革〉，互爲比例）之法貫串六十四卦；且謂前三者（「旁通」、「相錯」、「時行」）皆孔子之言也（參《易圖略》「敘目」）。

〔註773〕參見潘雨廷撰：《易學史叢論》（上海：上海古籍出版社，2007年），頁430

竊以爲，「以經解經」固爲學術持真之鑰，然須名實相符；蓋傳文（《十翼》）與經文（卦爻辭、畫）自是有別；倘呼「傳文」爲經，則「經文」何以爲稱耶？故宗羲言「復還經文之舊」者，恐名不副實矣！而就其《易學象數論》所探論證之法而言，謂之「原經原傳」、「經史證《易》」則可；若稱之「以經解經」，則不宜也。

## 五、融氣適變，辟佛論政

宗羲嘗言：「吾人之應世，種種不齊，時有常變，勢有順逆，德有剛柔，類有邪正，然此中各有自然之天則；惟氣質未融，私意未化，不能虛以適變，不免參以己意。故有形迹可指，不能合乎天德。」〔註774〕依其意，吾人之應世，若能融氣適變，不執參己意、不泥於形迹，則「時」、「勢」、「德」、「類」雖有常變、順逆、剛柔、邪正之不齊，亦能循乎自然而窺其底蘊。是以宗羲指〈乾〉爲純陽，而《文言》稱之「龍德」者，「蓋渾然太虛之體，故能隨時變易，與世推移，宜潛而潛，宜見而見，宜飛躍而飛躍，行乎不得不行，止乎不得不止，自無形迹可指，不露圭角，故謂之『無首』者此也」〔註775〕。又言「龍戰于野，其血玄黃」（〈坤・上六〉）一語，「解者以爲卦影虛設，豈知山崩則水出皆黃，海溢則水上皆玄，玄黃夾雜，象皆實事也」〔註776〕；斯亦宗羲「適變」之所得也。

夫《繫辭下傳》載「《易》，窮則變，變則通，通則久」（第2章）、「變通者，趣時者也」（第1章）、「《易》之爲書也不可遠，爲道也屢遷。〔……〕不可爲典要，唯變所適」（第8章）。凡此「求變」、「適變」之思維，暨「造化以至變者爲恒，人以其求恒者受變」〔註777〕之體悟，非惟深植乎宗羲，而貫串於學術思想及論述中，且據之以「辟佛」。蓋宗羲嘗言：「儒者之道，從至變之中以得其不變者，而後心與理一。釋氏但見流行之體變化不測，故以知覺運動爲性，作用見性，其所謂不生不滅者，即其至變者也。層層掃除，

---

～431。案：宋歐陽脩於《易童子問》中首倡《十翼》非孔子作，考論有據，近代學者多宗之；孫師劍秋先生於〈亭林之易經學〉一文中亦臚列六項，以證孔子實未有《十翼》之作（參《顧炎武經學之研究》，頁106～107）。

〔註774〕參見沈善洪主編：《黃宗羲全集》，第十冊，「鄭蘭皋先生八十壽序」，頁697。

〔註775〕同前註。

〔註776〕同前註，「姚況記」，頁102～103。

〔註777〕參見〔清〕黃宗羲撰：《易學象數論》，卷三，葉14～15。

不留一法，天地萬物之變化，即吾之變化，而至變中之不變者，無所事之矣。」
〔註778〕是釋氏但知流行「至變」之體，而昧於「至變」中有「不變」之常！
故又謂「釋氏既以至變爲體，自不得不隨流鼓盪，其猖狂妄行，亦自然之理也」
〔註779〕。至於釋氏「輪迴」之說，宗羲則藉《繫辭上傳》所載「精氣爲物，
遊魂爲變」（第4章）以駁之〔註780〕；然此乃晚年之體悟，倘覈諸〈女孫阿迎
墓磚〉一文，則其時（年五十七）於「輪迴轉世」之說，猶深信之矣〔註781〕！

　　此外，宗羲嘗曰：「天地以生物爲心，仁也；其流行次序萬變而不紊者，
義也。仁是乾元，義是坤元，乾坤毀則無以爲天地矣。故國之所以治、天下
之所以平，舍仁義更無他道。」〔註782〕夫以「仁」釋「乾元」、「義」釋「坤
元」，固本乎「君子體仁足以長人」、「仁以行之」（〈乾・文言〉）及「義以方
外，敬義立而德不孤」（〈坤・文言〉），而「天地以生物爲心，仁也；其流行
次序萬變而不紊者，義也」，則或欲藉乾坤（元氣）之流行變化，暨「大人
者」與天地合德、與四時合序（〈乾・文言〉），以成其「國之所以治、天下
之所以平，舍仁義更無他道」之說，即融氣適變爲其論政之資；斯亦「功業
見乎變」（《下繫》第1章）之所寄者也。

## 第四節　黃宗羲之《易》學主張

### 一、太極爲萬物之總名

　　黃百家嘗稱其父宗羲發前人所發者，曰「太極爲萬物之總名」，所謂

---

〔註778〕參見沈善洪主編：《黃宗羲全集》，第七冊，《明儒學案・崇仁學案・胡敬齋先
　　　　生》，頁22～23。
〔註779〕同前註，頁23。
〔註780〕案：宗羲以爲，「所謂『精氣』即魄也：神與意與志，皆魂之所爲也。〔……〕。
　　　　子產曰：『人生始化曰魄；既生魄，陽曰魂。』是人之生，先有魄而後有魂也。
　　　　及其死，有魂先去而魄尚存者，今巫祝家死後避衰之說是也。〔……〕然則釋
　　　　氏投胎託生之說有之乎？〔……〕此在億兆分之中，有此一分，其餘皆隨氣
　　　　而散：散有遲速，總之不能留也。釋氏執其一端以概萬理，以爲無始以來，
　　　　此魂常聚，輪迴六道，展轉無已；若是，則盛衰、消息、聚散、有無、成虧
　　　　之理，一切可以抹卻矣」（參《黃宗羲全集》，第一冊，《破邪論》，「魂魄」，
　　　　頁196～197）！
〔註781〕案：參本書論宗羲「治學——反佛」一節。
〔註782〕參見沈善洪主編：《黃宗羲全集》，第一冊，「《孟子師說》，卷一」，頁49。

「《易》畫之一奇,即太極之象;因而偶之,即陰陽之象。兩儀立太極,即隱於陰陽之中,故不另存太極之象」〔註783〕也。百家此言「前人」者,乃指宗羲之師劉蕺山也。蓋宗羲有云:

> (蕺山先生)發先儒之所未發者〔……〕。一曰太極爲萬物之總名。
> 謂孔子曰《易》有太極」,周子則云「無極而太極」。無極則有極之
> 轉語,故曰「太極本無極」,蓋恐後人執極於有也。而後之人又執
> 無於有之上,則有是無矣。傳云無是無,語愈玄而道愈晦矣。不知
> 一奇即太極之象,因而偶之,即陰陽兩儀之象。兩儀立,而太極即
> 隱於陰陽之中,故不另存太極之象。〔註784〕

斯固爲宗羲援述蕺山之說,而持念已寓其中矣!是以百家乃有「發前人所發」之語;即「太極爲萬物之總名」亦可爲宗羲所倡論者也。夫觀其內容,以「太極爲萬物之總名」,渾言之者也;析言之,則有「陰陽即太極」與「陰陽無先後」二端。「陰陽即太極」者,從「太極即隱於陰陽之中」得知;「陰陽無先後」者,自「因而偶之,即陰陽兩儀之象」窺知也。茲就宗羲於此二端之發論,概述如下:

## (一)陰陽即太極

宗羲嘗云:「一陰一陽之爲道,道即太極也,離陰陽無從見道。所謂『《易》有太極,是生兩儀』,此爲作《易》者言之。因兩儀而見太極,非有先後次第也。」〔註785〕依其意,太極(本體、道)寓於陰陽(氣化、器)之中,乃與萬有(陰陽氣化)合一,而非凌乎其(陰陽、萬有)上,是「陰陽」(兩儀)即「太極」,二者無有分殊,亦非有先後次第也。夫《易緯・乾鑿度》載:

> 太易者,未見氣也。太初者,氣之始也。太始者,形之始也。太素
> 者,質之始也。氣形質具而未離,故曰渾沌。渾沌者,言萬物相渾
> 成,而未相離。視之不見,聽之不聞,循之不得,故曰《易》也。
> 〔註786〕

「太易者,未見氣也」,鄭玄注曰:「以其寂然無物,故名之爲『太易』。」考《繫辭上傳》載「《易》无體」、「《易》无思也,无爲也,寂然不動」〔註787〕,

---

〔註783〕同前註,第十一冊,「先遺獻文孝公梨洲府君行略」,頁406。
〔註784〕同前註,第一冊,《子劉子行狀》,卷下,頁252。
〔註785〕同前註,第十冊,「再答忍庵宗兄書」,頁228。
〔註786〕參見安居香山、中村璋八輯:《緯書集成》,頁11~12。
〔註787〕參見〔魏〕王弼注,〔唐〕孔穎達疏,〔清〕阮元校勘:《周易正義》,《十三經

則「无體」、「寂然不動」與「寂然無物」義同，即「太易」與《易》無別；「渾淪」二字，鄭玄引《老子》注曰：「有物渾成，先天地生。」所謂「有物渾成，先天地生」，即老子所言之「道」，則「道」與「渾淪」乃同義詞，是「道」涵蓋「太初」、「太始」、「太素」三者矣！又安氏案語則引張惠言之說曰：「此《易》所謂太極也。」則「道」與「太極」本質無別，「太極」亦爲「太初」、「太始」、「太素」三者之總名；而「視之不見，聽之不聞，循之不得」與《易》无體」實爲同義，故其後乃稱「故曰《易》也」，此又可知《易》與「道」同。

以此觀之，「《易》」、「太易」、「道」、「太極」、「太初、太始、太素」、「渾淪」等稱名雖有別，而義則一；雖然，其中顯有齟齬之處！蓋《乾鑿度》引孔子語云：「易始於太極。」鄭玄注曰：「氣象未分之時，天地之所始也。」〔註788〕所謂「氣象未分」，即「質形氣具而未離」，此爲「渾淪」之狀，亦爲「道」與「太極」之原貌，乃「天地之所始」；而據上引《乾鑿度》之論，「太易」無氣、無體，至「太初」而「氣」始生，又稱「太初」、「太始」、「太素」三者「具而未離」，是爲「渾淪」，則「渾淪」當蘊涵「氣、形、質」等三種元素，是其與「太易」有別而處其下。然依鄭、張二氏之詮解，「渾淪」與「道」實同，復與「太極」無異，則「道」與「太極」豈非居於「太易」之下，而爲「氣」耶？又《乾坤鑿度》載：「太易始著，太極成，太極成，乾坤行。」鄭玄注曰：「太易，無也。太極，有也。」〔註789〕「無」者形而上，「有」者形而下，即《繫辭傳》所載之「道」、「器」，則「太極」恐淪爲「器」，而置乎「道」（太易）之下矣！王弼於《繫辭上傳》「《易》有太極，是生兩儀」下則注云：

> 夫有必始于无，故太極生兩儀。太極者，无稱之稱，不可得而名，
>
> 取有之所極，況之太極者也。〔註790〕

「太極」稱「無」，「陰陽」爲「有」，斯正與《老子》所載「此兩者（無、有），同出而異名，同謂之玄」（第一章）之義相似。然則，《乾鑿度》所謂「太易」，應可稱之「無」，而「具而未離」之「太初、太始、太素」三者，亦可視之爲

---

注疏》，卷七，頁 147、154。

〔註788〕參見安居香山、中村璋八輯：《緯書集成》，頁 7。

〔註789〕同前註，頁 66。

〔註790〕參見〔魏〕王弼注，〔唐〕孔穎達疏，〔清〕阮元校勘：《周易正義》，《十三經注疏》，卷七，頁 156。

「有」，其彼此之關係一如《老子》「有無」之說也。

綜上所析，竊以「無」與「有」、「道」與「器」、「太極」與「陰陽」、「太易」與「渾淪」，彼此間乃「不即不離」也；而所以有前述複雜之關係，實肇乎詮釋者對《易》、「道」本質之理解紛歧，暨受政治與學術氛圍影響所致。《繫辭傳》載「陰陽不測之謂神」（《上繫》）；「陰陽」乃「氣」之概念，而稱「神」者，是言其「無形」，即上文所言「《易》无體」。然則，「太極」與「陰陽」，其本無別，應視爲一體也。

又王聘珍（1746～？）於《大戴禮解詁・易本命》「子曰：夫易之生〔……〕。」下注云：

> 盧（辯）注云：「《易》曰：渾元之始，是曰太易，二象之所生，萬品之所生。」〔……〕〈禮運〉曰：「夫禮必本於太一，分而爲天地，轉而爲陰陽，變而爲四時。」然《禮》、《易》之說雖殊，而會歸一。〔註791〕

王氏以爲「太易」即「太一」；而〈禮運〉指「天地」乃「太一」（即「太易」）所分（生），此與《白虎通疏證》卷九載《御覽》引《禮統》所稱「天地者，元氣之所生，萬物之所自也」〔註792〕相較，則「太一」復與「元氣」同義；《易緯・乾坤鑿度》亦載「得元氣，澄陰陽，正易大行，萬彙生」〔註793〕，此「陰陽」即上文盧氏所引之「二象」，則其義與「天地」實同。考北宋張君房（？）於《雲笈七籤・混元》中云：

> 混元者，記事於混沌之前、元氣之始也，元氣未形，寂寥何有？至精感激，而眞一生焉。〔註794〕

「混元」乃「元氣」未形之狀態，其義應同於「渾元」，即「太易」之異稱；而「太易」與「元氣」實爲一體，則「混元」亦當與「元氣」同質。然〈太上老君開天經〉又載：「洪元既判，而有混元。」〔註795〕意指「混元」出於「洪元」。筆者以爲，「洪」、「混」二字，乃「元」之修飾語，且《說文》謂「洪，

---

〔註791〕參見〔清〕王聘珍撰：《大戴禮記解詁》（臺北：漢京文化事業有限公司，1987年），頁256。

〔註792〕參見〔清〕陳立撰，吳則虞點校：《白虎通疏證》（北京：中華書局，1997年），頁420。

〔註793〕參見安居香山、中村璋八輯：《緯書集成》，頁76。

〔註794〕參見〔北宋〕張君房：《雲笈七籤》（《四庫》本），卷二，葉1右。

〔註795〕同前註，葉9左。

洚水也」、「混，豐流也」〔註796〕，皆「大水」之義，是「洪元」、「混元」二
者，彼此亦本無別。

然則，無論是「《易》」、「太極」、「太易」、「太一」、「陰陽」或「道」、「混
元」、「洪元」、「渾淪」、「元氣」，其本質內涵固無別，阮嗣宗（籍，210～263）
所稱「《易》謂之太極，《春秋》謂之元，老子謂之道」〔註797〕，即是此意；
而稱謂所以如此多元者，或起於對「理」（無形）、「氣」（有形）詮釋之差異
也（見下節）。

就此而論，宗羲謂「一陰一陽之爲道，道即太極也」云云，斯猶周子
「無極而太極」，「無極」即「太極」也。蓋朱子有言：「周子所謂『無極而
太極』，非謂太極之上別有無極也，但言太極非有物耳。」〔註798〕又謂「『無
極而太極』，只是無形而有理。周子恐人於太極之外更尋太極，故以無極言
之」〔註799〕；「無極者無形，太極者有理也。周子恐人把一物看，故云無
極」〔註800〕。是以「聖人謂之『太極』者，所以指夫天地萬物之根也；周
子因之而又謂之『無極』者，所以大（一作『著夫』）『無聲無臭』之妙也」
〔註801〕。近人勞思光先生（1927～2012）指「朱說實謂『無極』與『太極』
分別標示『本體』之兩面；『無極』表『超越義』（即本體『超越』現象界），
而『太極』則表『創生義』（即本體又『創生』現象界）。如此，則『無極而
太極』一語，實並舉『超越性』與『創生性』」〔註802〕；依勞氏之意，「無
極」與「太極」爲「本體」之兩面，二者無有先後也。

至若劉蕺山，則以「太極本無極」者，「統三才而言，謂之『極』；分人
極而言，謂之善。其義一也」〔註803〕；「太極本無極，是直截語。如後人參解，
乃曰『太極本於無極』耳。信如此，豈不加一重障礙」〔註804〕？故宗羲以爲，

<hr />

〔註796〕參見〔漢〕許慎撰，〔清〕段玉裁注：《說文解字》（臺北：書銘出版社，1997
　　　　年），頁551。
〔註797〕參見〔晉〕阮籍撰：《阮嗣宗集》（臺北：華正書局，1979 年），「通老論」，
　　　　頁30。
〔註798〕參見〔宋〕黎靖德編：《朱子語類》，卷94，「〈周子之書・太極圖〉」，頁2366。
〔註799〕同前註。
〔註800〕同前註。
〔註801〕同前註。
〔註802〕參見勞思光著：《新編中國哲學史》（臺北：三民書局，1997 年），「三上」，
　　　　頁102。
〔註803〕參見戴璉璋、吳光主編：《劉宗周全集》，第二冊，「〈人譜〉」，頁3。
〔註804〕參見沈善洪主編：《黃宗羲全集》，第八冊，《明儒學案・蕺山學案・劉宗周先

「濂溪原主太極，加『無極』二字，恐其落於形氣也」〔註805〕；「《太極》只一圈耳，一圈之外，不可更加一圈也」〔註806〕。觀其「一圈」之論，直可以《莊子・天下》「至大无外」〔註807〕擬之也。此外，宗羲指自學者「既不知所謂太極，則事功一切俱假；而二氏又以無能生有，于是誤認無極在太極之前，視太極爲一物，形上形下，判爲兩截。蕺山先師曰：『千古大道陸沈，總緣誤解太極。道之大原出于天，此道不清楚，則無有能清楚者矣。』」〔註808〕

　　或謂「周子既以太極之動靜生陰陽，而至于聖人立極處偏著一『靜』字，何也」〔註809〕？對此，劉蕺山釋云：「陰陽動靜，無處無之，如理氣分看，則理屬靜、氣屬動，不待言矣。故曰『循理爲靜，非動靜對待之靜』。」〔註810〕宗羲則語附其師，指《太極圖說》曰：『主靜立人極。』此之靜與動靜之靜判然不同，故自註云『無欲故靜』」〔註811〕；並循此病朱子所稱「陽之動，爲用之所以行也；陰之靜，爲體之所以立也」〔註812〕，而謂「太極既爲之體，則陰陽皆是其用。如天之春夏，陽也；秋冬，陰也；人之呼，陽也；吸，陰也。寧可以春夏與呼爲用、秋冬與吸爲體哉？緣朱子以下文『主靜立人極』，故不得不以體歸之靜。先師云：『循理爲靜，非動靜對待之靜。』一語點破，曠若發矇矣」〔註813〕！總此，宗羲乃言「周子之學以誠爲本，從寂然不動處握誠之本，故曰『主靜立極』。本立而道生，千變萬化皆從此出。化吉凶悔吝之途，而反覆其不善之動，是主靜眞得力處。靜妙于動，動即是靜；無動無靜，神也，一之至也，天之道也。千載不傳之祕，固在是矣」〔註814〕。依其意，周子以「主靜立極」者，洵藉此申明「誠」爲天道變化、陰陽動靜之所由出也。

生》，「語錄」，頁918。

〔註805〕同前註，第十冊，《撰杖集》，頁210。
〔註806〕同前註，第七冊，《明儒學案・泰州學案・趙貞吉先生》，頁874。
〔註807〕參見〔清〕郭慶藩撰，王孝魚點校：《莊子集釋》（北京：中華書局，2004年），卷十下，頁1102。
〔註808〕參見沈善洪主編：《黃宗羲全集》，第三冊，《宋元學案》卷十二，「濂溪學案下」，頁609～610。
〔註809〕同前註，頁608。
〔註810〕同前註，頁607～608。
〔註811〕同前註，第一冊，《孟子師說》，卷七，「養心莫善於寡欲」章，頁164。
〔註812〕同前註，第三冊，《宋元學案》，卷十二，「濂溪學案下」，頁608。
〔註813〕同前註。
〔註814〕同前註，頁636。

　　夫《禮記・中庸》載「誠者，天之道也；誠之者，人之道也」、「唯天下至誠，爲能經綸天下之大經，立天下之大本，知天地之化育」〔註815〕；是「誠」固爲儒家立身之道。宗羲既指周子之學以「誠」爲本，復以「主靜立極」從「寂然不動處握誠之本」，則其視《太極圖說》爲儒家之學，亦已明矣！故又曰：

> 後世之異論者，謂《太極圖》傳自陳摶，其圖刻于華山石壁，列元牝等名，是周學出于老氏矣！又謂周子與胡文恭同師僧壽涯，是周學又出于釋氏矣！此皆不食其蔵而說味者也。使其學而果是乎，則陳摶、壽涯亦周子之老聃、萇弘也；使其學而果非乎，即日取二氏而諄諄然辯之，則范縝之《神滅》、傳奕之《昌言》，無與乎聖學之明晦也。顧涇陽曰：「周元公不闢佛。」高忠憲答曰：「元公之書，字字與佛相反，即謂之字字闢佛可也。」豈不信哉！
> 〔註816〕

所謂「《太極圖》傳自陳摶，其圖刻于華山石壁，列元牝等名」，實出於宗羲仲弟宗炎；至於「周子與胡文恭同師僧壽涯」，前人已言及〔註817〕，宗炎雖未逕稱「同師」，亦未有「周學」出于「釋氏」之論，然其謂周子「得先天地之偈于壽涯」，蓋已涵藏釋氏於其中〔註818〕。就此而言，宗羲「不食其蔵而說味者」之諷，儘管無有明指，而宗炎自不可逃矣！至若近人羅永樺先生指稱，經由宗羲、宗炎昆仲之考證，《太極圖》出於道教修煉之術，已成定論〔註819〕；是將宗炎之說冠諸宗羲之上，亦不求甚解者也。

---

〔註815〕參見〔漢〕鄭玄注，〔唐〕孔穎達疏，〔清〕阮元校勘：《禮記正義》，《十三經注疏》，卷五十三，頁894、900。

〔註816〕參見沈善洪主編：《黃宗羲全集》，第三冊，《宋元學案》卷十二，「濂溪學案下」，頁636～637。

〔註817〕案：壽涯生卒年不詳，南宋晁公武引北宋晁說之（以道）之語，謂「胡武平、周茂叔同師潤州鶴林寺僧壽涯」（參《四庫》本《郡齋讀書志》，卷一上，葉11）；明釋明賢所撰《鶴林寺志・高僧》亦載：「宋壽涯禪師，與胡武平、周茂叔交善。茂叔尤依壽涯，讀書寺中，每師事之，盡得其傳焉。」（參《中國佛寺志》，第43冊，頁78）然則，壽涯禪師乃北宋潤州鶴林寺僧也。

〔註818〕案：攸關宗炎於《太極圖》「傳自陳摶，其圖刻于華山石壁，列元牝等名」，暨「得先天地之偈于壽涯」諸說，詳參本書論宗炎「辨周子《太極圖說》」一節。

〔註819〕參見羅永樺撰：〈從清初經學「回歸原典」運動看黃宗羲與道教之關係〉，《孔孟月刊》，第38卷，第2期，頁25。

### （二）陰陽無先後

宗羲有言：「夫天氣之謂乾，地質之謂坤，氣不得不凝爲質，質不得不散爲氣，兩者同一物也。乾知而無坤能，則爲狂慧；坤能而無乾知，則爲盲修，豈有先後？」〔註820〕又謂「陰陽本是一氣，其互生也，非於本氣之外又生一氣，故左伴一畫是陽，右伴做其一畫便是陰。既成陰矣，則左伴是偶，右伴加一畫便是陽，一陰一陽乃一氣之變化，若由下而上，則認陰陽爲二氣矣」〔註821〕。總其說，天地即乾坤，乾坤即陰陽，皆一氣之流轉變化，或凝氣爲質，或散質爲氣，無有分殊，亦無先後也。觀《易緯・乾鑿度》有載「乾坤相並俱生」〔註822〕，朱子亦言「動靜無端，陰陽無始，不可分先後」〔註823〕，明儒王陽明則云：「太極之生生，即陰陽之生生。就其生生之中，指其妙用無息者而謂之動，謂之陽之生，非謂動而後生陽也；就其生生之中，指其常體不易者而謂之靜，謂之陰之生，非謂靜而後生陰也。若果靜而後生陰、動而後生陽，則是陰陽動靜截然各自爲一物矣！」〔註824〕是宗羲此論，除師承外，或有取資前人者。

夫陰陽本是一體，固無分先後，亦非陽自陽、陰自陰，或陰生陽、陽生陰。是以《淮南子・天文訓》所載「陽生於陰，陰生於陽。陰陽相錯，四維乃通」〔註825〕之語，稱「陰陽相錯」以成其變化則可，若逕謂「陽生於陰，陰生於陽」則不宜；朱子即云：「陰以陽爲質，陽以陰爲質。水內明而外暗，火內暗而外明。橫渠曰『陰陽之精，互藏其宅』，正此意也。」〔註826〕蓋「水」外陰而內陽，「火」外陽而內陰，陰陽互動之間，明暗自然呈顯，故曰「陰以陽爲質，陽以陰爲質」；而所謂「互藏其宅」，即闡釋陰陽彼此非唯相互依存，且地位平等。此地位平等、相互依存之緊密關係，一者可用以澄清陰陽之間並無所謂「大小」、「貴賤」、「尊卑」之分，再者亦能彰顯《易》道所強調之「生成原理」，即「陰陽」（兩儀）並出「太極」之義。夫以南、北半球

---

〔註820〕參見沈善洪主編：《黃宗羲全集》，第八冊，《明儒學案・蕺山學案・劉宗周先生》，頁885。

〔註821〕同前註，第十冊，《南雷文定五集》卷一，「答忍庵宗兄書」，頁227。

〔註822〕參見〔日〕安居香山、中村璋八輯：《緯書集成》，頁13。

〔註823〕參見〔宋〕黎靖德編：《朱子語類》，卷1，「理氣上・太極天地上」，頁1。

〔註824〕參見〔明〕王守仁撰：《王陽明全集》，卷二，「傳習錄」中」，頁64。

〔註825〕參見劉文典撰，殷光熹點校：《淮南鴻烈集解》（合肥：安徽大學出版社，1998年），頁122。

〔註826〕參見〔宋〕黎靖德編：《朱子語類》，卷1，「理氣上・太極天地上」，頁10～11。

為例，當南半球為晝（陽），北半球則為夜（陰），此眾所皆知者，然細敲其中，陰、陽確乎「同時」呈現，毫無「先後次序」或「大小遠近」之別，乃超越時空限制與因果法則之客觀存在；而其（陰陽）往來、消長，則可應乎人事，甚至國家興亡。例如，宗羲記其先師之語曰：「天道有陰陽，而人事應之，其象為君子、小人。君子、小人之進退，則〈否〉、〈泰〉之理也。」〔註827〕蓋《彖傳》以〈乾〉（陽）為「君子」、〈坤〉（陰）為「小人」釋〈否〉、〈泰〉，而有「道消」（退）、「道長」（進）之別；斯為蕺山「君子、小人之進退，則〈否〉、〈泰〉之理」所由出也。君子、小人之進退，即陰陽之進退，洵以上下（升降）往來呈顯；至若其象，則多殊矣！宗羲即嘗云：

> 陽氣在下，重陰錮之，則擊而為雷；陰氣在下，重陽包之，則搏而為風。商之亡也，〈採薇〉之歌，非陽氣乎？然武王之世，陽明之世也，以陽遇陽，則不能為雷。宋之亡也，謝皋羽（謝翱）、方韶卿、龔聖予之文，陽氣也，其時適於黃鐘之管，微不能吹續轉雞羽，未百年而發為迅雷。元之亡也，有席帽、九靈之文，陰氣也，包以開國之重陽，蓬蓬然起於大隧，風落山為〈蠱〉，未幾而散矣。〔註828〕

觀宗羲所言，乃以文章之陰陽，比附國家之興（陽）亡（陰）也。「商之亡」為陰、「〈採薇〉之歌」為陽，「宋之亡」為陰、「謝皋羽（翱，1249～1295）、方韶卿（鳳，1241～1322）、龔聖予（開，約1222～1304）之文」為陽，斯陰陽往來者；「武王之世」為陽、「陽明之世」亦為陽，「元之亡」為陰、「席帽、九靈之文」亦為陰，斯陽遇陽、陰遇陰者也。前者（陰陽往來）可「擊而為雷」、「搏而為風」，是陰陽（天地）流轉之體現；後者（陽遇陽、陰遇陰）則「不能為雷」、「未幾而散」，是獨陽、獨陰之象也。然則，宗羲雖以文章為喻，而究其旨，仍以陰陽一氣、往來流行為依歸。故其稱《易傳》「生生」之機，乃天地流行之體，釋氏「是學焉而未至者也，其所見固未嘗有差，蓋離流行亦無所為主宰耳」〔註829〕！

## 二、萬殊皆為一氣所統

劉蕺山有云：「『一陰一陽之謂道』，即太極也。天地之間，一氣而已，非

---

〔註827〕參見沈善洪主編：《黃宗羲全集》，第一冊，「《子劉子行狀》卷下」，頁243。
〔註828〕同前註，第十冊，「縮齋文集序」，頁13。
〔註829〕同前註，第八冊，《明儒學案・泰州學案・羅汝芳先生》，頁4。

有理而後有氣，乃氣立而理因之寓也。〔……〕。太極之妙，生生不息而已矣。生陽生陰，而生水火木金土，而生萬物，皆一氣自然之變化，而合之只是一箇生意，此造化之蘊也。」〔註830〕依其意，理統於氣，天地之間，唯一氣而已；一氣之變化流轉，天地萬物得以生生不息，是太極之妙、造化之蘊也。夫劉氏斯說遂爲宗羲所承繼、闡發，其言曰：

> 通天地，亙古今，無非一氣而已。氣本一也，而有往來、闔闢、升降之殊，則分之爲動靜。有動靜，則不得不分之爲陰陽。然此陰陽之動靜也，千條萬緒，紛紜膠轕，而卒不克亂，萬古此寒暑也，萬古此生長收藏也，莫知其所以然而然，是即所謂理也，所謂太極也。以其不紊而言，則謂之理；以其極至而言，則謂之太極。識得此理，則知「一陰一陽」即是「爲物不貳」也。〔註831〕

斯謂陰陽「爲物不貳」者，即呼應「通天地，亙古今，無非一氣而已」。就此而論，宗羲以天地間「止有一氣」〔註832〕，「一氣之流行，無時而息」〔註833〕，固有對《易》道「生生不已」之體悟者；而其直承蕺山「盈天地間，一氣也」、「一氣之變，雜然流行」〔註834〕之語，則無庸置疑也。故宗羲以爲，一陰一陽之流行往來，全是一團生氣，其生氣所聚，則萬有不齊；人有人之性，物有物之性，草木有草木之性，金石有金石之性，一本而萬殊也〔註835〕。「一本」者，陰陽一氣也；「萬殊」者，萬物之性也。然則，「一本萬殊」乃宗羲推衍師說而得之者也；尤其前引蕺山「生陽生陰，而生水火木金土，而生萬物，皆一氣自然之變化」之語，於宗羲之發明，影響尤鉅。

此外，宗羲援蕺山之語曰：「夫盈天地之間，止有氣質之性，更無義理之性，謂有義理之性不落於氣質者，臧三耳之說也。」〔註836〕「臧三耳」者，「藏

---

〔註830〕同前註，第三冊，《宋元學案》卷十二，「濂溪學案下」，頁 607～608。案：蕺山稱「天地之間，一氣而已」，蓋承乎王陽明「陰陽，一氣也」（參《王陽明全集》，卷二，「《傳習錄》中」，頁 64）。

〔註831〕同前註，「濂溪學案下」，附「梨洲太極圖講義」，頁 609。

〔註832〕參見〔清〕黃宗羲撰：《易學象數論》，卷一，葉 7。

〔註833〕同前註。

〔註834〕參見戴璉璋、吳光主編：《劉宗周全集》，第二冊，「《學言・中》」，頁 480、481。

〔註835〕參見沈善洪主編：《黃宗羲全集》，第一冊，《明夷待訪錄》，「題辭」，頁 1。

〔註836〕同前註，第十冊，「先師蕺山先生文集序」，頁 54。案：「夫盈天地之間，〔……〕臧三耳之說」云云，乃宗羲綜述蕺山學說之語（參《劉宗周全集》第二冊，「《學言・中》」），而學者或逕稱宗羲所立說，蓋不察故也；此觀其後緊接「師於千

三」也。蓋《公孫龍子・堅白論》載：「（客）曰：『天下無白，不可以視石；天下無堅，不可以謂石。堅白石不相外，藏三可乎？』（主）曰：『有自藏也，非藏而藏也。』」〔註837〕此原質性歸屬之探究，後人不解其意，遂以「詭辯」名之；而蕺山乃引以喻老、釋及先儒所言之「理」，皆「物」也〔註838〕。所以然者，盈天地間既止一氣，則「義理之性」當附於「氣質之性」；故宗羲復援其先師之言曰：

> 道、理皆從形、氣而立，離形無所謂道，離氣無所謂理。天者萬物
> 之總名，非與物爲君也；道者萬器之總名，非與器爲體也；性者萬
> 形之總名，非與形爲偶也。知此，則道心即人心之本心，義理之性
> 即氣質之性。〔註839〕

所謂「義理之性即氣質之性」，非爲等同之稱，乃氣質之性涵藏義理之性，亦蕺山「止有氣質之性，更無義理之性」一語之寓意。以此觀之，蕺山直以天道、理性皆統乎「一氣」；則宗羲所發「一本而萬殊」者，其指涉以萬殊皆爲一氣所統，於焉明矣！儘管如此，「氣」統萬殊，乃渾言之耳！故筆者試將其底蘊，析條列目，略述如下：

## （一）理、氣、心合一

宗羲嘗曰：「氣必待馭於理，則氣爲死物。抑知理氣之名，由人而造，自其浮沉升降者而言，則謂之氣；自其浮沉升降不失其則者而言，則謂之理。蓋一物而兩名，非兩物而一體也。」〔註840〕依其意，動以「浮沉升降」，謂之「氣」；靜以不失其（浮沉升降）則，謂之「理」。故理、氣「一物而兩名，非兩物而一體」；即「理氣」合一，無有分殊也。觀宗羲此說，無疑乃直承其師劉蕺山「理屬靜、氣屬動」〔註841〕、「氣即理也」〔註842〕、「理即是氣之理，斷然不在氣先，不在氣外」〔註843〕之觀點。故明儒季彭山〔註844〕

---

古不決之疑，一旦拈出，使人冰融霧釋〔……〕」，亦可窺知矣！

〔註837〕參見〔戰國〕公孫龍撰，吳毓江校釋：《公孫龍子校釋》（上海：上海古籍出版社，2001年），頁38～39。

〔註838〕參見戴璉璋、吳光主編：《劉宗周全集》，第二冊，「《學言・中》」，頁494。

〔註839〕參見沈善洪主編：《黃宗羲全集》，第一冊，《子劉子行狀》，卷下，頁252～253。

〔註840〕同前註，第八冊，《明儒學案・諸儒學案・曹端先生》，頁356。

〔註841〕同前註，第三冊，《宋元學案》卷十二，「濂溪學案下」，頁608。

〔註842〕參見戴璉璋、吳光主編：《劉宗周全集》，第二冊，「《學言・中》」，頁480。

〔註843〕同前註，頁483。

指「理者陽之主宰，乾道也；氣者陰之流行，坤道也」，宗羲乃辨之曰：「夫大化只此一氣，氣之升爲陽，氣之降爲陰，以至於屈伸往來、生死鬼神，皆無二氣。故陰陽皆氣也，其升而必降，降而必升，雖有參差過不及之殊，而終必歸一，是即理也。今以理屬之陽、氣屬之陰，將可言一理一氣之爲道乎？」〔註845〕言下之意，陰陽爲一氣生、降之別，非眞有二氣也；季氏將陰陽（乾坤）從屬於理氣，豈視「一理一氣」如「一陰一陽」之爲「道」耶？殊可議者也。

此外，宗羲以爲，「氣之流行，不能無過不及，故人之所稟，不能無偏。氣質雖偏，而中正者未嘗不在也。猶天之寒暑，雖過不及，而盈虛消息，卒歸於太和。以此證氣質之善，無待於變化。理不能離氣以爲理，心不能離身以爲心」〔註846〕。夫以「氣之流行」而得「理不能離氣以爲理，心不能離身以爲心」；是「流行」二字，非僅爲宗羲「理不離氣」〔註847〕之憑藉，亦爲其抒論理、氣、心之關鍵也。故又曰：

> 理也，氣也，心也，岐而爲三，不知天地間祇有一氣，其升降往來即理也。人得之以爲心，亦氣也。氣若不能自主宰，何以春而必夏、必秋、必冬哉！〔……〕以其能主宰，故名之曰『理』。〔……〕氣既能主宰而靈，則理亦有靈矣。〔註848〕

依其意，「氣」爲天地之主宰，雖「理」爲「氣」升降往來之理，然亦爲氣所統。理、氣、心「岐而爲三」，即寓三者本「合一」；「氣」、「理」既有靈，則「心」亦有靈〔註849〕。凡此，皆「流行」（升降往來）所致也。

蓋「心」、「氣」皆爲流行之體，「理」固爲往來升降之規律，亦隨「氣」

---

〔註844〕案：明儒季彭山著有《易學四同》一書，宗羲評云：「《易學四同》謂四聖皆同也。朱、邵分爲羲皇之《易》、文周之《易》、孔子之《易》，先生正之，是也。但辭變象占，一切不言，則過矣。」（參《黃宗羲全集》，第七冊，《明儒學案·浙中王門學案》，頁308～309）此可窺宗羲考證、求實之學矣。

〔註845〕參見沈善洪主編：《黃宗羲全集》，第七冊，《明儒學案·浙中王門學案》，頁307～308。

〔註846〕同前註，第八冊，《明儒學案》，卷三十八，〈甘泉學案二〉，「太僕呂巾石先生懷」，頁182。

〔註847〕同前註，第一冊，《孟子師說》，卷七，「仁也者，人也」章，頁161。

〔註848〕同前註，第七冊，《明儒學案·崇仁學案三》，頁41～42。

〔註849〕案：王陽明嘗謂「卜筮是理」，「筮者，不過求決狐疑，神明吾心而已」（參《王陽明全集》，卷三，頁102）；蓋藉具體之「卜筮」行爲，以伸「理」明「心」，是心之有靈者也。

而流行、變化。是以明儒薛瑄（1389～1464）雖有理氣合一之思想〔註848〕，然稱「氣有聚散，理無聚散」，宗羲則以大德敦化、小德川流之喻，而辨以「理無聚散，氣亦無聚散」、「氣有聚散，理亦有聚散」〔註849〕也。總之，有「日新」之「氣」，即有「日新」之「理」、「日新」之「心」；「氣」之流行、變化，「理」、「心」亦隨之矣。然近世學者多以「盈天地皆氣」、「盈天地皆心」〔註850〕二命題，遂起宗羲爲「唯心」、「唯物」之論戰，而忽其於「理」、「氣」、「心」之始終條貫。即如今人丁國順等所言，於「工夫」範疇中，「盈天地間皆氣」、「盈天地間皆心」二者，乃相統一而密不可分者；即缺其一，則另一命題亦難以理解，「工夫」範疇亦不復存在。若割裂兩個命題之本質聯繫，且將其絕然對立，則難免「唯物」、「唯心」爭論不休；其實質正在於將宗羲認識論意義上之命題，作宇宙本源論之曲解〔註851〕。斯爲中肯之論也。

　　竊以爲，「氣」乃神秘之象徵，即「陰陽不測」，具多變性，爲《易》道「變動不居」之本質，亦爲《老子》「惟恍惟惚」、「迎之不見其首，隨之不見其後」之意涵；而「理」是支撐「氣」化之終極依據、準則，具有超越性、廣延性及包容性。理主靜，氣爲動，故理氣具而能行，天地萬物從此而生，二者爲聯繫不可分割之整體。此外，《說文》載：「元，始也。」段氏引《九家易》注云：「元者，氣之始也。」〔註852〕又《易緯・乾鑿度》謂「至哉《易》，一元以爲紀」，鄭注曰：「天地之元，萬物所紀。」〔註853〕是「元」爲天地萬物賴以生存之理序。然則，「理」、「氣」本爲一體，而「元」既爲「氣」之始，又是「理」之體，則以「元」統稱「理」、「氣」，即「理氣歸元」，或最能體現〈乾〉「大哉乾元，萬物資始」、〈坤〉「大哉坤元，萬物資生」之眞正意涵，亦可符合《易》「能彌綸天地之道」、《老子》「能知古始，是謂道紀」（第14章）之廣備特質。

〔註848〕案：明儒薛瑄嘗言「理氣無先後，無無氣之理，亦無無理之氣」，而宗羲謂之「不可易矣」（參《明儒學案・河東學案上》）。

〔註849〕參見沈善洪主編：《黃宗羲全集》，第七冊，《明儒學案・河東學案》，頁121。

〔註850〕同前註，「《明儒學案・自序》」，頁3。

〔註851〕參見王鳳賢、丁國順撰：《浙東學派研究》（杭州：浙江人民出版社，1993年），頁288。

〔註852〕參見〔漢〕許慎著，〔清〕段玉裁注：《說文解字》，頁1上左。

〔註853〕參見安居香山、中村璋八輯：《緯書集成》，頁5。

## （二）情、性一體

〈乾〉象辭載有「各正性命」一語，宗羲以爲，「陰陽五行一也，賦於人物，則有萬殊，有情無情，各一其性，故曰『各正性命』，以言乎非一性也」〔註854〕；且謂此爲其「平生心得，爲先儒之所未發者」〔註855〕。觀其「陰陽五行一也，賦於人物，則有萬殊」，或亦有受蕺山先生「（太極）生陽生陰，而生水火木金土，而生萬物，皆一氣自然之變化」〔註856〕之啓發者；然就其整體而言，確屬發明之論也。蓋宗羲以爲，「性情二字，原是分析不開，故《易》言『利貞者，性情也』。無情何以覓性？《孟子》言惻隱、羞惡、辭讓、是非，即是仁義禮智，非惻隱、羞惡、辭讓、是非之上，又有一層仁義禮智也」〔註857〕；又曰：「舍情何從見性？情與性不可離，猶理氣之合一也。情者，一氣之流行也，流行而必惻隱、羞惡、辭讓、是非之善，無殘忍刻薄之夾帶，是性也。故《易》曰：『利貞者，性情也。』」〔註858〕審其言，情爲一氣之流行，流行必至乎四端之性善；捨情即無以見之矣！故「情」、「性」自是一體，不可析離；斯猶「理」、「氣」合一，不可分割。《文言》謂「利貞者，性情也」（〈乾〉），即是此意。然則，宗羲何以「理氣」擬諸「情性」？蓋「理是有形（見之于事）之性，性是無形之理，先儒『性即理也』之言，眞千聖之血脈也。而要皆一氣爲之」〔註859〕；「性」既是「無形之理」，而「情」復爲「一氣之流行」，則宗羲稱「情與性不可離，猶理氣之合一」，於焉明矣！

夫惻隱（仁）、羞惡（義）、辭讓（禮）、是非（智），乃心、性之呈顯，是以宗羲言「釋氏親親仁民愛物，無有差等，是無惻隱之心也；取與不辨，而行乞布施，是無羞惡之心也；天上天下，唯我獨尊，是無辭讓之心也；無善無惡，是無是非之心也。其不知性者，由於不知心爾。然則其所知者，亦心之光影，而非實也」〔註860〕。所謂「不知性者，由於不知心」，即以釋氏

---

〔註854〕 參見沈善洪主編：《黃宗羲全集》，第十冊，「萬公擇墓誌銘」，頁517。

〔註855〕 同前註。

〔註856〕 同前註，第三冊，《宋元學案》卷十二，「濂溪學案下」，頁607～608。

〔註857〕 同前註，第七冊，《明儒學案》，卷三十一，〈止修學案〉，「中丞李見羅先生材」，頁779。

〔註858〕 參見〔清〕黃宗羲撰：《明儒學案》（《四庫全書・史部・傳記類》），卷四十二，葉45。

〔註859〕 參見沈善洪主編：《黃宗羲全集》，第十冊，「與友人論學書」，頁152。

〔註860〕 同前註，第八冊，《明儒學案・諸儒學案・羅欽順先生》，頁409～410。

無「惻隱」、「羞惡」、「辭讓」、「是非」之心，乃「不知心」者；不知心，則何以得見四端之性善耶？故爲「不知性者」也。

此外，宗羲指「《易》言『一陰一陽之道』，道不離陰陽，故智不能離仁，仁不能離智，中焉而已。「繼之」即戒懼愼獨之事，「成之」即中和位育之能。〔……〕「繼之」者，繼此一陰一陽之道，則剛柔不偏，而粹然至善矣」〔註861〕！所謂「粹然至善」，即「繼善」（繼之者善）之「善」，爲陰陽之道體（氣化之前），剛柔不偏；「智不離仁」、「仁不離智」，即「成性」（成之者性）之「性」（氣化之後），爲中和位育之能。是以宗羲稱朱子「《易》言『繼善』，是指未生之前；孟子言『性善』，是指已生之後」之語，「極說得分明」；且言：「蓋一陰一陽之流行往來，必有過有不及，寧有可齊之理？然全是一團生氣，其生氣所聚，自然福善禍淫，一息如是，終古如是；不然，則生滅息矣。此萬有不齊中，一點眞主宰，謂之『至善』，故曰『繼之者善也』。〔……〕。及到成之而爲性，則萬有不齊，人有人之性，物有物之性，草木有草木之性，金石有金石之性，一本而萬殊，如野葛鴆鳥之毒惡，亦不可不謂之性。」〔註862〕

以此觀之，宗羲以「氣」即「性」，且此「性」乃「無過不及之氣」，即所謂「中」也；蓋過者，偏於剛（陽）；不及者，偏於柔（陰）〔註863〕。「氣質之外無性，氣質即性也。第氣質之本然是性，失其本然者非性，此毫釐之辨，而孟子之言『性善』，即不可易也」〔註864〕。故宗羲謂「橫渠之失，渾氣質於性；先生（呂懷）之失，離性於氣質」〔註865〕。就此而言，「性」（善）既爲「氣質」之本然，「情」、「性」復不可析分，則「情」（一氣之流行）之爲「氣質」、爲「善」，亦可推也。

## （三）理、氣、數合一

夫宗羲嘗云：「理、氣、數三者，雖分而實則一致。理雖一而生生不窮，不礙其爲一也，若滯於一，則理爲死物矣；氣則合下只有一氣，相生而後有陰陽，亦非合下便有陰陽也；數以相生而後變化，若無所生，則無所用

---

〔註861〕同前註，第一冊，《孟子師說》，卷六，「五穀者」章，頁143。
〔註862〕同前註，《明夷待訪錄》，「題辭」，頁1。
〔註863〕同前註，第七冊，《明儒學案‧南中王門學案‧楊豫孫先生》，頁720。
〔註864〕同前註，《明儒學案‧北方王門學案‧楊東明先生》，頁756。
〔註865〕同前註，第八冊，《明儒學案‧甘泉學案‧呂懷先生》，頁182。

數矣。」〔註 866〕審其言，「理」非滯於「一」之理，其隨「氣」之流行而變化，故能「生生不窮」；苟執其於「一」，則爲「死物」矣！「氣」爲陰陽之道體，本然爲一；以其流轉相生（氣化），乃有一陰一陽，非原體有二也。「數」貴相生，而後始能成變化，「一生二、二生四、四生八」是也；若無相生之能，則「數」無以爲用矣！

　　然則，所謂「理、氣、數三者，雖分而實則一致」，蓋以理、氣、數三者，皆涵藏於《易》之「生生」，即陰陽流行之體，故名雖異而實則同也。

## 三、《易》象數、義理合一

　　觀宗羲於《易學象數論》所辨諸說，則知其既非純「象數」派，又不同於「義理」派。其言「義理」，洵以經傳爲宗；其論「象數」，多本諸《易》文〔註 867〕。故於離《易》之義理、象數，皆極力反對。此外，宗羲固精於曆學、會通中西，而於以「軌運」之「數」詮釋社會演變與發展，亦不遺餘力排之。凡此，誠以恢復《易》之原貌爲宗旨也。夫宗羲嘗言：

> 五經傳註，唯《易》爲最多，然自秦、漢以來，分爲二途，有義理之學，有象數之學。主變占而不言義理，田何九師之徒是也；尚玄虛而不言象數，王輔嗣、韓康伯之流是也。唐宋以後，或言理，或言象數，象數則攪入老氏之圖書，非復田、何之象數矣；理則本之天地萬物，非復玄虛之理矣！互相出入，義理與象數終不能歸一。
>
> 〔註 868〕

依其意，自秦、漢以來，《易》學即有「象數」、「義理」之分；而「終不能歸一」者，以彼等所言「象數」、「義理」，非純《易》之象數、義理也。故又曰：

> 蓋《易》非空言也，聖人以之救天下萬世者也。〔……〕。三百八十四爻皆一治一亂之脈絡，陰陽倚伏，可以摹捉，而後聖人得施其苞桑拔茅之術以差等百王。故象數之變遷爲經，人事之從違爲緯，義理即在其中。一部《二十一史》，是三百八十四爻流行之迹也。〔……〕。天以日月星辰爲言語文字，詔告天下萬世；聖人寫天象以

---

〔註 866〕同前註，第十冊，「答忍庵宗兄書」，頁 226～227。
〔註 867〕案：宗羲於〈原象〉所言，雖難免有離《易》者；然就整體而論，其取象以《易》之持念，斯無可疑也。
〔註 868〕參見沈善洪主編：《黃宗羲全集》，第十冊，「畫川先生《易俟》序」，頁 102。

爲象數，不過人事之張本，其爲象數也，盡之於三百八十四爻。今
舍三百八十四爻之人事，而別爲圖書、卦變於外，若聖人有所未盡
者，是作《易》者，猶之爲鑿挩刀筆之務也，而盛衰之理反求之鳥
鳴風角矣！象數晦而人事荒，故先生首闢之。余嘗著《易學象數論》，
以糾謬言象數者，人以爲妄；今得先生之說，人苟不疑於先生，則
余不至爲妄人矣。〔註869〕

然則，《易》卦三百八十四爻，皆象數之變遷、人事之張本；象數爲經，人
事爲緯，義理即寓其中矣！就此而論，宗羲以《易》非惟涵藏「象數」、「義
理」與「人事」，且「象數」、「義理」乃不可分割之整體；即《易》「象數」、
「義理」合一也。斯爲聖人作《易》之底蘊，其「救天下萬世」之妙，亦於
此呈顯矣！然後世「舍三百八十四爻之人事，而別爲圖書、卦變」，是猶歧
出於聖訓之外，而反疑聖人之作《易》有未盡者，豈不謬乎？是以象數晦、
人事荒、義理衰，其來有自也。至若宗羲所言「先生首闢之」、「今得先生之
說，人苟不疑於先生，則余不至爲妄人」，當爲作〈序〉之謙辭耳！非謂其
於《易》「象數」、「義理」諸論，本於喬石林（萊，1642～1694）；此從「余
嘗著《易學象數論》，以糾謬言象數者」一語，即可窺知矣！

## 四、卦位無吉凶

宗羲以爲，「《易》卦之位，有貴賤而無吉凶。然當位則吉，不當位則凶，
故『君子思不出其位』」〔註870〕。宗羲稱《易》卦之位「有貴賤」，泂源乎
《文言》「上九曰『亢龍有悔』，何謂也？子曰：『貴而无位，高而无民，賢
人在下位而无輔，是以動而有悔也。』」（〈乾〉）、《繫辭上傳》「列貴賤者存
乎位」（第3章）及《繫辭下傳》「三與五同功而異位；三多凶，五多功，貴
賤之等也」（第9章）諸語，自不待言矣；至於「無吉凶」者，依其意，《易》
卦位本無「吉」、」凶」之分，其所以有者，皆「位」之當否所致，斯亦〈艮〉
象辭「君子以思不出其位」之義也。宗羲以卦位之「當」與「否」論吉凶，
固本諸《繫辭傳》、《彖傳》、《象傳》（尤其《小象》）所載〔註871〕，後世學

〔註869〕同前註，頁102～103。
〔註870〕同前註，第一冊，《孟子師說・曾子居武城》，頁120。
〔註871〕案：例如，《繫辭上傳》載「吉凶者，失得之象也」（第2章）、「吉凶者，言
　　　　乎其失得也」（第3章）；《彖傳》謂「柔得位得中」（〈同人〉）、「柔得尊位」

者亦多據此立說；其直言《易》卦位「無吉凶」，則稍異於宋儒郭雍（白雲先生，？～1187）指「乾坤畫卦之始，本無吉凶，因人而生也」〔註 872〕，而有別於張栻（南軒，1133～1180）釋《繫辭下傳》「吉凶以情遷」（第 12 章）為「非性也；正則無變動矣！性則無吉凶矣！〔……〕六爻之吉凶，無非以情而感物也」〔註 873〕。蓋郭氏「無吉凶」，乃就「畫卦」言之，非逕以「卦位」論也；張氏謂「無吉凶」者，則就「性」而言，固非「卦位」也。

夫宗羲既以卦位「無吉凶」，又謂「當位則吉，不當位則凶」，豈不自相矛盾耶？曰「不然」。宗羲以「卦位」無吉凶，其稱名（卦位）雖稍異於郭雍，義則相類，皆視《易》卦初始無定「吉凶」，是未然之貌；謂「當位則吉，不當位則凶」，以「吉凶」之呈顯，隨人所處而殊，是已然之勢。斯猶其所云：

> 金華宋景濂作《祿命辨》，言三命干支相配，至於五十一萬八千四百而止，而兆民之眾不可勝計，故同時而生者不少：生雖同，吉凶未必相同也。余以為生同時，而同其吉凶者，常也；不同其吉凶者，變也。凡民之生，富貴貧賤異其家，五土異其地，治亂異其時，參差萬態，吉凶因干支而有，干支不擇吉凶而生，則常有者不能不趨於變。〔註 874〕

即干支（猶卦位）本無吉凶，然既賦於人，則吉凶生焉！以生而吉凶同者為常、其不同者為變，是吉凶隨時趨而異化也。故宗羲言其與陳伯美（桓墅，1610～？）干支（年月時日）皆同，而性情、風格、遭遇迥然不同〔註 875〕者，「以古今之遠、四海之廣，人生林林總總，過者化，來者續」，「顯晦不同，壽夭懸絕」，則「干支之不足言命也審矣」〔註 876〕！況乎欲以干支附會孔聖乎？〔註 877〕

---

（〈大有〉）、「剛當位而應」（〈遯〉）、「進得位，往有功也」（〈漸〉）、「當位貞吉，以正邦也」（〈蹇〉）、「柔得中而上行，雖不當位，利用獄也」（〈噬嗑〉）、「征凶，位不當也」（〈歸妹〉）、「剛失位」（〈小過〉）等；《大象傳》除「君子以思不出其位」外，其「君子以正位凝命」（〈鼎〉），乃對「爻位」得當（正位）與否之唯一評述；至於《小象傳》論「當位」與「失位」，固為三者之最，然亦非三百八十四爻逐述，乃有所擇舉也。

〔註 872〕參見〔宋〕郭雍撰：《郭氏傳家易說》（《四庫全書・經部・易類》），卷七，葉 3。
〔註 873〕參見〔宋〕張栻撰：《南軒易說》（《四庫全書・經部・易類》），卷二，葉 36。
〔註 874〕參見沈善洪主編：《黃宗羲全集》，第十一冊，「壽伯美陳公六十文」，頁 17。
〔註 875〕同前註，頁 18。
〔註 876〕同前註，第十冊，「封庶常桓墅陳府君墓誌銘」，頁 443。
〔註 877〕同前註，第十一冊，「壽伯美陳公六十文」，頁 18。案：周十月即夏八月，蓋

　　就此而論，宗羲雖言《易》卦「當位則吉，不當位則凶」，然深察其卦位「無吉凶」之說，或有「吉凶」存乎人、時之變，非全繫於「卦位」之意〔註878〕；斯可從其「同是聖人也，而得位不得位，堯舜何以至壽、顏子何以至夭？皆無以致之者」〔註879〕一語，推敲而擬之也。

---

　　　宗羲生於萬曆三十八年八月八日，時加在戌，其干支爲庚戌乙酉庚辰丙戌；而孔子生於襄公二十二年庚戌十月二十七日庚子，時加在戌。二者之間僅易一字（日不同也）。

〔註878〕案：當位（得位）而凶、不當位（失位）而吉者，皆可見諸《易》卦中；前者如〈咸〉六二、〈恆〉上六、〈頤〉六二、〈剝〉六二、〈剝〉六四等，後者如〈革〉九四、〈升〉六五、〈萃〉九四、〈解〉九二、〈姤〉初六等。

〔註879〕參見沈善洪主編：《黃宗羲全集》，第一冊，《孟子師說‧人有言》，頁124。